高等职业教育"十四五"规划旅游大类精品教材
专家指导委员会、编委会

专家指导委员会

总顾问　王昆欣

顾　问　文广轩　李　丽　魏　凯　李　欢

编委会

编　委（排名不分先后）

李　俊	陈佳平	李　淼	程杰晟	舒伯阳	王　楠	白　露
杨　琼	许昌斌	陈　怡	朱　晔	李亚男	许　萍	贾玉芳
温　燕	胡扬帆	李玉华	王新平	韩国华	刘正华	赖素贞
曾　咪	焦云宏	庞　馨	聂晓茜	黄　昕	张俊刚	王　虹
刘雁琪	宋斐红	陈　瑶	李智贤	谢　璐	郭　峻	边喜英
丁　洁	李建民	李德美	李海英	张　晶	程　彬	林　东
崔筱力	李晓雯	张清影	黄宇方	李　心	周富广	曾鸿燕
高　媛	李　好	乔海燕	索　虹			

高等职业教育"十四五"规划旅游大类精品教材

总顾问 ◎ 王昆欣

景区服务与管理

Scenic Area Services and Management

主　编 ◎ 许　萍
副主编 ◎ 罗海英
参编（排名不分先后）
阿孜古丽·阿布都外力　藏　思　郝从容
李　婷　马素萍

华中科技大学出版社
http://press.hust.edu.cn
中国·武汉

内容简介

随着文化和旅游的深度融合,职业教育产教融合深度互通,旅游市场的业态愈加丰富,游客的需求也愈加多元化,对景区服务与管理的要求也不断提升,本教材正是在此背景下编写而成。

本教材内容包括旅游景区服务与管理认知、旅游景区接待服务管理、旅游景区游览过程服务、旅游景区商业配套服务、旅游景区管理体制、旅游景区运营管理、旅游景区产品管理、旅游景区安全管理、旅游景区环境资源管理、旅游景区智慧化管理十大项目,一方面强调景区服务与管理过程中的核心工作任务,力求做到深入浅出、知行合一,另一方面注重高校学生价值塑造、知识传授、能力培养"三位一体"的人才培养目标。

本教材适用于高等院校旅游管理专业,尤其是智慧景区开发与管理专业师生,同时也适用于旅游行业从业人员的学习提升,既满足了职业教育培养全日制学生的教学需求,又兼顾了职业教育非全日制学生终身学习的需求。

图书在版编目(CIP)数据

景区服务与管理/许萍主编. -- 武汉：华中科技大学出版社,2024.6. --(高等职业教育"十四五"规划旅游大类精品教材). -- ISBN 978-7-5772-0977-7

Ⅰ.F590.6

中国国家版本馆CIP数据核字第202476L308号

景区服务与管理
Jingqu Fuwu yu Guanli

许　萍　主编

总 策 划：李　欢	
策划编辑：王　乾	
责任编辑：张　琳	
封面设计：原色设计	
责任校对：李　弋	
责任监印：周治超	
出版发行：华中科技大学出版社(中国·武汉)	电话：(027)81321913
武汉市东湖新技术开发区华工科技园	邮编：430223
录　　排：孙雅丽	
印　　刷：武汉科源印刷设计有限公司	
开　　本：787mm×1092mm　1/16	
印　　张：14	
字　　数：312千字	
版　　次：2024年6月第1版第1次印刷	
定　　价：49.80元	

本书若有印装质量问题,请向出版社营销中心调换
全国免费服务热线：400-6679-118　竭诚为您服务
版权所有　侵权必究

总序

习近平总书记在党的二十大报告中深刻指出,要"统筹职业教育、高等教育、继续教育协同创新,推进职普融通、产教融合、科教融汇,优化职业教育类型定位""实施科教兴国战略,强化现代化建设人才支撑""要坚持教育优先发展、科技自立自强、人才引领驱动""开辟发展新领域新赛道,不断塑造发展新动能新优势""坚持以文塑旅、以旅彰文,推进文化和旅游深度融合发展",这为职业教育发展提供了根本指引,也有力地提振了旅游职业教育发展的信念。

2021年,教育部立足增强职业教育适应性,体现职业教育人才培养定位,发布了新版《职业教育专业目录(2021年)》,2022年,又发布了新版《职业教育专业简介》,全面更新了职业面向、拓展了能力要求、优化了课程体系。因此,出版一套以旅游职业教育立德树人为导向、融入党的二十大精神、匹配核心课程和职业能力进阶要求的高水准教材成为我国旅游职业教育和人才培养的迫切需要。

基于此,在全国有关旅游职业院校的大力支持和指导下,教育部直属的全国重点大学出版社——华中科技大学出版社,在党的二十大精神的指引下,主动创新出版理念、改进方式方法,汇聚一大批国内高水平旅游院校的国家教学名师、全国旅游职业教育教学指导委员会委员、全国餐饮职业教育教学指导委员会委员、资深教授及中青年旅游学科带头人,编撰出版"高等职业教育'十四五'规划旅游大类精品教材"。本套教材具有以下特点:

一、全面融入党的二十大精神,落实立德树人根本任务

党的二十大报告中强调:"坚持和加强党的全面领导。"党的领导是我国职业教育最鲜明的特征,是新时代中国特色社会主义教育事业高质量发展的根本保证。因此,本套教材在编写过程中注重提高政治站位,全面贯彻党的教育方针,"润物细无声"地融入中华优秀传统文化和现代化发展新成就,将正确的政治方向和价值导向作为本套教材的顶层设计并贯彻到具

体项目任务和教学资源中,不仅培养学生的专业素养,更注重引导学生坚定理想信念、厚植爱国情怀、加强品德修养,以期落实"立德树人"这一教育的根本任务。

二、基于新版专业简介和专业标准编写,兼具权威性与时代适应性

教育部2022年发布新版《职业教育专业简介》后,华中科技大学出版社特邀我担任总顾问,同时邀请了全国近百所旅游职业院校知名教授、学科带头人和一线骨干教师,以及旅游行业专家成立编委会,对标新版专业简介,面向专业数字化转型要求,对教材书目进行科学全面的梳理。例如,邀请职业教育国家级专业教学资源库建设单位课程负责人担任主编,编写《景区服务与管理》《中国传统建筑文化》及《旅游商品创意》(活页式);《旅游概论》《旅游规划实务》等教材成为教育部授予的职业教育国家在线精品课程的配套教材;《旅游大数据分析与应用》等教材则获批省级规划教材。经过各位编委的努力,最终形成本套"高等职业教育'十四五'规划旅游大类精品教材"。

三、完整的配套教学资源,打造立体化互动教材

华中科技大学出版社为本套教材建设了内容全面的线上教材课程资源服务平台:在横向资源配套上,提供全系列教学计划书、教学课件、习题库、案例库、参考答案、教学视频等配套教学资源;在纵向资源开发上,构建了覆盖课程开发、习题管理、学生评论、班级管理等集开发、使用、管理、评价于一体的教学生态链,打造了线上线下、课内课外的新形态立体化互动教材。

本套教材既可以作为职业教育旅游大类相关专业教学用书,也可以作为职业本科旅游类专业教育的参考用书,同时,可以作为工具书供从事旅游类相关工作的企事业单位人员借鉴与参考。

在旅游职业教育发展的新时代,主编出版一套高质量的规划教材是一项重要的教学质量工程,更是一份重要的责任。本套教材在组织策划及编写出版过程中,得到了全国广大院校旅游教育教学专家教授、企业精英,以及华中科技大学出版社的大力支持,在此一并致谢!

衷心希望本套教材能够为全国职业院校的旅游学界、业界和对旅游知识充满渴望的社会大众带来真正的精神和知识营养,为我国旅游教育教材建设贡献力量。也希望并诚挚邀请更多旅游院校的学者加入我们的编者和读者队伍,为进一步促进旅游职业教育发展贡献力量。

王昆欣
世界旅游联盟(WTA)研究院首席研究员
高等职业教育"十四五"规划旅游大类精品教材总顾问

前言
QIANYAN

党的二十大报告提出：坚持以文塑旅、以旅彰文，推进文化和旅游深度融合发展。加快发展数字经济，促进数字经济和实体经济深度融合。

2024年是中华人民共和国成立75周年，是习近平总书记提出网络强国重要思想10周年，是我国全功能接入国际互联网30周年，智慧旅游改变着国民的出游方式。作为文旅融合的核心载体——旅游景区，不仅是旅游目的地形象的窗口，更是伴随着智慧中国的发展，不断地构建和完善。

在"大众旅游＋智慧旅游"这样的时代背景下，旅游人才的培养，以及全面提升师生数字素养与技能是旅游院校及相关旅游企业的重要使命。

本教材编写团队结合大众旅游时代游客的需求及智慧景区建设的要求，在国家级教学资源库的建设中，摸索总结了近年来的教学经验和行业需求，同时根据自身参与文旅项目的工作经历，提出了景区服务与管理的新理念、新思路，以期对旅游类相关专业及景区的发展给予启发。

本教材的主要特色与创新之处体现在以下几个方面。

1. 与"教学资源库"相匹配

教材主体框架与国家级职业教育智慧景区开发与管理专业教学资源库"景区服务与管理"项目素材匹配，以高等教育的教学规律和"以学生为中心"的学习认知规律进行架构设计，同时嵌入课程二维码辅助学习，打造立体化教材，使教学路径与学习路径同向同行。

2. 以"执业能力"为主线

以模块为载体，以任务为导向，以"执业能力"为主线，着重实现"理实一体""工学结合"的教学目的，通过校企合作，提供丰富的行业案例和市场需求动态，提高学习者的专业能力和服务能力。

3. 以"数字化技术"为手段

依托教学视频、动画等载体，与理论教学相辅相成，将数字素养与技能教育培训资源有机结合，注重文化素养与职业内涵的培养。特别邀请了海鳗（北京）数据技术有限公司共同完成景区智慧化管理模块的编写。

4.以"协同育人"为理念

校政行企相结合，共同构建育人大课堂，在理论学习过程中，潜移默化地融入爱岗敬业、精益求精的工匠精神，使思政教育以润物无声的状态形成职业情感和心灵浸润，使学习从单向传播变为双向递进。

太原旅游职业学院许萍副教授担任本教材主编，对全书进行策划和组织编写大纲，并编稿、审稿与定稿。本教材编写分工如下：项目三、项目五、项目六由许萍副教授编写；项目一由太原师范学院郝从容副教授编写；项目二由太原旅游职业学院马素萍副教授编写；项目四和项目八由太原旅游职业学院罗海英副教授编写；项目七由太原旅游职业学院李婷副教授编写；项目九由郑州旅游职业学院藏思副教授编写；项目十由海鳗（北京）数据技术有限公司教育线产品总监阿孜古丽·阿布都外力编写。

特别感谢世界旅游联盟（WTA）研究院首席研究员、高等职业教育"十四五"规划旅游大类精品教材总顾问王昆欣教授，在大纲构建和审稿等方面给予的精心指导，同时感谢太原旅游职业学院韩一武教授、浙江旅游职业学院郎富平教授给予的建议和指导。

由于编者学识和能力所限，书中难免有不足之处，敬请专家批评指正，恳请广大师生、读者不吝赐教，以便今后更好地更新完善。

目录
MULU

项目一　旅游景区服务与管理认知 /001

　　任务一　旅游景区概念及类型 /003
　　任务二　旅游景区发展的历程 /011
　　任务三　景区服务与管理的基本内容 /013
　　任务四　景区未来的发展趋势 /017

项目二　旅游景区接待服务管理 /022

　　任务一　停车场管理 /024
　　任务二　游客中心管理 /028
　　任务三　景区入门接待服务 /035

项目三　旅游景区游览过程服务 /046

　　任务一　旅游景区解说服务 /048
　　任务二　游览标识系统服务 /053
　　任务三　景区游路系统服务 /058

项目四　旅游景区商业配套服务　　/063

　　任务一　景区住宿服务　　/065
　　任务二　景区餐饮服务　　/069
　　任务三　景区娱乐服务　　/072
　　任务四　景区购物服务　　/074
　　任务五　景区交通服务　　/078
　　任务六　景区其他辅助服务　　/080

项目五　旅游景区管理体制　　/083

　　任务一　旅游景区管理体制概述　　/085
　　任务二　新型旅游景区机制体制管理模式　　/091
　　任务三　未来景区管理模式　　/093

项目六　旅游景区运营管理　　/096

　　任务一　景区运营统筹及协调　　/099
　　任务二　景区营销管理　　/103
　　任务三　景区品牌管理　　/105
　　任务四　景区游客体验管理　　/111
　　任务五　景区的质量管理　　/117

项目七　旅游景区产品管理　　/125

　　任务一　旅游景区产品管理概述　　/128
　　任务二　景区文创产品策划　　/131
　　任务三　景区体验型产品策划　　/133
　　任务四　景区非遗类产品策划　　/137
　　任务五　景区节事活动产品策划　　/141

项目八　旅游景区安全管理　　　　　　　　　　　　　　　/148

  任务一　旅游景区安全　　　　　　　　　　　　　　　/151

  任务二　景区专项安全管理　　　　　　　　　　　　　/155

  任务三　旅游景区设施设备安全管理　　　　　　　　　/162

  任务四　旅游景区常见安全事故处置　　　　　　　　　/167

  任务五　旅游景区安全保障体系　　　　　　　　　　　/170

项目九　旅游景区环境资源管理　　　　　　　　　　　　　/176

  任务一　景区环境服务与管理　　　　　　　　　　　　/178

  任务二　景区环境资源保护与管理　　　　　　　　　　/184

项目十　旅游景区智慧化管理　　　　　　　　　　　　　　/192

  任务一　智慧景区认知　　　　　　　　　　　　　　　/194

  任务二　智慧景区的建设路径　　　　　　　　　　　　/200

  任务三　景区的智慧化管理　　　　　　　　　　　　　/203

  任务四　虚拟景区　　　　　　　　　　　　　　　　　/206

参考文献　　　　　　　　　　　　　　　　　　　　　　　/210

项目一
旅游景区服务与管理认知

项目概要

本项目主要介绍景区服务与管理的基础认知，通过对相关概念的界定和知识体系的梳理，帮助学生形成宏观认识，激发他们的职业热情。本项目重点阐述旅游景区的概念、分类、发展历程和发展趋势，以及景区服务与管理的主要内容。

**学习目标**

知识目标

1. 了解旅游景区的发展历程及趋势；
2. 熟悉旅游景区的概念和分类；
3. 掌握旅游景区服务与管理的主要内容。

能力目标

1. 能有效辨析旅游景区的类型、内涵及核心竞争力；
2. 能分析、诊断旅游景区存在的表面问题及其深层次原因；
3. 能结合市场业态，了解旅游景区未来发展趋势。

素养目标

1. 培养学生的历史传承精神、学科思维和创新意识；
2. 培养学生传承和传播中华文明的责任感。

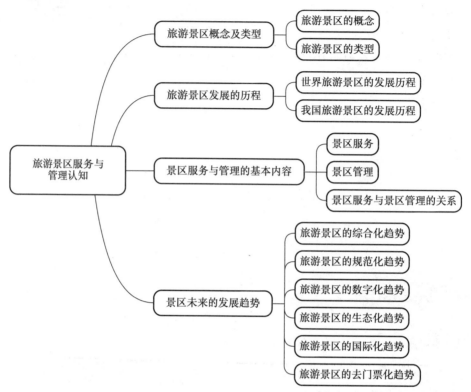

我国旅游景区经历了古代、近代和现代三个发展阶段。

旅游景区是依托旅游吸引物从事旅游休闲经营管理活动的、有明确地域范围的区域。

旅游景区的分类随着旅游业的发展,其分类方式也将多元化。

我国旅游景区呈现综合化、规范化、数字化、生态化、国际化、去门票化等发展趋势。

旅游景区服务与管理是"你中有我,我中有你"的关系。

项目引入

麻田八路军总部纪念馆景区

麻田八路军总部纪念馆景区位于革命老区左权县麻田镇,距左权县城45千米,距山西省会太原195千米。是全国100个红色旅游经典景区、国家重点文物保护单位、全国爱国主义教育基地、国家4A级旅游景区。目前,景区分为八路军总部旧址和八路军总部纪念馆两部分。总部旧址占地总面积达2万多平方米,于1980年对外开放。2011年以来,投资2000余万元,本着"修旧如旧、以期恢复20世纪40年代抗战时期旧貌"的理念,对总部大院、邓小平旧居、左权旧居进行了修缮,并对中共中央北方局、野战政治部、后勤部、北方局党校、鲁艺学校、《新华日报》报社等旧址进行了恢复,让游客真切体验和感受当时八路军的真实抗战生活。2007开工建设、2012年9月竣工的总部纪念馆总投资1.2亿元,是山西省红色旅游景点中展览路线最长、文物实物最多、内容最全的专题纪念馆。总部纪念馆位于麻田镇上麻田村西山脚下,与麻田总部旧址相互呼应、融为一体,是集教育、旅游观光于一体的爱国主义教育基地。

(案例来源:山西省人民政府官方网站)

案例分析

任务一　旅游景区概念及类型

到目前为止,国内外没有一个一致认可的旅游景区定义,且存在多个与旅游景区概念相近的名词。旅游景区概念可以从广义和狭义两方面理解:广义的旅游景区几乎等同于旅游目的地,狭义的旅游景区则是一个吸引游客休闲和游览的实体。

一、旅游景区的概念

旅游景区这一概念存在不同的解释和定义。2013年4月25日第十二届全国人民代表大会常务委员会第二次会议通过的《中华人民共和国旅游法》对景区作出权威界定,将景区定义为"为旅游者提供游览服务、有明确的管理界限的场所或者区域"。该定义从景区的基本功能和设立条件出发,突出了景区的服务性、区域性。

《旅游景区质量等级的划分与评定》(GB/T 17775—2003)中对旅游景区的定义是:旅游景区是以旅游及其相关活动为主要功能或主要功能之一的空间或地域。本标准中旅游景区是指具有参观游览、休闲度假、康乐健身等功能,具备相应旅游服务设施并提供相应旅游服务的独立管理区。该管理区应有统一的经营管理机构和明确的地域范围,包括风景区、文博院馆、寺庙观堂、旅游度假区、自然保护区、主题公园、森林公园、地质公园、游乐园、动物园、植物园及工业、农业、经贸、科教、军事、体育、文化艺术等各类旅游景区。

基于此,我们认为,旅游景区是依托旅游吸引物从事旅游休闲经营管理活动的、有明确地域范围的区域。这一概念的几个基本含义包括:

(1) 它是一个有明确地域范围的区域;
(2) 它以旅游吸引物为依托;
(3) 从事旅游休闲活动;

（4）有统一的管理机构。

与旅游景区相近的概念有旅游景点、旅游区、旅游目的地和旅游吸引物。

1. 旅游景点

旅游景点是指那些由某个组织或企业对其行使管理，有明确的界限同外界相隔并有固定的出入口，对游人的出入行使有效控制的游览点或参观点。旅游景点通常由单一的旅游吸引物构成，且属于小尺度空间旅游地。旅游景区则通常由一系列相对独立景点组成。

2. 旅游区

旅游区是以旅游及其相关活动为主要功能或主要功能之一的空间或地域。一般而言，旅游区的规模和面积较大，属于大尺度空间范畴且大多不具备显著的边界。而旅游景区所包括的范围相对较窄，面积较小属于中小尺度的空间范畴，并且空间范围具有明显的标志物，区域范围可感知。

3. 旅游目的地

旅游目的地是指在一定的地理范围内，具备游客感兴趣的旅游吸引物，集合旅游产品和旅游接待设施等服务体系，为了满足游客食、住、行、游、购、娱等需求而构建的综合性区域。旅游目的地除了是一种地理空间集中地，还形成了旅游产业发展的格局。

旅游目的地首先是人类聚落地，要有永久性的或者临时性的住宿设施，游客一般要在这里逗留一夜以上。

4. 旅游吸引物

国外更多地将旅游吸引物作为旅游景区的概念，强调"磁性"。旅游吸引物是为游览公众提供娱乐、消遣与教育而设计的有管理的永久性资源。它是旅游产品的要素，一般分为地点吸引物（site attraction）和事件吸引物（event attraction）。地点吸引物是这个地方本身就是吸引游客前往游览的主要诱因，如气候、历史文物、名胜风景等，事件吸引物是指节庆活动、体育盛会、商业贸易交流会等。

二、旅游景区的类型

（一）按照旅游资源类型分类

旅游景区按照旅游资源类型可分为五类，即自然类旅游景区、人文类旅游景区、复合类旅游景区、人造公园类旅游景区及社会类旅游景区。

1. 自然类旅游景区

自然类旅游景区又称自然风景区，是由多个自然类旅游景点组成，并辅以一定的人文景观的相对独立的景区，以名山大川和江河湖海为代表，如黄山、西湖、芦笛岩、九寨沟及尼亚加拉大瀑布等。自然类旅游景区可以分为山地型自然旅游景区、森林型自然旅游景区、水景型自然旅游景区、洞穴型自然旅游景区及综合型自然旅游景区等五个亚类。

2. 人文类旅游景区

人文类旅游景区又称为名胜风景区,是由多个人文旅游景点组成,并以一定的自然景观为背景的相对独立的景区,典型的代表如故宫、颐和园、八达岭等。人文类旅游景区可分为历史文化名城、古代工程建筑、古代宗教、古代园林以及综合型人文旅游景区等五个亚类。

3. 复合类旅游景区

复合类旅游景区是指由自然景点、人文景点相互映衬、相互依赖而形成的相对独立的景区,该区域中自然景观和人文景观的旅游价值均较高。复合类旅游景区的典型代表如国内著名的宗教旅游胜地五台山、峨眉山、普陀山、九华山等。

4. 人造公园类旅游景区

人造公园类旅游景区,即主题乐园或主题公园,是根据一个特定的主题,采用现代科学技术和多层次空间活动设置方式,集诸多娱乐活动、休闲要素和服务接待设施于一体的现代旅游目的地,是介于自然资源和人文资源之间的边际资源,如深圳华侨城、上海欢乐谷、苏州园林等。

5. 社会类旅游景区

社会类旅游景区是与上述传统旅游景区完全不同的旅游景区类型,是传统旅游景区认知的一种延伸。这类景区是利用社会资源来吸引游客,开展旅游经营业务,并形成相对独立的旅游景区。利用工业企业或工业园区开展的工业旅游、利用生态农业资源开发的生态农业旅游以及借助高等院校和科研机构开展的修学旅游等都可以形成相应的社会旅游景区。

知识活页

世界奇特旅游景区

1. 印度莱帕克希神庙(图1-1)

在印度安得拉邦的小村庄里有一个莱帕克希神庙,这座寺庙以典型的毗奢耶那伽罗建筑风格建造,拥有许多精美的舞者和音乐家等雕塑,墙壁、柱子和天花板上有数百幅描绘《摩诃婆罗多》《罗摩衍那》史诗故事的画作。这里除了拥有印度最大的壁画,还拥有70根石柱,其中最著名的一根完全悬在天花板上,柱子的底部几乎不接触地面,可以将薄纸或一块布等物体从一侧传到另一侧。据说,当一位英国工程师尝试移动它以试图揭开它的支撑秘密时,该支柱有点偏离了原来的位置。

他山之石

我国旅游资源类型分类案例

图1-1　莱帕克希神庙

2. 波涛谷(图1-2)

波涛谷位于美国犹他州和亚利桑那州交界处的科罗拉多高原上,这里的山岩是比较柔软的石英砂岩,而这里的风又很大,经过亿万年的风蚀,终于在砂岩上凿刻出波涛一般的曲线。波涛谷是失落城中最重要的主题乐园。每天仅能有20人可以入谷参观。由于名额有限,据说游客需要提前7个月预约登记。

图1-2　波涛谷

3. 日本红酒温泉(图1-3)

说到温泉肯定要提到日本,日本的箱根是温泉胜地,从2005年开始,每年都会推出为期12天的红酒温泉浴。这里的温泉红酒可不是劣质红酒,通常是法国进口的红酒,每年都会有很多来自世界各地的游客享受边喝边泡的乐趣。

图1-3　日本红酒温泉

（二）按照主导功能分类

旅游景区按照主导功能可分为五类，即观光类旅游景区、度假类旅游景区、科考类旅游景区、游乐类旅游景区、产业型旅游景区等。

1. 观光类旅游景区

观光类旅游景区，即以观光游览为主要内容的旅游景区。该类旅游景区具有较高的审美价值，可供游客参观、游览。典型的观光类旅游景区如厦门鼓浪屿、湖南张家界、大理崇圣寺三塔（图1-4）、四川九寨沟等都属于观光类旅游景区。

图1-4　大理崇圣寺三塔

（图片来源：大理白族自治州人民政府官方网站）

2. 度假类旅游景区

度假类旅游景区是拥有高等级的环境质量和服务设施，为游客提供度假康体休闲等服务的独立景区。典型的度假类旅游景区如大连金石滩（图1-5）、北海银滩、昆明滇池等都属于典型的度假类旅游景区。

图1-5　大连金石滩

（图片来源：大连市文化和旅游局官方网站）

3. 科考类旅游景区

科考类旅游景区是以科学考察和科学普及类旅游资源为主，具有较高的科学研究价值和观赏性，为游客提供科学求知经历的相对独立的景区。典型的科考类旅游景区如张掖丹霞地质公园、被誉为"世界第九大奇迹"的三星堆古文化遗址等都属于科考类旅游景区（图1-6）。

图1-6 广汉三星堆馆藏文物之一
(图片来源:广汉三星堆博物馆官方微博)

4. 游乐类旅游景区

游乐类旅游景区是指那些以现代游乐设施为基础,为游客提供娱乐游乐体验的景区。典型的科考类旅游景区如深圳欢乐谷、阜阳太和环球嘉年华游乐园(图1-7)、北京环球影城等。

图1-7 阜阳太和环球嘉年华游乐园
(图片来源:太和县人民政府官方网站)

5. 产业型旅游景区

产业型旅游景区以其生产为主要功能,同时兼顾游客的观赏游览、生产体验、主题购物、科普研学等消费需求。产业型旅游景区根据其产业门类的不同,可以分为工业型旅游景区、农业型旅游景区、时尚型旅游景区、购物型旅游景区等。典型的产业型旅游景区如诸暨米果果小镇景区(图1-8)、义乌国际小商品城等。

视频

旅游景区的功能分类

图1-8 诸暨米果果小镇

（图片来源：诸暨市人民政府官方网站）

（三）按照质量等级分类

为了加强旅游景区及其资源的保护，大部分国家或地区采用分级管理的方式对旅游景区或旅游资源进行管理，由此形成了不同等级的旅游景区。值得注意的是，不同类型的旅游景区或吸引物归口到不同的行政主管部门进行分级管理，具体如表1-1所示。

表1-1 我国旅游景区的等级分类及其主管单位一览表

景区主管部门	分类结果	
	分类系统	分级系统
文化和旅游行政主管部门	A级旅游景区	5A级旅游景区
		4A级旅游景区
		3A级旅游景区
		2A级旅游景区
		1A级旅游景区
	旅游度假区	国家级旅游度假区
		省级旅游度假区
	夜间文化和旅游消费集聚区	国家级夜间文化和旅游消费集聚区
		省级夜间文化和旅游消费集聚区
	工业旅游示范基地、点	国家级工业旅游示范基地、点
		省级工业旅游示范基地、点
	非物质文化遗产生产性保护示范基地	国家级非物质文化遗产生产性保护示范基地
		省级非物质文化遗产生产性保护示范基地
	文化产业示范基地	国家级文化产业示范基地、园区
		省级文化产业示范基地、园区
	文物保护单位	国家重点文物保护单位

续表

景区主管部门	分类结果	
	分类系统	分级系统
文化和旅游行政主管部门	文物保护单位	省级文物保护单位
		县级文物保护单位
	全域旅游示范区	国家级全域旅游示范区
		省级全域旅游示范区
住房和城乡建设行政主管部门	历史文化名城(镇、村、街区)	国家级历史文化名城(镇、村、街区)
		省级历史文化名城(镇、村、街区)
	传统村落	国家级传统村落
		省级传统村落
	风景名胜区	国家级风景名胜区
		省级风景名胜区
林业和草原行政主管部门	湿地公园	世界级湿地公园
		国家级湿地公园
		省级湿地公园
	森林公园	国家级森林公园
		省级森林公园
	国家公园	国家级国家公园
农业农村、文化和旅游行政主管部门	休闲农业与乡村旅游示范县、点	国家级休闲农业与乡村旅游示范县、点
		省级休闲农业与乡村旅游示范县、点
文化和旅游、发展和改革行政管理部门	旅游休闲街区	国家级旅游休闲街区
		省级旅游休闲街区
文化和旅游、环境保护行政主管部门	生态旅游示范区	国家级文化产业示范园区
		省级文化产业示范园区
文化和旅游、自然资源、住房和城乡建设行政主管部门	文化产业与旅游产业融合发展示范区	国家级文化产业旅游产业融合发展示范区
		省级文化产业旅游产业融合发展示范区
农业农村行政主管部门	美丽休闲乡村	国家级美丽休闲乡村
		省级美丽休闲乡村
自然资源行政主管部门	地质公园	世界级地质公园
		国家级地质公园
		省级地质公园
		县级地质公园

续表

景区主管部门	分类结果	
	分类系统	分级系统
环境保护行政主管部门	自然保护区	国家级自然保护区
		省级自然保护区
水利主管部门	水利风景区	国家水利风景区

知识活页

我国旅游景区的评定标准

《旅游景区(点)质量等级的划分与评定》(GB/T 17775—2003)中关于旅游景区质量等级划分的依据与方法：根据《旅游景区(点)质量等级的划分与评定》条件，确定旅游景区质量等级，按照《服务质量与环境质量评分细则》《景观质量评分细则》的评价得分，并结合《游客意见评分细则》的得分综合进行。经评定合格的各质量等级旅游景区，由全国旅游景区质量等级评定机构向社会统一公告。评分内容涉及旅游交通、游览、旅游安全、卫生、邮电服务、旅游购物、综合管理、资源和环境的保护8大项，以及景观质量包括的旅游资源吸引力和市场吸引力2大项，同时参考景区年接待海内外游客规模、游客满意度的抽样调查结果。

截至2024年2月，我国共有5A级旅游景区339家。

任务二 旅游景区发展的历程

总体而言，世界旅游景区发展有着悠久的历史，其发展模式也较为成熟，能够更好地满足游客的需求。我国旅游景区发展时间还不长，它的发展模式还需要不断完善，以更好地服务游客。

一、世界旅游景区的发展历程

世界旅游景区的发展大致可以追溯到古希腊和罗马时代，经历了古代萌芽发展阶段、近代多元旅游阶段和现代综合发展阶段。

（一）古代萌芽发展阶段

古希腊人和古罗马人喜欢外出旅行，主要目的是泡温泉，参加聚会、竞技体育，或者去参观艺术品和建筑杰作。古希腊的"奥林匹亚庆典"是当时影响最大的庆典，后来演变成现代奥林匹克运动。古埃及、古希腊和古罗马时代是人造景观最早发展的时期,旅行家昂蒂帕克总结了当时的"世界七大奇迹"。

欧洲文艺复兴时期,人们对知识和自由的崇尚使得人们的旅游活动体现出两大特征:对健康的关注和强烈的求知欲。前者体现在温泉疗养胜地和海滨度假胜地的发展,比利时的斯帕(Spa)因建成矿泉疗养的度假地而成为欧洲闻名的疗养胜地,而英国的莱克本也在人们发现海水的疗养功能后成为欧洲广受欢迎的海滨度假胜地。"大旅游"(grand tour)时代反映的是人们对知识的渴望,年轻人纷纷涌向巴黎、威尼斯和佛罗伦萨这样的文化中心。

(二)近代多元旅游阶段

19世纪的工业发展极大地改变了人们的生活方式。铁路系统的发展使得旅游不再只是上流社会的专利,大众旅游时代正式来临。1841年7月5日,托马斯·库克(Tomas Cook)采用包租火车的方式组织了570多人从莱斯特前往洛伯罗赫。1851年,英国在海德公园举办了一次大型的博览会,接待了来自世界各地630万人次的参观者。

与此同时,旅游目的和旅游种类开始变得多样化。原有的温泉、海滨和文化遗迹旅游景区的地位更加巩固,博物馆、城市公园、美术馆、滑雪馆、水族馆等旅游景区也开始发展起来。1853年,英国在伦敦动物园内建造了世界上第一座近代水族馆。1872年美国建立了世界上第一个国家公园——黄石国家公园。1894年,美国芝加哥建立了世界上第一座现代乐园——保罗·波恩顿水滑道公园。1925年,扎伊尔建立了世界上第一座真正意义上的野生动物园。至此,各类旅游景区的雏形陆续形成。

(三)现代综合发展阶段

第二次世界大战结束之后,世界各国经济普遍进入强劲复苏时期,以电气化为标志的第二次工业革命"缩短了世界各地的距离",长途旅游得到快速发展。在高科技的推动下,景区步入了综合发展的黄金时代。1955年7月,美国加州迪士尼乐园正式建成并开放,这标志着主题乐园时代的来临。其他类型的景区也得到了充分的发展,且不断有新的旅游形式出现,如会展(MICE)、极限运动等。游客的休闲方式更加多元化和个性化,相对应旅游景区提供的旅游产品和功能日益完善,服务更加迅捷周到,景区管理越来越规范化。

二、我国旅游景区的发展历程

我国旅游景区的发展从古代园林源起开始,大致可以分为三个发展阶段,即古代园林源起初级发展阶段、近代旅游景区低迷发展阶段及现代旅游景区高速发展阶段。

(一)古代园林源起初级发展阶段(1840年以前)

我国古代园林源起初级发展阶段,主要表现为园林的建造活动。这一阶段的所谓景区还不能称为旅游景区,其管理实践也仅仅局限于园林的建造,并且造园艺术较为简单,直到后期才出现了较为复杂和系统的造园艺术。

古代园林发展阶段中园林的类型较为单一,以宫苑为主。虽然中间陆续出现了寺观园林和私家园林等形式,但从本质上来看,这些园林的功能与囿和宫苑相似,均以自然风景观光为主,因此属于同类型的园林。而这时能真正享受园林生活的只是社会中的极少数人,如宫苑中的贵族、私家园林的主人等。因此,古代园林是一种奢侈品和权力地位的象征。

(二)近代旅游景区低迷发展阶段(1840—1978年)

通常人们把1840年以前的园林称为古典园林,我国园林建造和管理由古代到近代的转折是以"公园"的出现为标志的。1868年,上海出现了我国最早的公园——公花园(即现在的黄浦公园),公园的出现使得这个历史阶段旅游景区的类型越来越多样化。这些公园与传统园林相比,在功能上有了较大的拓展,例如在景观营造的同时,公园内开始建有大面积的空地,供人们开展各种休闲活动和其他体育运动,此时的公园已经初具现代旅游景区的雏形。

(三)现代旅游景区快速发展阶段(1979年至今)

改革开放后,我国旅游景区开发如火如荼地展开,旅游景区管理实践的内容不仅包括景区的开发建设,还包括经营与管理及市场的开发与营销。景区管理内容的极大丰富,使得对旅游景区管理者的要求也不断提高。

随着游客兴趣的不断迁移和拓展,这一阶段景区的概念已不再局限于古典园林、公园等单一类型,度假型旅游景区、观光型旅游景区、遗址型文化旅游景区、科技求知型旅游景区、主题公园型旅游景区等不断涌现。在这一阶段,随着人们收入水平的不断提高和我国与外界的联系日益密切,景区的客源市场日趋全民化和全球化。

任务三 景区服务与管理的基本内容

景区服务与管理是一门新兴的应用型学科,就景区产品质量而言,景区服务是重要的组成部分,并起着举足轻重的作用,管理是提高景区整体水平的必然途径。因此,景区服务与管理密不可分,对景区有序、安全、高质、高效及可持续发展发挥着重要作用。

一、景区服务

(一)景区服务的含义

景区服务是旅游服务的一种,通常景区向游客提供的与游览或娱乐相关的综合服务称为景区服务。实际上,景区服务是景区内一系列服务的统称。

视频

旅游景区管理的内容

（二）景区服务的内容

景区服务的内容可概括为游览服务、接待服务、营销服务、安全服务等。可以说，景区的服务范围、服务内容都是围绕游客的需求而不断地延展。游览服务是旅游活动开展的原动力；接待服务包括交通服务、票务服务、咨询服务、导览服务、商业配套服务等；营销服务是向游客提供满意的产品；安全服务包括确保一切旅游设施的性能良好、安全可靠，维护旅游景区的安全，保证游客的生命财产安全等。每一项服务内容都是景区为游客提供游览体验的重要环节。

游览服务是整个景区服务的中心环节，其他环节都是为中心环节服务而产生的。对于不同的景区而言，相关配套服务环节的数量和需求是有很大差别的。例如，文博馆类景区一般就不存在餐饮服务和住宿服务，而一些小型景区则不存在内部交通服务。

知识活页

《"十四五"文化和旅游发展规划》——旅游景区服务质量提升计划

世界级旅游景区建设：以具有一流水平的5A级旅游景区和世界遗产景区为基础，完善旅游景区基础设施，强化景区科技应用水平，打造一批世界级旅游景区。

世界级旅游度假区建设：研究建立世界级旅游度假区建设储备名录，支持有条件的地区开展世界级旅游度假区创建工作。支持旅游度假区提升旅游基础设施和休闲度假品质，培育一批国家级旅游度假区。

红色旅游经典景区提升：提升300处红色旅游经典景区发展质量，加强党史、新中国史、改革开放史、社会主义发展史教育。

二、景区管理

景区管理作为一种社会活动，由景区管理主体、景区管理客体和景区管理职能构成。

（一）景区管理主体

景区管理主体是指具有一定管理能力、拥有相应权威和职责、从事景区管理活动的人，即景区管理者。管理者通常由决策者、执行者、监督者和参谋者组成。由于各个景区的性质不同，所在国国情不同，其管理主体的差异也较大。根据性质的差异，景区可以分为商业性景区和公益性景区。国内外的商业性景区的管理主体均是景区经营企业，公益性景区的管理主体在我国则根据资源管理部门的分工而分属于不同的部门，如旅游度假区的管理主体是文化和旅游部，森林公园归属国家林业和草原局管辖。

目前,我国景区管理主体的多头性与景区管理方式的多样性构成了我国复杂的景区管理模式。

(二)景区管理客体

景区管理客体即景区的管理对象和内容,是景区管理主体可以支配并需要调用的一切资源,主要由人、财、物组成。人的管理包括游客和社区居民的管理,财的管理主要指的是景区资金管理,物的管理包括旅游设施、旅游资源、旅游信息、旅游环境等方面的管理。景区要充分统筹协调财、物,实现效益最大化和生态可持续发展。

(三)景区管理职能

景区管理职能,即采用什么方法进行景区管理,或称为景区管理方式。应用管理学的管理职能理论认为,无论是商业性景区还是公益性景区,决策、计划、组织、领导、控制、创新是管理活动中基本的六个职能。

1. 决策

景区管理的决策是为实现景区管理目标,在两个以上的备选方案中选择出一个方案的分析判断过程。决策包括提出问题、收集信息、确定目标、拟订方案、评选方案、确定方案并组织实施、信息反馈等方面,其决策思维是一个完整的过程。决策按性质可分为经营决策、管理决策和业务决策三种类型。

2. 计划

计划是景区制定目标的行动过程。计划的编制一般包括估量机会、确定目标、确定前提条件、确定备选方案、评价备选方案、选择方案、拟订计划和编制预算、执行与检查等步骤。计划在执行中是动态的,可以随着外部环境的变化而不断调整。景区计划按时间长短可分为长期计划、中期计划和短期计划,按性质可分为环境保护计划、产品开发计划、市场促销计划、财务计划、人力资源计划等。

3. 组织

景区的组织管理主要涉及组织结构设计、人员配备、组织力量整合、组织文化建设方面。景区组织结构设计一般是按照以目标导向、环境适应、统一指挥、权责对等、控制幅度、柔性经济、分工与协作结合为原则,根据景区性质和治理结构确定组织类型,层层分解景区组织总目标,分析业务流程,确定部门和职务,定编、定员、定岗,确定岗位职责、岗位薪酬的过程进行的。景区组织机构随着外部环境的变化,可能要进行新的流程设计与组织再造。景区组织管理包括员工招聘、培训、激励、绩效评估、薪酬管理和组织文化建设等内容,以增强景区内聚力。

4. 领导

领导是激励和引导组织成员,以使他们为实现组织目标做贡献的过程。领导工作包括先行、沟通、指导、浇灌、奖惩等内容。先行体现在景区领导者应先做好组织架构和目标设计,制定战术,并在具体实施时起到带头作用;沟通体现在景区领导者通过与员工、游客、公众的双向沟通,增强组织凝聚力、领导亲和力,鼓舞员工士气;指导是指景区领导者向下级传达管理思想和下达管理任务后,为下级创造执行任务的条件,并进行跟踪调查,保证命令贯彻执行并修正不合适命令的过程;浇灌是指景区领导者为了使下级接受任务并愉快自觉地完成而进行的情感培养;奖惩是领导者根据下级履行职责与完成任务的情况而给予的奖励和惩罚,是领导者权力的具体体现。景区管理者应根据外部环境、上下级关系、职权结构、任务结构采取不同的领导风格。

5. 控制

控制是管理者识别当初所计划的结果与实际取得结果之间的偏差,并采取纠偏行动的过程。要想使景区的全体成员、资金流动按照景区管理计划照章执行,就必须建立控制标准和分析评判考核管理绩效的衡量指标体系,通过对比分析方法把实际执行的管理活动与预先确立的各项管理活动的执行标准进行对比,判断其中的差距,并采取相应的纠偏措施使景区的管理活动回归到计划之中。

6. 创新

所谓创新就是改变现状,在被称为"唯一不变的就是变化"的当今世界,科学技术突飞猛进,市场需求与外部环境瞬息万变,景区管理者每天都会遇到新情况、新问题。创新是景区管理的动力源泉,是景区增强竞争力的关键。景区的创新包括观念创新、体制创新、技术创新、组织结构创新、环境创新等。景区产品的创新设计与开发是景区提供与众不同的体验的关键,是增强竞争力的核心因素。

三、景区服务与景区管理的关系

景区服务是景区通过人员和设备把自身的资源和优势向游客展示,同时为游客提供服务和体验,使游客获得相关的经历和感受。景区管理是其主体利用计划、组织等管理手段使得景区的资源利用达到最优从而实现景区社会、经济、生态环境的可持续发展。景区服务和景区管理是景区为了实现自身目标的两个方面,景区服务和景区管理存在着依存关系。

(一)从涉及的范围来看

景区服务主要是景区对外的服务、即景区对游客的服务。景区通过为游客提供游览、购物、餐饮等服务,从而实现景区的经济目标。景区管理主要是景区内部的管理,即景区通过各种管理手段,使得景区中人、财、物的利用得到合理匹配和调控,实现景区的发展目标和经营目标。

(二)从管理的层次来看

景区服务主要涉及景区具体的局部性问题,一般为操作性和事务性的问题。如门票接待服务和解说服务属于景区管理中的中层和基层管理,是景区与游客交流的窗口。景区管理较多涉及景区宏观的全局性问题,一般为管理性和战略性的问题,属于景区管理中的中高层次管理。景区决策层次及管理特点如表1-2所示。

表1-2 景区决策层次及管理特点

景区决策层次	对应的管理者	管理特点
战略决策	景区高层管理者	长期性、全局性、战略性
管理决策	景区中层管理者	中期性、局部性、战术性
业务决策	景区基层管理者	短期性、日常性、具体性

（三）从与游客的关系来看

景区服务是直接面对游客的。景区通过员工为游客提供票务、解说、购物、交通等相关服务，满足游客游览景区的需求。景区服务是游客在景区获得体验的前提条件。景区管理是通过作用于景区内部的人员、设施设备和旅游资源等实现的。一般来说，景区管理不直接与游客接触，尤其是景区的财务管理、人力资源管理等。可以这样认为，景区管理作用于景区服务，然后再作用于游客。

任务四　景区未来的发展趋势

随着旅游业的不断发展，我国景区的发展将呈现以下趋势：

一、旅游景区的综合化趋势

随着我国旅游业综合发展水平的提升，尤其是我国游客需求日益综合化、多元化，使得我国旅游景区的发展也逐步摆脱以往以观光游览为主，配置简单的购物、餐饮、交通、娱乐等功能的发展局限性，而逐步形成了以观光游览为基础，全面培育食、住、行、游、购、娱等传统六要素和商、养、学、闲、情、奇等新兴六要素。例如，浙江乌镇景区作为国家5A级旅游景区，其在各种类型的业态培育上下足了功夫，在传统景区的概念上，全面植入度假乌镇、文化乌镇、会展乌镇、养生乌镇等，世界互联网大会将乌镇景区作为永久会址，以休闲度假为主的住宿业和商务会议、餐饮等配套功能得到全面发展，使得旅游景区作为一个空间概念更加明晰。

未来景区发展的五个热点

1. "文创＋"

通过文化切入生活方式，形成广泛共鸣。如故宫博物院的文创产品，从日历、水果叉到口红、糕点礼盒，故宫在文创流量的变现上爆品不断，风生水起,实现文化创意延伸。

2."科技+"

新技术切入文物活化,新潮展陈方式引发大众追捧。如前面提到的VR沉浸式体验、AR情境互动体验、虚拟翻书、三维影片、360度沉浸剧场、互动投影体验、各类科技剧场等。

3."生活+"

以美食小吃为主体,调动当地元素,带入一种生活方式体验。如凭借火锅和小酒馆,深度体验成都的美。

4."夜游+"

开拓夜游市场,点亮夜间市场,形成新潮流。如西安的大唐不夜城,夜经济玩出新花样。

5."媒体+"

通过短视频,打造网红效应,形成广泛关注。如西安"十六朝古都,玩出新姿态",一首《西安人的歌》深受网友喜爱,挑战西安网红打卡的最新方式,一夜爆红的"抖音之城",惊艳了世界。

(资料来源:景区职业课堂)

二、旅游景区的规范化趋势

未来旅游景区的发展将和整个旅游业标准化发展一致,无论从开发建设、资源保护还是运营管理等,都将越来越规范化,重点将体现在以下四个方面:一是关于旅游景区的安全管理;二是关于旅游景区的服务质量管理;三是关于旅游景区的购物管理;四是关于旅游景区的公共服务管理。

从所有现行标准来看,景区分类在游览景区相关标准的数量远超其他分类指标,说明国家、各地方文旅局及团体对旅游景区的关注度较高,旅游景区的相关标准较为完备,旅游景区作为旅游业的核心要素及旅游产品的主体成分在建设运营中逐渐受到重视。

三、旅游景区的数字化趋势

随着数字经济时代的到来,文化产业和旅游业数字化转型步伐不断加快,科技与文旅融合发展成为新的行业趋势,文旅产业迎来了新的变革和发展机遇。旅游景区也将顺应时代潮流,把握数字化、网络化、智能化方向,着力以数字技术赋能景区服务与管理,越来越多的景区着手打造数字化景区,实现资源保护数字化、景区经营管理智能化及旅游产业整合网络化。未来的旅游景区的智慧化程度越来越高,数字化将成为景区优化服务、提升旅行体验的重要途径,稳定、安全、沉浸式、场景化的数字体验模式,为游客增强旅行体验的可触、可感、可知效果。

四、旅游景区的生态化趋势

随着经济的快速发展,人们对生态环境及居住环境的生态要求也全面提高。以旅游景区为核心的旅游业向来以"无烟工业"自居,导致人们对其生态质量的期望与要求更高。因此,未来旅游景区将越来越彰显生态化,具体表现如下。一是游客消费理念的生态化。游客消费理念的生态化,反映到游客现实消费行为习惯上,就是对旅游景区的生态环境质量(包括水环境质量、空气环境质量、声环境质量)、植被绿化覆盖率、环境卫生清洁度等方面的要求越来越高。二是旅游景区项目设施的生态化建设,即未来旅游景区新建或改建的旅游项目、配套设施体现生态、绿色、低碳的理念,尤其是旅游垃圾分类与回收处理、绿色可再生能源的使用等方面应取得突破。三是旅游景区内外空间环境的生态化,即旅游景区至少在游客视野范围之内,能够保证旅游环境本底的高品质维持和游览环境的清洁、卫生、整齐。

五、旅游景区的国际化趋势

随着我国综合国力的全面提升,旅游景区在彰显大国自信,尤其是文化自信方面应该更有作为。因此,旅游景区需要在以往扮演外事接待角色的同时,有效融入并传承我国优秀的传统文化,以提升旅游景区的国际化水平。具体可以从三个方面予以重点关注。一是应进一步增强对外营销力度,逐步增加外埠客源比例,尤其是国家4A级和5A级旅游景区,其入境游客接待数量应有一定比例。二是应进一步提升旅游资源开发和利用的国际化水平,尤其是在传承中华优秀传统文化的同时,如何实现中西文化的交融与合作,如何让真正本土化的文化资源成为国际化的产品,是未来旅游景区尤其是高等级旅游景区必须解决的重大课题。三是应进一步提升旅游服务的国际化水平,即要求旅游景区不仅要使用国际化旅游消费或体验的设施设备,而且要采用国际化的服务理念与水平。

增强社会责任感,讲好中国故事

党的二十大报告对跨文化传播提出纲领性要求,即增强中华文明传播力影响力,坚守中华文化立场,提炼展示中华文明的精神标识和文化精髓,加快构建中国话语和中国叙事体系,讲好中国故事、传播好中国声音,展现可信、可爱、可敬的中国形象。近年来,中华文化对外传播方面与时俱进,出现了展现传统文化魅力的李子柒短视频,以及《舌尖上的中国》《如果国宝会说话》《唐宫夜宴》《龙门金刚》等许多优质文化作品,在外国观众中引起较大反响。旅游业的文化传播力也在服务创新和转型过程中不断增强,旅游文化创意产业蓬勃发展。目前就旅游,尤其是旅游景区而言,其中华文化国际传播作用仍有较大发挥空间。旅游跨文化传播的优势地位和积极功能未能被充分认识，文化内涵挖掘不够，文化传播中缺乏模式探索，传播力有待提升。旅游景区应以传播中华文化为己任，增强企业社会责任感，创新性地从旅游的角度讲述中国故事、传播中国声音，增强国际游客对中国文化的认同。

六、旅游景区的去门票化趋势

旅游景区一直是旅游业的一个重要的板块，旅游业的相关配套都是围绕景区而设置的，一些地区主要的经济收入来自本辖区的高等级景区。而这些景区收入大多是门票收入，尤其是观光型高等级景区。随着市场调整和消费结构的变化，以门票主导的景区经济正走向一个十字路口。2021年12月，国务院印发《"十四五"旅游业发展规划》，提出鼓励制定实施旅游景区门票减免、淡季免费开放、演出票打折等补助政策。旅游业是一个高度复合型的产业系统，包含食、住、行、游、娱、购等多个要素，只有这些要素协调推进组成完整的产业链条，才能形成稳定健康的市场。门票支出过高，很大程度上会遏制游客其他旅游项目的消费。一些旅游景区的成功经验表明，发展旅游经济，门票之外大有可为。树立多元化理念，拉长旅游产业链条，推进全域旅游，才能实现旅游经济高质量发展。

教学互动

通过本项目的学习，你认为未来景区的发展趋势应该有哪些变化？

项目小结

我国是旅游资源大国，众多景区是我国旅游业发展中的重要承载。本项目主要介绍了我国旅游景区的发展历程和发展趋势，同时对景区的概念和类型进行了阐述，尤其是在分类方面，突破了传统的人文景区和自然景区的分类方法，从旅游新业态的角度进行多元分类；对景区的管理主体进行了梳理，并分析了景区服务与管理的基本内容和两者之间的关系，使学习者对景区有了背景性的了解。

项目训练

一、知识训练

请扫描边栏二维码答题。

二、能力训练

请对你所在的省份进行调研,并完成以下任务:

(1) 统计所有3A级及以上旅游景区数量,并进行大致分类;

(2) 对每一个旅游景区进行资源及发展现状的概述;

(3) 基于以上资料,制作一个该省3A级以上旅游景区的微信查询小程序。

项目二
旅游景区接待服务管理

项目概要

　　景区接待服务是游客抵达景区时产生第一印象的窗口。景区接待服务质量的高低会影响游客的体验感和满意度，直接关系到景区的形象、声誉、盈利和效益。本项目重点阐述景区的停车场管理，包括智慧停车服务、人工泊车服务；景区的游客中心管理，包括咨询服务和投诉服务；景区入门接待服务，包括排队管理和闸口验票服务。

知识目标

1. 了解智慧停车服务功能和人工泊车服务流程；
2. 熟悉咨询服务类型、流程和投诉处理类型、流程相关内容；
3. 掌握排队管理的方式和闸口验票服务流程等相关内容。

能力目标

1. 提升学生景区停车场服务与管理能力；
2. 增强学生游客中心服务与管理能力；
3. 培养学生景区入门接待服务能力。

素养目标

1. 提升学生景区接待服务职业道德修养；
2. 引导学生在接待服务岗位上践行爱岗、敬业、诚信、友善的社会主义核心价值观。

项目二　旅游景区接待服务管理

知识导图

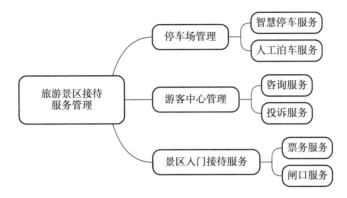

项目要点

景区智慧停车服务：景区借助智慧停车硬件设备和软件系统，为车主提供景区车位查询、车位预约、车位诱导、智能开闸、反向寻车、电子支付、周边信息推送等部分或全部服务。

景区智慧咨询服务：在景区官网、微信、微博或游客中心触摸屏等平台，咨询员或景区工作人员接受游客咨询，以文字、语音等方式给予解答的一种服务。

景区智慧验票服务：使用智能验票设备对景区官方认可的有价、无价票证的验证服务。

项目引入

数千游客短时滞留泰山，景区致歉

2021年6月13日晨，泰山山顶出现大雾，游客由于无法观看日出和游览景点，于是集中下山，到达中天门后选择乘车下山的游客迅速增多。但索道、客运专线车运力有限，使得乘索道、乘车游客等候时间较长，部分游客出现急躁情绪。8:10以后，中天门游客中心内等待乘车的游客虽逐渐增多但均能有序排队。9:06，个别候车游客违规翻越隔离护栏，冲击检票口，闯入旅游车发车区、旅游公路等非游览区，导致专线旅游车通行效率降低、游客中心秩序短时混乱。泰山景区管委会发现该情况后，第一时间启动应急预案，抽调40名公安、武警、消防救援等力量，同时增加运输车辆、简化售检票流程、倡导文明旅游。10:20，中天门游客中心乘车区域恢复正常运行秩序。

6月14日下午，泰山景区管委会对中天门区域短时拥挤情况进行公开说明，并就管理不到位、服务不细致致歉。

（案例来源：泰山景区微信公众号）

任务一　停车场管理

停车场是景区配套服务设施的重要组成部分,是游客上下车,以及车辆周转、临时停放的地方。停车场服务管理水平的高低影响游客的出行服务体验质量。因此,景区停车场应确保车辆出入快速、车位充足、停车便捷、缴费简单、通达性强。

景区停车场应布置于景区快速交通道附近,可在景区外部或集中或分散布局,也可在景区内部或集中或分散布局。停车场的设计应契合景区整体格调,突出美观环保、智慧化建设等特点。

景区停车场应设出入口、收费标准牌、岗亭、停车分区(如旅游客车停车区、小型车停车区、无障碍停车区等)、停车线、回车线、方向引导指示标识、智慧停车服务设施设备等。

一、智慧停车服务

景区智慧停车服务是景区提高精细化服务水平、高质量发展、以游客为中心的体现。景区智慧停车服务可以为车主提供景区车位查询、车位预订、车位诱导、智能开闸、反向寻车、电子支付、周边信息推送等价值体验。景区智慧停车系统能实现停车智慧化、管理可视化、运营高效化。

(一)景区智慧停车场架构

景区智慧停车系统借助无线通信技术、移动终端技术、GPS(global positioning system)技术、GIS(geographic information systems)技术、读感技术(mifare、微波、蓝牙、EM等)、移动支付技术等,配置硬件设备如电脑、出入口道闸、车辆识别控制机、LED引导屏、车位检测终端等,安装收费、车辆识别等软件,实现自动计算车位数、自动抬杆、自动计费、自动报警等诸多智能化功能,提高景区停车服务质量、智能化管理及安全管理水平。

(二)景区智慧停车服务功能

1. 查询车位、预约车位

游客在出发前,通过关注景区微信公众号或小程序,或景区智慧停车App,绑定车辆信息,实时查询景区停车场状况,定位停车场,查看剩余车位和收费标准,进行车位预约。

2. 车位发布、停车引导

构建停车诱导系统,通过LED显示屏实现从高速出口、景区道路入口、车场入口、露天车场内部多级车位发布,无缝融合。车辆到达景区入口后,智慧停车目的地诱导系统将按"找车位+找区域"综合最优位置推荐停车位,游客可选择一键导航停车到达目标车位。

3. 车辆识别、智能开闸

景区停车场入口及出口采用高清车牌识别技术,通过采集车辆的动态视频或静态图像进行车牌号码、车牌颜色、车标、车型的自动模式识别,控制道闸抬杆。车辆进出可控,有据可查,记录车辆出入场时间信息作为缴费凭证。外接双层屏,显示刷卡时的车辆信息(如车牌号、停车时间、缴费金额等),并记录手动开闸数据。车牌识别通行免停车、免开窗,车辆可快捷进出停车场,提升车主通行效率,加强出入口的高效和安全管理。

4. 定位车辆、反向寻车

游客在景区游玩结束后,打开景区公众号输入车牌号,根据3D实景指引找车的路线指示,定位车辆,或扫描二维码定位,实现一键寻车。

5. 自助缴费、快速离场

离开景区停车场时,车主可选用扫码进行线上支付,具体包括:

(1)场内扫码付:车主选择场内扫码缴费,出场识别车牌,免停车快速通行;

(2)出口扫码付:出场识别车牌计费,车主使用微信/支付宝扫码支付;

(3)无感支付:车主首次使用该服务时,需要在微信小程序、支付宝、银联卡的智慧停车服务板块绑定车牌号,并设置小额免密操作,用户驶离停车场时,已开通自动交费的用户将从其绑定的付款账号中自动扣取车费,无须现金支付或扫码付费。同一辆车只需绑定一次,之后无须重复操作。

(三)景区智慧停车服务优势

1. 远程管理,更加便捷

通过智慧停车系统,景区可随时随地远程监管停车场的各种数据情况,实现停车场的智能化管理,具体包括查看停车场的各种收费数据、车辆出入记录、异常放行记录、停车场设备的检查以及各种数据报表的智能分析。停车场管理人员足不出户即可全面了解掌握停车场的运营状况。

2. 无人值守,解放劳动力

通过车辆识别抬杆、自助电子支付,车辆即可完成进出场。一方面极大地减少了管理人员的工作负担,提升了管理效率;另一方面降低了基础工作人员配置,减少了运营成本。停车管理无人值守模式的建立,可以规范车主的行车行为,有益于良好的景区停车管理。

3. 无感支付,提升游客体验

车辆开通无感支付,出场直接抬杆,系统自动扣费,极大地缩短了车辆通行时间,缓解了出入口堵塞压力,提高了停车场使用效率。同时减少停车场收费员接触现金的机会,杜绝"跑冒漏滴",解决了停车场收费方面的难题。无感支付还有利于提升景区品质服务形象,对车主来说,无须排队缴费,减少了车辆在停车场出口的滞留时间,提升了游客体验。

景区可以根据自身需要,选择搭建部分或全部智慧停车功能。同时,更全面的智慧停车服务不局限于针对游客停车的服务,还可以对景区内部的交通工具(如观光车、游船、执法用车及景区运营巴士等)进行监管、追踪,使得调度更加方便、准确、及时。

二、人工泊车服务

虽然景区智慧停车应用普及率提高,但保留停车场人工收费和服务通道,方便现金支付、便捷老年人交通出行依然很重要。

(一)景区停车场岗位设置及职责

1. 停车场负责人职责

(1)负责监督和落实员工岗位职责,对员工进行日考核。

(2)负责组织部门员工进行定期或不定期的业务学习和培训。

(3)负责处理车辆管理方面的问题和客户投诉,定时向景区领导汇报工作。

2. 收费员职责

(1)负责对进入景区停车场的车辆进行管理,确认车主扫码付费或现金收费,操作人工抬杆等。

(2)负责对停车票据的管理,为车主出具纸质发票。

(3)做好交接班。

3. 守车员职责

(1)指挥车辆规范停放,保证景区停车场内道路畅通,维持停车场停车秩序。

(2)提示司机关好车辆门窗,切勿将贵重物品留在车内,若发现车辆有损伤痕迹,及时向司机说明并确认,做好登记工作。

(3)做好巡视检查工作,增强防火防盗意识,确保场内车辆和公共设施的安全。

(4)如停车场内发生车辆碰撞、剐蹭等,协助游客按相关程序处理,并及时向停车场管理人员报告。

(二)景区停车场工作人员要求

1. 着装及形象要求

(1)统一着制服,佩戴工牌,要求服装整齐、干净、笔挺。

(2)不得佩戴饰物,口袋内不宜装过多物品,制服外不得显露个人物品。

(3)禁止披衣、敞怀、挽袖、卷裤腿、穿拖鞋或赤脚。

(4)不允许留长发、蓄胡子、留长指甲,鼻毛不能长至鼻孔外。

(5)精神振作,姿态良好,做到站如松、坐如钟、动如风。

2.工作纪律要求

(1)微笑服务,对待车主(游客)友善、热情。

(2)举止文明、大方、端庄。

(3)工作时不得哼歌曲、吹口哨、玩手机,不得随地吐痰、乱丢杂物,不准边执勤边吸烟、吃零食。

(三)景区停车场工作流程

1.停车场负责人工作流程

(1)每日工作。

① 在车辆入场、出场高峰时段,协助守车员指挥车辆进入,停车入位。

② 每日工作中途时段,检查停车场内当班人员工作状况,做好工作记录。

③ 下班前,做好停车场工作人员的日考核。

(2)每周工作。

召开部门会议,上传下达,完成周工作点评,安排下周工作。

(3)每月工作。

检查停车场内设施设备情况,编制每月工作排班表等。

2.收费员工作流程

(1)车辆入场。

车辆识别系统自动记录车辆,道闸自动开启。如无法开启,可提醒车主后退车辆,调整角度,再次尝试进场。

(2)车辆出场。

若景区停车场出口是人工操控抬杆,确认车主付费后,完成抬杆,并提供停车纸质发票。

3.守车员工作流程

(1)车辆入场。

守车员站在安全位置,以标准手势和规范作业指挥车辆分类停入空余车位,要求车头向外停放,仔细察看停放车辆外观,有无擦伤划痕、是否漏油等,若发现异常情况,做好记录,请车主签字确认。提示车主关好车灯、门窗,拿好贵重物品。

(2)故障处理。

守车员检查停车场,确保车场内车辆及公共设施安全。当停车场内发生车辆剐蹭碰撞等事故时,如果是景区停车场原因,应立即报告负责人,按程序处理;如果是车主原因,可让双方自行协商解决。

(3)车辆出场。

守车员负责出场收费口的临场指挥,避免车辆插队拥挤,提升出场效率。

知识活页

建设景区生态停车场，停车+改善生态环境两不误

  生态停车场，是指在地面适当种植绿草、树木，将植物作为车位与车位之间的隔离手段，最终达到"树下停车，车下有草，车上有树"的环保效果。生态停车场既能解决停车问题，又能改善生态环境。生态停车场是景区和城市停车规划建设的发展方向。生态停车场是国家5A级旅游景区建设的重要内容之一。

  生态停车场强调景区的自然协调性，依据场地本身的自然条件与周围自然风景的统一协调，最大程度地借用景区的自然地形地势条件，依势而造，并通过绿化区将停车场划分为大、中、小型停车空间。

  生态停车场提倡可持续性，应用透水性植草格等材料进行铺装，既兼顾车辆停放对硬化路面使用的要求，又起到节流减排的作用，减少了对自然地面的破坏，让人与自然共生，体现可持续性的发展观。

（资料来源：搜狐网，有删改）

任务二　游客中心管理

  游客中心是旅游景区为游客提供信息咨询、游程安排、讲解、休息、受理游客投诉等旅游设施和服务功能的专门场所，是旅游景区展示给游客的"第一服务印象区"，是旅游景区的宣传窗口。

  游客中心的选址和建设应符合景区总体规划要求，一般位于景区入口处。游客中心的外观设计应契合景区类型，匹配自然环境，最好具备独特的文化识别特征，如融合民族特色建筑风格，或凸显历史文化元素，或结合地方传统文化，或营造本地乡土情怀场景。

  游客中心的功能不仅包括信息展示、旅游咨询、接待、预订等必备服务功能，还包括旅游交通、住宿、餐饮、医疗卫生、文创产品展示销售和其他服务等指导功能。指导功能可根据实际情况，相应取舍。

  游客中心应配备以下设施设备。第一，咨询设施。设置咨询台和咨询工作人员，为游客提供景区全景导览图、游程线路图、景区宣传资料、景区活动预告、景区周边的交通图及游览图等，以纸质媒介、多媒体触摸屏、视听设备、网上虚拟景区游览系统等方式结合呈现。第二，展示宣传设施。设置资料展示台（架），展示资料、地方特色纪念品、科普环保书籍，设立主背景墙等。第三，休息设施。设置游客休息区，提供休息桌椅、饮水设备等。第四，特殊人群服务设施。提供轮椅、婴儿车、拐杖等辅助代步工具或器械，并通过景区官网、官微等渠道公布相关信息。第五，医疗设施。可设立医务室,配备专职医护人员,提供应急医药箱、急救担架等。第六,便民租赁辅助设施。提供雨伞、充电宝、手持电扇、自拍杆、各种度数的老花镜等的租赁辅助设施。

一、咨询服务

景区咨询服务是景区咨询员根据游客的疑问和需求,以专业信息、知识、技能和经验,为游客客观地提供最佳答案,或几种可供选择的方案、建议,帮助游客解决困难的一种免费服务。景区咨询服务形式有现场咨询、电话咨询、智慧咨询等。

(一)现场咨询服务

现场咨询服务是在游客中心咨询服务区域或景区其他服务岗位工作过程中,景区咨询员或工作人员面对面接受游客咨询并给予解答的一种服务。

1. 现场咨询工作要求

(1)礼仪要求。

① 统一着装、佩戴工牌。衣服要整洁、熨烫平整;衣袋内不装多余物品。

② 仪态端庄、举止文明。女性员工化淡妆,不佩戴夸张饰品,留长发者应将头发盘起,不可漂染艳丽的发色,保持头发清洁,不使用浓烈香水,不留长指甲,不涂颜色亮丽的指甲油。男性员工发长不得超过后衣领和耳朵,不蓄须,头发清洁整齐。站姿、坐姿、走姿规范,端庄;使用文明礼貌用语;双手不得叉腰、交叉于胸前或插到衣兜。

③ 态度热情,精神饱满。景区咨询员要表现出和蔼、热情、耐心、友好,做到情绪饱满、不卑不亢,与游客交谈时不得流露厌烦、冷淡、愤怒的表情。

(2)职业要求。

① 热爱咨询服务工作,责任心强。

② 熟知本景区资源、游览、票务等相关情况。

③ 能熟练使用游客中心设施设备。

④ 能使用普通话或英语或当地方言提供服务;可以配置手语服务,方便与听障人士交流。

⑤ 对待游客要一视同仁。

2. 咨询服务工作内容

(1)回答游客提出的有关景区资源、旅游活动等的问询。

(2)为游客提供信息资料,如景区宣传册、景区周边导览图等。

(3)向游客宣传安全防范知识,介绍景区特色纪念品和书籍等。

(4)为游客提供游览建议。

(5)为游客办理轮椅、童车租借等服务。

(6)收集游客意见,并向部门负责人及相关部门反馈。

(7)接受游客救助请求并协助相关部门实施旅游紧急救助。

(8)承担游客中心卫生清洁及维护工作。

3. 现场咨询工作流程

（1）主动问候。

当游客走向咨询台时，工作人员应起立，面带微笑，使用规范用语问候，如"您好，有什么可以帮到您吗"，温暖的问候能让游客感受到工作人员的工作态度和工作热情，有助于咨询服务的顺畅展开。

（2）认真倾听。

当游客提出疑问时，工作人员要双目平视对方，全神贯注、集中精力、专心倾听，不可三心二意。对于游客的述说，可以用点头的方式给予反馈，让对方明白工作人员在认真关注他提的问题，不能有惊讶、不屑、不耐烦的表情和动作，要始终表现出大方自然的姿态。

（3）积极应答。

答复游客问询时，要做到有问必答、用语规范、简单明了，不可敷衍了事，不能使用"也许""可能""大概""差不多"等模棱两可的词语及"我也不清楚""不知道"等回答。言谈不可偏激，避免有夸张论调，避免谈及政治、宗教等敏感问题。如有无法解答的问题，应向游客说明，并表示歉意，让对方稍等，及时询问相关人员，将问询结果告知游客。

（4）礼貌道别。

在完成咨询解答后，要礼貌地与游客告别。对游客的到来表示感谢后，可以附上简单的祝福，如"祝您游玩愉快""愿您旅途快乐"等。

（5）汇总反馈。

整理并汇总当日游客咨询事宜，将游客提出的新问题及建议汇报给部门负责人。

（二）电话咨询服务

景区电话咨询服务是在游客中心咨询服务区域或景区餐饮、交通等咨询预订处，景区咨询员或工作人员通过接听游客咨询电话并给予回复解答的一种服务。

1. 电话咨询工作要求

（1）态度积极。

工作人员在接打电话时，要热情并保持微笑，接电话过程中严禁吃零食、喝水、吸烟等，态度应积极，不要让对方感觉工作人员处于慵懒状态。

（2）言语礼貌。

严格遵守电话礼仪，使用礼貌用语，吐字清晰，语速适中，语气亲切，语言简练。严禁拖腔、语调生硬等。

2. 来电接听工作流程

（1）做好准备。

提前备好记录本、笔，准备好接听电话的工作心态和工作姿势。

（2）快速接听。

接听电话时，响铃不应超过三声，声音要温柔，微笑自报"您好！××景区咨询服务中心,很高兴为您服务……"严禁用"喂!""你哪位?""你是谁?"等用语。

(3) 耐心倾听。

游客讲话时,工作人员要集中注意力,用笔记录下关键词等重要内容。如果听不清或游客讲话语速过快,可委婉地请游客复述。在接电话时切忌打断游客说话,对方讲完后再回答。

(4) 积极应答。

回答游客问题时,表达要准确清楚,能在电话里解决的问题,应迅速作答,不要出现"冷场"的空档。如果一时无法回答游客咨询的问题,可告知游客会尽快回复,并确认游客的联系电话和称呼。

(5) 结束通话。

结束通话之前,主动询问游客是否还有其他问题需要解答和帮助,如若没有应感谢游客来电咨询。通话完毕,互道再见后等对方先挂断电话,工作人员再轻轻挂断电话。

(6) 总结反馈。

整理电话咨询内容,总结记录,写成工作日志。

3. 去电回复工作流程

(1) 做好准备。

拨打电话之前,先理清思路,列好回复要点。

(2) 问候确认。

拨打电话成功后,先问候对方,确认对方是否是等待回复的咨询者。

(3) 快速回复。

简明扼要地将需要回复的事情解释清楚,并感谢对方来电咨询,希望对方能继续关注景区,欢迎对方来景区参观。注意通话时间宜短不宜长。

(4) 结束通话。

互道再见后等对方先挂断电话,工作人员再轻轻挂断电话。

(三) 智慧咨询服务

景区智慧咨询服务是在景区官网、微信、微博或游客中心触摸屏等平台,景区咨询员或工作人员接受游客咨询,以文字、语音等方式给予解答的一种服务。

1. 微信咨询

微信咨询是指游客借助景区官方微信平台,进行在线咨询服务。如游客关注九寨沟微信公众号后发送"客服",即可在线询问想咨询的问题并得到回复。接到游客在微信平台的咨询问题后,景区工作人员要迅速回应,在简单的问候后,及时准确地回答游客的提问。采用文字形式回复时要注意用词,防止歧义,不可出现错别字。

2. 微博咨询

微博咨询是指游客借助微博平台,进行在线咨询服务。如游客可以在微博搜索"九寨沟管理局",关注九寨沟管理局官方微博,以"私信"方式进行在线咨询。接到游客在微博私信处的咨询问题后,景区工作人员要迅速回应,及时以文字或文件形式回答游客的提问,回复时注意用词规范,不可出现错别字,正确使用回复表情。

3. 官网在线咨询

官网在线咨询是指游客借助景区官网客服系统,进行在线咨询服务。当客服人员看到有咨询游客进线后,就要快速开始为游客提供服务。注意看清游客询问的问题,如果可以对接客服系统中的智能推荐问题答案,可以使用推荐结果一键发送回答游客的咨询问题。

4. AI咨询

AI咨询是指游客借助景区游客中心触摸屏AI客服,完成咨询服务。如颐和园东宫门广场游客服务中心配备了联想智慧客服魔方系统,当游客点击触摸屏,通过知识图谱、智能匹配、智能推荐、自然语音识别等AI技术,AI客服可以独立解答一半以上的咨询,实现情绪监控、智能推荐等服务,为游客提供更加个性化和高质量的咨询应答服务。缩短了咨询等待时间,提高了回答问题的准确率。

视频 ▼

手机 App
智慧咨询

二、投诉服务

当景区的产品质量和服务水平等未能达到游客期望值,未能满足游客需求时,游客会产生不满情绪进行投诉。景区可在游客中心设立投诉处,进行现场投诉处理;也可设立专用投诉电话,在景区明显位置(如售票处、游客中心、门票背面等)标明,且由专人值守并处理;在微信公众号、官网等平台设立专门的投诉处理网络客服,进行线上投诉处理。

(一)游客投诉行为分析

当游客对景区服务产品、景区环境设施、景区工作人员的服务态度或服务技能等不满意时,有些游客会选择向景区投诉,要求给予说法,进行赔偿等;部分游客会在抖音、微信朋友圈、论坛等媒体平台曝光、宣泄不满;还有游客会拨打国家旅游服务热线"12301"或消费者投诉举报专线电话"12315"等进行投诉,有的甚至直接向人民法院提起诉讼。也有游客会选择向亲朋好友或身边的人抱怨和传播不满,诉说景区的种种不好,且建议亲朋好友或身边的人不要选择去该景区,改去其他旅游目的地。还有部分游客可能不采取任何动作,觉得无所谓。

分析游客投诉行为,积极应对,妥善处理,有助于景区良好口碑的传播;有助于培养顾客忠诚度,吸引回头客;有助于获得服务改进信息,进一步提高游客满意度。

（二）游客投诉处理原则

1. 诚恳对待

景区投诉受理人员严禁拒绝受理游客投诉。在处理投诉时，要控制自己的情绪，态度诚恳，言行一致，满怀诚意地帮助游客解决问题。严禁与游客争吵，严禁吹毛求疵，责难游客。

2. 体谅游客

景区投诉受理人员通过游客的表情、语气来分析游客心理，判断游客的投诉情绪。要建立同理心，以换位思考的方式理解并体谅游客投诉的心境和处境，以对方能够接受的形式沟通处理。

3. 勇于担责

景区投诉受理人员在与游客的投诉沟通过程中，不得和游客说"这是常有的事"，不得推卸责任，不得急于与游客讲道理，急于下结论。当然也不能一味道歉，要基于事实，既要尊重游客意见，又要维护景区的利益。

（三）游客投诉处理流程

1. 现场投诉处理

（1）认真倾听、做好记录、安抚游客。

仔细倾听游客投诉内容，做好记录，必要时录像。

受理投诉的工作人员说话要谦和有原则，让游客把不良情绪先发泄出来，告诉游客一定会有解决方案。对于又哭又闹、感情用事的游客，要不间断地安抚，使其慢慢平静下来。

（2）核实投诉内容、明确投诉是否有效。

根据游客的描述内容展开调查，核实投诉事件经过，初步判断责任归属，确定投诉是有效还是无效。有效是指游客投诉的内容和事实发生基本一致，景区提供的产品不合格，工作人员的服务失职、违规、违纪、违法或违反服务承诺等行为；无效是指游客投诉内容与事实经过不相符，游客要求超出景区正常经营范畴。

（3）协调处理投诉、征求游客意见。

查明事实后，基于游客期望和要求，能当场解决的，应及时给予解决。如果是景区的责任，言语诚恳地向客人赔礼道歉，耐心解释并予以疏导，依法承担相应责任。对于仍然表现不满、坚持自己意见、不听劝的游客，要继续耐心劝讲，解决问题。如果不能当场解决的，要及时上报部门负责人。

（4）送离游客、跟踪反馈。

对游客表示再次服务的意愿，主动送离游客。对于当日没能解决的投诉事件，由受理人和被投诉部门负责人跟踪处理，将投诉处理结果及时告知游客。

填写游客投诉记录，并回访游客，及时向部门负责人反馈投诉处理情况。

2. 电话投诉处理

(1) 认真倾听、做好记录。

景区工作人员在接听投诉电话后要保持冷静,语调要柔和,声音要清晰。注意除了自己的声音外,避免电话周围的谈话声和笑声传入电话里。无论对方情绪怎样激动,都要全神贯注地听他们讲话,用"好的""我明白"等语言适时回应并重复对方诉说的要点。对于喋喋不休型的游客,尽量用封闭式提问引导,取得谈话控制权。及时整理游客投诉的内容、要求,全面、客观地进行记录,同时做好游客姓名、联系方式等相关信息的记录。

(2) 投诉分析、投诉处理。

分析来电投诉内容,判断游客投诉是否充分,是否成立。如果投诉不成立或是由于某种误解,并非景区本身产品或服务方面的问题,可以向游客解释原因,取得客户的谅解,从而消除误会。对于有效来电投诉,如果无法在电话里第一时间处理完毕的,可以先表示歉意,告知游客确定最佳解决方案后尽快给予答复。

(3) 投诉回复、投诉办结。

根据游客投诉的描述,调查相关事由,确定具体的受理部门和受理负责人。参照游客要求,根据实际情况,提出解决投诉的具体举措与方案。拨打电话回复游客,并询问游客对处理结果是否满意,做好回访记录和投诉处理记录等工作日志。并将投诉办结事宜反馈给本部门负责人和被投诉责任人,以改进提升工作质量。

3. 在线投诉处理

(1) 明确投诉相关事由,判断投诉是否成立。

景区投诉受理人员在线上平台或电子邮箱中接到游客投诉后,要第一时间给予回复问候。通过沟通尽快明确投诉人、投诉对象、投诉原因、投诉要求等,做好记录。分析投诉内容,判断游客投诉的理由是否充分,投诉要求是否合理。

(2) 确定投诉处理责任部门,提出投诉解决方案。

查明游客描述的投诉事件是否真实,确定造成游客投诉的具体责任人。根据实际情况,参照游客要求,提出解决投诉的具体方案,如赔礼道歉、物质赔偿等。如果第一时间无法提出投诉解决方案,可先向游客致歉,表示会尽快给游客一个满意的答复。

(3) 回复投诉处理结果,总结评价投诉事件。

通过电话、网络平台或面对面等方式,将投诉处理结果和具体赔偿内容告知游客,收集游客的反馈意见,直到游客满意为止。对投诉处理过程进行总结评价,吸取经验教训,提出改进对策。

知识活页

黄山风景区搭建旅游咨询投诉平台

黄山风景区搭建的旅游咨询投诉平台,借助信息化手段将涉旅咨询、投诉、受理工作统一整合,形成"统一受理、综合调度、分类流转、结果反馈"的长效工作机制,为游客提供24小时"一站式"服务。通过该平台,确保游客诉求有回应,提升黄山旅游服务满意度,破解以往投诉入口多、部门协调难、处置时间长等难题。

旅游咨询投诉平台包括:①咨询分析板块,将接入的咨询电话进行统计分析,可以明确旅游咨询的人次数、咨询内容、咨询游客来源等信息;②旅游投诉板块,将全山分为玉屏、天海、北海等八大片区,可以统计各片区的投诉量和结案情况,被投诉单位及数量也在系统中予以分类统计,便于相关部门针对存在的问题及时整改;③"12301"投诉分析板块,整合"12301"国家旅游服务热线,可接收从"12301"转来的咨询投诉,及时办结。

(资料来源:黄山风景区信息中心梁焱《数字化建设经验分享》——美景学院景区预约管理师课程)

视频 游客中心的类型及岗位

任务三 景区入门接待服务

景区入口区是景区的核心功能区之一。通达流畅、快速入园、验证控制、高效有序是景区入口区必备的功能性要求。游客通常会在入口处完成购票、验票、排队、入园等环节。

景区入口处的排队等候区,可安装固定栏杆,栏杆通道分为主道与辅道,便于游客排队。检票处安装通道闸机,闸机上方标明通道性质,如分散客通道、团队通道、特殊人群(如老年人、残疾人、带小孩儿家庭等)通道等。闸口通道的侧面设置身高测量尺,方便执行票务政策中身高优惠测量验证。

一、票务服务

景区票务服务指景区使用综合票务管理系统,无障碍对接第三方支付,实现"预约—购票—取票"一体化,多渠道满足游客的需求。

(一)门票预约服务

《"十四五"文化和旅游发展规划》中指出,积极发展智慧旅游,推进预约、错峰、限量常态化。在数字时代背景下,"无预约不旅游""先预约再出游",门票实名分时预约

视频 电子门票

已成为景区智慧服务的标配。

1. 景区门票分时预约的意义

（1）为景区实现有效控流。

景区门票分时预约将游客流量管控前置到游客出发前，智慧引导游客错峰旅游，防止高峰期游客聚集，避免因为游客过多而引起的道路拥堵、排队等候、推搡纠纷等问题，避免发生拥挤事件或者意外伤亡事件。因为限定了单个时间段内景区入园游客人数，为游客带来良好体验，缩短了游客的排队时间，而且游客和游客之间有足够的空间，能更充分地驻足观赏，参与体验旅游活动，提高游玩效率。因此分时预约"限流""引流"能让游览更加安全、舒适、便利。

（2）为景区管理提供数据支持。

通过预约，线下流量线上化。景区提前预知游客量，可以实时调整和控制门票库存，安排工作人员配比、优化接待能力。通过分析游客性别年龄比例、团散结构、客源地构成等，实施精准营销。游前实名预约、游中精准服务、游后数据分析，有助于产品和服务升级，也是景区实现高品质旅游、以人为本的一种体现。

2. 景区门票预约流程

游客通过微信、小程序等平台提前完成线上实名预约或到达景区门口，通过扫描景区预约二维码进行现场门票预约。下面以"河南文旅通平台"为例进行景区门票预约介绍。

（1）远程预约流程。

在微信/支付宝搜索"河南文旅通"小程序，注册，首次预约需要填写个人实名信息（包括姓名、手机号、身份证号）并提交，搜索选择想去的场所，点击进入场所详情，选择出行日期、出行时段，如果需要帮助同行人员预约，可选择"增加预约人员"，一人可增加十位代办人员。填写完成后提交，确认预约。出行当天入场前，扫描场所张贴的二维码进入核销页面，即可完成核销。

（2）现场预约。

现场用微信扫描场所二维码，进入预约页面：本人一键入园，系统核验本人相关信息，确认正常后直接入园；多人一键入园，系统核验同行人信息，确认后直接入园。

3. 景区门票预约面临的问题

门票预约目前已经成为景区入门服务的常态，游客也陆续习惯并接受了这种方式，但是同样也有一些问题，值得引起关注。

（1）景区预约管理推行不到位。预约景区首道门票后，发现没有预约景区内部项目，导致无法顺畅游玩。

（2）游客的预约意识有待加强，有的游客不知道要预约，还有游客认为预约麻烦，吐槽预约制度。

（3）一些特殊人群（如老年人）操作智能手机有困难，不会在智能手机上进行预约操作。

（4）相比较说走就走、随心所欲的旅游而言，分时预约意味着游客必须提前规划好自己的行程和入园时段，一旦发生一些突发情况，错过预约时段，很可能导致无法游玩。

教学互动

根据以上学习内容，你认为门票预约是否能够完全满足游客需求？请谈谈你的看法。

4. 景区门票预约对策

（1）加强宣传，养成习惯。

当前仍有部分游客在未提前预约的情况下，直接到景区购票，这既有宣传不到位的原因，也存在部分游客无视预约规则的行为。因此应一如既往地加强预约制度宣传，强化认知，提升群众知晓率和配合度，培养公众预约出游的好习惯。

（2）扩大范围，建立制度。

实施门票预约的景区涉及面应该扩大，而且不仅限于首道门票的预约，园内预约也应成为常态。要想让景区预约制更好地发挥作用，创造价值，有必要建立统一的省级或国家级公共预约平台，对预约制定相应的标准。当预约制以统一、规范的公共服务方式呈现出来，才能更好地发挥作用。

（3）提升服务，预约反馈。

完善预约平台的技术支持，尽可能地简化预约流程，降低大众的预约难度。宣传好预约的具体方式和流程，确保游客会用能用。对于群众临时性的预约变动也要通过后台进行预约名额上的调整和更新，防止名额浪费。

（4）线上预约与线下预约相结合。

考虑到一部分人不会预约或无法预约，可以使用线上预约和线下预约相结合的方式，尽可能地满足群众需求。视情况灵活调整预约时间段，如当天进行预约等。对于无法完成预约的青少年儿童，持学生证、身份证到场扫描即可，60岁以上的老年人无须预约。

（二）智慧票务服务

1. 网络实名购票

通过搭建景区票务管理系统，可以提高游客智慧购票服务体验，实现对景区票务及相关数据的全面采集、管理、统计、分析及挖掘应用。提升票务管理水平数据实时准确获取，快速精确地统计客流量信息，实时查询票务信息，对客流量、客源地等情况进行分析预测。

网络实名购票流程：打开景区官网、微信公众号、小程序售票界面或选择合作的

视频

景区预约系统不止预约

OTA平台(如携程网、美团网等),选择需要购买的门票类型,选定入园时段,按照提示,完成实名购票。游客购买门票时与身份证进行绑定,在入场时直接刷身份证进入景区即可。网络实名购票不仅可以保证景区安全,提升游客的旅游体验,同时能有效防止"黄牛"倒票,规范旅游市场,保护游客利益。洪洞大槐树网络购票方式如图2-1所示。

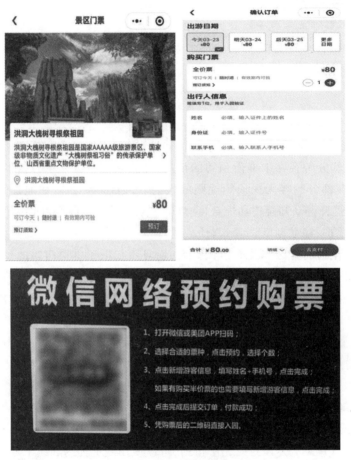

图2-1　洪洞大槐树网络购票方式

2. 景区自助售取票机实名购票、取票

自助售取票终端,不仅可以分流购票游客,减少窗口售票压力,缩短游客排队等待时间,还可以提升景区智慧化程度,对树立景区品牌形象、增强文化宣传有直观的效果。自助售取票机由微电脑控制,功能强大,设置灵活,稳定性高,具有二维码扫描、身份证阅读、打印门票、微信支付、支付宝支付等功能。

购票流程如下:在景区自助售取票机触摸屏上,点击购票按钮,选择要购买的门票种类,选择门票日期及入园时间段,刷身份证录入信息,提交订单,扫码支付或现金支付,打印门票,取票。

游客提前在线上购票后,可在自助售取票机上取票。取票流程如下:在景区自助售取票机触摸屏上,点击取票按钮,选择手机号取票或二代身份证取票或购票二维码扫描取票,按照操作提示,完成取票。安仁古镇自助取票机如图2-2所示。

他山之石

故宫推行全网售票,线下专门设综合服务窗口

图2-2 安仁古镇自助取票机

(三)窗口人工售票

景区入口处的人工售票点,配备售票电脑、售票软件、收款设备,方便现场人工销售通票、单景点票等多种类型门票,完成出票、年卡办理等业务。

1. 售票准备工作

(1)按规定着装,佩戴工牌,保持妆发干净整洁,不佩戴夸张首饰。
(2)检查售票电脑、验钞机、收款扫码器、话筒等设备是否正常。
(3)检查各类门票是否领取齐全。
(4)保证每日的零钱备用金准备充足。
(5)熟悉近期门票优惠活动。

2. 人工售票流程

(1)欢迎游客,目光注视,礼貌问候"您好!"微笑询问游客需要购买的票种和票数。
(2)解答游客对票种的疑惑。
(3)根据游客具体情况,提供购买票种的建议。
(4)口头确认游客购票内容。
(5)收取门票费用。
(6)将景区门票递送给游客。如果在售票窗口能通过读卡器读取游客身份证信息,或采集人像进行绑定,游客也可直接刷身份证或通过人脸识别进入景区,无须出票、换票。
(7)告知或用规范手势为游客指引景区入口检票区。并祝游客游玩愉快。

3. 每日收尾工作

（1）结束营业后，清点营业款、票券，填写日报表，签字确认。将日报表及钱款交景区财务部。

（2）关闭验钞机、电脑、收款机等设备。

（3）整理工作台面，清洁工作环境卫生，关闭电源，下班。

二、闸口服务

景区闸口服务主要包括景区排队管理服务和智慧验票服务。

（一）景区排队管理服务

随着景区预约常态化和普及化，景区客流高度集聚，长时间排队等候的现象逐渐减少。但在入园接待高峰时段，或景区文娱场馆入场处，或畅销的、需求量大的项目体验区域等，仍难免会出现游客集中的情况。为了让游客有序、高品质地游玩，需要对游客高度集中的区域设专人管理排队，或应用智能排队系统，将游客从长时间的枯燥排队中解放出来，促进景区二次消费。

1. 智慧排队服务

（1）景区使用智慧排队系统，游客按号入场。

游客在现场窗口或取号机或微信端取号，一人一号，以号代人，进行"云排队"。取号后，游客可以自行安排行程，选择参与其他排队快的项目，或去附近的小吃店、纪念品店消费闲逛。游客通过手机实时跟踪排队实况，了解等候人数、当前叫号、预计等待时间等信息。景区采取微信推送、短信提醒、景区电子屏幕显示或系统广播人工叫号等方式，提醒游客即将到号，通知其前往项目排队区，短暂等候即可入场。智慧排队系统可以避免让游客长时间原地等待，有更多时间体验其他项目，增加二次消费的可能性。

（2）景区使用云排队系统，游客预约等候。

游客通过景区的云排队系统，在手机端选择游玩项目的预约时间段，在预约时间段内抵达进口处，顺利入场。

以上海迪士尼乐园为例，游客提前下载上海迪士尼度假区官方App，并创建自己的账户，入园后，点击领取"预约等候卡"，扫描门票二维码，将同行伙伴的门票关联至自己的账户中，创建游玩组，选择想要游玩项目的最早可预约时间段，确认后自行安排行程，在指定时间段进入预约项目排队等候区，依序入场。景区针对热门项目依照游客数量发放"预约等候卡"，使用该卡能有效缩短游客排队等候时间，防止游客扎堆聚集，有助于提升游客游玩体验。

2. 传统排队服务

（1）设置合理的"排队通道"。

根据旅游淡旺季游客流量变化，在景区入口处灵活规划通道，设计合理的队列结构，可以提高进入效率，避免景区人力资源浪费。

常见的队列结构有以下几种。

① 单列单人形。

特点：所有游客排成一列，开一个验票口，一名验票人员服务。

优点：人工成本低。

缺点：如果排队人数较多，超过游客自身所能容忍的排队时间临界值，游客会由开始的期待、兴奋变得烦躁，也容易引发对景区的抱怨。

② 单列多人形。

特点：景区开设多个验票口，分设多名验票人员服务。所有游客起初排一列队形，到验票口时，可选择分散在不同验票口进行验票。

优点：接待速度较快。

缺点：人工成本增加。

③ 多列单人队形。

特点：景区开设一个验票口，设一名验票人员服务。游客分多列排队，走进验票口时，在同一个验票口进行验票。

优点：人工成本低；队形视觉感弱化排队等候时间。

缺点：队首易发生争抢验票情况，队尾游客会出现纠结选择哪个队列排队情况。

④ 多列多人队形。

特点：游客分排多个队列，对应多名验票人员服务。

优点：接待服务速度较快；排队视觉进入感缓和；旅游旺季游客流量较大时，一般采用此种排队方式。

缺点：人工成本增加。

⑤ 主题或综合队列。

特点：游客排成一列，队列迂回行进；到达验票处，或设一名验票人员服务，或开多个验票口，分设多名验票人员服务。

优点：排队视觉进入感改善，弱化排队等候时间。

缺点：增加硬件建设成本。

（2）提供良好的"等待服务"。

在游客排队等待时，提供优质的等待服务，能减缓游客因长时间等待产生的焦虑。

① 营造舒适的等候环境。建议旅游景区在排队区域设置遮阳棚，避免游客在烈日下等候。侧面设置LED屏展示等候时间，播放景区宣传片等，分散游客的注意力，缓解游客在等候过程中的烦躁情绪。

② 提供必要的关怀服务。例如，表演小魔术、与游客互动、为小朋友提供特色小商品等，制造欢快的氛围，避免游客排队时感觉枯燥无聊。

（二）智慧验票服务

智慧验票主要是对景区官方认可的有价、无价票证的验证。

视频

等待服务

1. 智慧验票设备

(1) 检票通道闸机。

通道闸机是控制人流量、检票的重要工具。既可联网运行，又可脱机运行。单台计算机可连接多台智能闸机。景区安装的智能闸机一般有三辊闸、翼闸、摆闸、转闸等类型。

① 三辊闸，因阻拦体有三脚而得名，能有效实现单次单人通行，适用于环境比较恶劣的户外场合。三辊闸成本低，可靠性、安全性高。受拦阻体形态的限制，三辊闸不适合携带行李者通行。

② 翼闸，通行速度快，适用于人流量较大的室内场所。按照外形尺寸可分为立式翼闸和桥式翼闸。桥式翼闸分为桥式豪华翼闸、桥式尖角翼闸、桥式八角翼闸、桥式梯面圆角翼闸、桥式直角翼闸。

③ 摆闸，用于通道宽度要求比较大的场所，包括携带行李包裹的行人或自行车较多的场合，还可用于行动不便者通道。

④ 转闸，通过旋转的模式达成放行和阻拦的目的。转闸有全高/半高、单向/双向、电动/手动、双通道/单通道的设计。

针对入口、出口的不同管理需求以及管理成本，通常选用三辊闸、摆闸、翼闸、转闸等中的一种或多种。例如，景区入口处要考虑标准通道＋超宽通道，标准通道是普通游客同行使用，超宽通道是给坐轮椅、推婴儿车、携带行李的游客通行，可以采用"三辊闸/翼闸＋超宽摆闸"模式。景区出口处安装闸机，一般选择转闸、防撞摆闸等。对于安置在景区露天的闸机，除考量外观因素外，还应考虑防水、防雷击等，以应对雨、雪、雷暴等天气。

(2) 手持检票机。

手持检票机是专用于票务检验、防伪识别的验票终端设备，利用扫描识别、无线网络通信、数据处理等功能，能快速准确地完成检票任务。手持检票机可以移动使用，可根据各入口人流量随时灵活调配。在手持检票机上随时可查询门票检验结果、门票状态。手持检票机与景区门票管理系统、服务器之间实现数据实时同步下载、上传。统计检票数量、检票结果、入园人数、各入口通行人数等各类数据，导出数据报表，方便财务汇总，有利于景区监管。

2. 智慧验票方式

智能闸机可配置多种识别方式，如二维码/条码识别、指纹识别、IC/ID 卡识别、身份证识别、人脸识别等。景区可根据自身管理情况选择不同的识别方式，实现游客入园管理的多元化与便捷性。

(1) 二代身份证验票。

游客购票时，进行信息登记和实名认证，入园时刷身份证便可完成检票。二代身份证检票与 IC 卡检票原理相同，但比 IC 卡检票更方便、精准。

(2) IC 卡验票。

IC 卡检票需搭配检票硬件感应机或闸机使用，游客购票时会进行身份信息注册和票种(如单人票、团体票、套餐票等)登记,游客刷卡便可直接进入景区。

(3) 二维码验票。

游客在微信公众号、官网或其他OTA平台购票,产生购票二维码,随后在闸机通道上扫描二维码,便可以完成检票入园。

(4) 人脸识别验票。

游客购票时,先进行照片上传或头像采集,检票时目视摄像头便可以完成检票。但人脸识别也存在一些问题,比如游客前后样貌变化大不易识别,或双胞胎过于相似容易混淆等。

(5) 指纹识别验票。

指纹识别技术是充分利用人体指纹的唯一性来验证游客的真实身份。景区门票选用芯片IC卡,游客在购票后进入景区前首次验票时,票务系统将会采集其部分指纹信息并存储在IC卡的芯片中。游客在进入景区内众多景点、各种游玩项目场所或重复入园时,直接在验票指纹识别处按压指纹,系统将读取用户的指纹信息并与卡内的信息进行比对,验证通过后即可进入。

针对单次入园的游客,可以是一次性门票验证,即二维码/条码验证,也可以是身份证验证,这种验证方式不需要取票,只要扫码、刷身份证即可,方便快捷。针对办理年卡、次卡、贵宾卡的游客,采用IC卡或指纹识别或人脸识别等,游客只需录入一次指纹、一次人脸,往后入园游玩时,只需动动手指或通过人脸快速识别便可轻松过闸入园,省掉再次购票、排队等候等耗时的步骤。

智能验票可以杜绝因伪造的假票或人情票给景区带来的巨额经济损失;取消手工管理和统计,使数据及时、准确,提高工作效率的同时避免财务漏洞。

3. 智慧验票服务

智慧验票服务包括准备工作、验票工作、收尾工作。

(1) 准备工作。

在景区开园之前,做好验票准备工作,包括验票人员准备和设施设备准备。

① 验票人员准备。

验票人员要做好工作服装准备、妆容准备、仪态准备、心理准备。工作人员按照规定着装,工作服保持干净整洁,佩戴工作牌;女士化淡妆,发色保持原色,刘海不过眉,头发应盘起或扎成一束,不得披发;男士保持发不过耳,前发不过额,无鬓发,眉毛修饰整齐,鼻毛不露出鼻孔,保持眼角、口角无异物。不要当着游客整理头发、服饰及化妆等。检票服务一般都是站立服务,良好的站姿能体现个人自信,衬托出良好的气质和风度,给游客留下好的印象。所以验票人员站立时,要求身体立直,不倚靠墙壁或其他物体。验票人员要迎接来自不同地方不同文化背景的游客,要一视同仁、热情周到,神情专注、面带微笑、有亲和力,做到迎送有声、礼貌待客、规范服务。

② 设施设备准备。

验票人员应提前到岗,打扫景区入口周围及检票通道的卫生,严禁在景区闸口处乱堆乱放;查看话筒、手持检票机等设备是否正常,开放闸是否通畅。如果发现设施设备异常,要立即向上级汇报,上级立即开放其他备用通道,保证游客能顺利入园,并通知信息部、维修部进行处理。

（2）验票工作。

验票工作分为迎客环节、服务环节、送客环节。

在迎客环节,验票人员要站在检票位,精神饱满,热情礼貌。游客距离验票人员5米左右的时候,验票人员就要开始关注;当游客距离验票人员3米左右的时候,因为游客可以看到验票人员的面部表情,所以这个时候验票人员应对游客微笑服务;当游客距离验票人员1米左右的时候,验票人员就要表示主动欢迎,使用"欢迎光临"等礼貌用语。在旅游旺季或入园高峰时段,这些环节也可以视情况而定。

在服务环节,游客入闸的时候,验票人员要认真查看游客验票方式,是二维码验票、身份证验票还是人脸识别验票等,监督并协助游客完成。如果游客采用二维码验票,验票人员为游客指引扫描二维码的位置;如果游客是身份证验票,验票人员可以接过身份证,帮助游客扫描验票;如果采用人脸识别,但识别不成功时,验票人员提醒游客对准识别系统的中间位置,耐心纠正游客。

当游客验完票通过闸口时,进入送客环节,验票人员要适时地使用肢体语言和礼貌用语,可以使用一个表示入内的手势,并向游客表达"祝您游玩愉快"等。

如果遇到特殊情况,比如在验票过程中,系统出现故障,无法检票的,可改用手持检票机来完成人工检票。

（3）收尾工作。

景区营业结束后,验票人员要填写工作日志,做好卫生,切断电源,关闭闸机后下班。

优质的服务环节是体现景区良好运营和管理的重要内容。验票工作看似简单,却是景区的一个重要形象窗口,一个小小的工作岗位一样可以给游客带来惊喜。因此验票人员应该以饱满的热情和规范的服务迎接游客,这也是景区工作人员的基本职业道德素质要求,应认真践行。

知识活页

景区推出"适老"举措,让老年人拥抱数字时代

景区应提供适老化服务,为老年人打造方便、快捷、有关怀、有温度的景区游玩环境,帮助老年人跨越"数字鸿沟",解决老年人入园困境。

景区要有老年人通道,设置老年人专属入园方式;有助手,配置老年人专属服务;有指引,安置老年人专属信息标识;有预留,保留老年人专属预约名额;有培训,提升老年人智能应用水平。

（资料来源:美团门票度假商务部高级战略顾问赵立松《景区预约开启智慧化运营管理新模式》——第一期全国智慧化景区建设系列培训班课程,有删减）

教学互动

随着社会的发展及体验时代的到来,游客服务中心从导览指引、游客接待、休憩等基本服务,到土特产销售、文创产品销售、智慧化升级,再到沉浸式体验项目的融入,已经发生了服务更新和迭代。请你从场景、商业、互动项目等的设计角度切入,根据所学内容,谈一谈实现游客服务中心特色提升的策略。

项目小结

景区停车场、游客中心、入园排队等候区、闸口验票区等是游客到达景区开始真正游览前接触到的主要场所,是景区为游客提供停车、咨询、投诉、现场预约、购票、排队等候入园、检票服务的主要承载地,也是景区展示形象、给游客留下品质服务印象的重要组成部分。良好的景区接待服务环境、规范的接待服务流程、精致的接待服务细节,有助于提升游客入园体验获得感、安全感和幸福感。

项目训练

一、知识训练

请扫描边栏二维码答题。

二、能力训练

项目实训:通过线上调查及实地走访,考察本地旅游景区或文博院馆的智慧停车服务、智慧咨询服务、线上预约、智慧购票服务、智慧验票服务等的硬件配置及服务实行情况,写出调查报告。

知识训练

扫码答题

项目三
旅游景区游览过程服务

 项目概要

  景区解说是景区游览过程中最核心的一项服务内容,通过对旅游景区的讲解,让游客获得丰富的信息和美好的感受,继而激发游客的主观情感和愉悦反应。在本项目中,重点阐述景区的解说服务,包括自导式解说服务、智慧解说服务和向导式解说服务,以及游览标识系统服务和景区的游路系统服务。

 **学习目标**

知识目标

1. 了解景区解说的基本类型;
2. 熟悉景区不同解说服务的岗位规范;
3. 掌握景区解说服务的标识系统。

能力目标

1. 能够正确使用不同类型的智能导览设施,并为游客提供咨询服务;
2. 具备一定的讲解能力和讲解水平;
3. 具备景区讲解的规范化服务能力。

素养目标

1. 培养尊重规则、敬畏规则的专业态度;
2. 培养学生积极学习和善于接受新鲜事物的进取意识。

项目三　旅游景区游览过程服务

知识导图

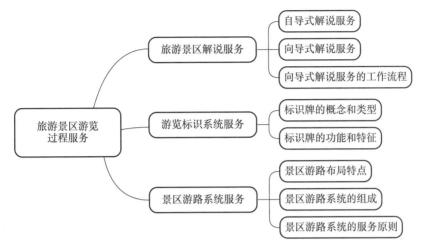

项目要点

自导式解说服务：由书面材料、公共信息图形符号、电子语音解说等无生命设施设备，向游客提供静态的、被动的、非人员解说的信息服务，主要包括引导标志、信息资料及智能导览系统。

向导式解说服务：亦称导游解说服务，是指专门的景区讲解人员通过导览和讲解向游客提供主动的、动态的信息传导服务，其主体是景区讲解人员，具有主观能动性。

项目引入

智慧解说服务

目前，很多景区都配备了智慧导览系统。智慧导览系统已经成为很多游客的导览首选，比如"机器人导游"等，成为很多景区在旅游旺季时人工讲解的补充。

在乐山大佛博物馆，有一个红色机身、白色脑袋、表情呆萌的小家伙，这就是大佛博物馆的智能机器人讲解员"乐乐"（图3-1）。"乐乐"身高1.5米，能讲解、能对话，能指路，还会打招呼，能够对乐山大佛博物馆里的每一个参观点进行详细介绍，还能与游客亲密互动，进行人机对话。同时，脑袋上的显示屏还会蹦出各种"呆萌"表情，让人心生喜爱，不少游客纷纷与之合影留念。"乐乐"是四川博物馆中引入的第

图3-1　机器人讲解员

一台高科技智能机器人讲解员，能够通过滑轮自由行进，集引导、讲解、自主语音、人机交互等功能于一体，为参观者提供优质服务。"乐乐"有效提升了博物馆的信息化水平，增强观众参与性，提高了博物馆的吸引力，为智慧旅游添彩。

（案例来源：https://www.sohu.com/a/196110929_259355，有删改）

任务一　旅游景区解说服务

旅游景区解说系统是由解说设施（如游览路径、旅游生活设施标识、旅游景区标识等）、景区导游人员、解说信息和游客构成的一个解说系统。对于旅游景区而言，景区解说系统具有不可或缺的作用和重要的意义，随着智慧旅游景区的迅速发展，景区的解说方式、解说内容等都已成为影响景区发展的重要因素。

《旅游景区质量等级的划分与评定》（GB/T 17775—2003）主要从游客中心、各种引导标识、公众信息资料、导游、公共信息图形符号等方面提出了具体的目标和要求。根据内容构成及为游客提供信息服务的方式，旅游景区解说服务主要分为自导式解说服务和向导式解说服务。

一、自导式解说服务

自导式解说服务主要通过书面材料、公共信息图形符号、电子语音解说等无生命设施设备，向游客提供静态的、被动的、非人员解说的信息服务。

（一）自导式解说服务的类型

自导式解说服务主要包括引导标志、公共信息资料及智慧解说系统。

1. 引导标志

引导标志是景区解说系统不可或缺的组成部分，应尽量做到设置合理、特色突出、人性化和艺术性相结合，既能烘托总体环境，又能方便游客。

2. 公共信息资料

公共信息资料主要指景区的宣教资料，一般以图文声像的形式出现，因此也称为物化解说方式，具有保留时间长、阅读层次广的特点，大致可以分为静态和动态两种类型。

3. 智慧解说系统

智慧解说系统，即我们常说的电子导游系统，是数字化、智慧化景区的重要组成部分，主要是利用计算机、网络、无线电通信技术、语音控制、多媒体和GPS等多种科技手段，帮助游客完成游览活动，从而使游客能够获得较高游览体验的自助式解说服务设备。智能语音导览系统是建立在无线通信、全球定位、移动互联网、物联网等技术基础之上的智能导览系统,它将景区导览电子化、智能化。这种智能导览系统可以实现全程真人自动语音讲解,其最大的特点就是能提升游客的旅游体验。

(二)自导式解说服务的功能

自导式解说服务内容主要有静态信息资料和动态信息资料两种。

1.静态信息资料

静态信息资料,即公众信息资料,主要由书面材料、标准公共信息图形符号、标识标牌、文字语言等组成,向游客提供静态的、被动的信息服务。静态信息资料包括研究论著、科普读物、综合画册、音像制品、导游图和导游材料等旅游景区相关内容的资料,通常会展陈在游客中心。内容丰富、制作精美、具有较大纪念价值的静态信息资料,会比较受欢迎,游客乐于阅读和收藏。

自导式解说系统图示举例

静态信息资料的主要服务功能体现在以下三个方面:

(1)传递信息。

传递信息是静态信息资料最主要的功能。例如,书籍、报纸、刊物等静态信息资料,可以将景区的各种信息和资料传递给游客,让游客对景区有更深刻的了解。静态信息资料可以传递任何与景区相关的、游客想了解的包括食、住、行、游、购、娱等各方面的信息,不仅可以帮助游客了解景区资源和景观等知识,还可以帮助游客深刻了解景区资源的价值及其地位和作用。

(2)满足精神需要。

精神生活是人类生活的重要组成部分。人们希望旅游过程能够满足自身的精神需要,保持精神的愉悦。很多静态信息资料可以满足不同背景、不同种类的人的需求。人们在游览过程中,通过书籍、报刊、地图等不断获取信息,从种种具有趣味性的信息中获得很多的乐趣,丰富自己的精神世界。同时在旅游中阅读,可以使游客的精神世界得到洗礼,从而更加热爱自然、艺术、文化遗产等。

(3)保护景区环境。

这里所指的景区环境包括景区的政治、经济、文化、自然、科技等各方面的环境。旅游景区通过书籍、报纸、刊物等静态信息资料,向游客展示景区的发展概况、生态环境、管理状况等,不仅可以约束景区管理人员的行为,而且也可以引导游客文明旅游,提高景区管理水平、服务水平,将新景观和旅游活动项目推陈出新。

2.动态信息资料

动态信息资料通常指影像制品,比如影像放映、滚动屏幕、幻灯片、广播及背景音乐系统等,还有可以售卖的光盘等,这些动态信息资料具有较高的旅游参考和宣传价值,对景区形象的提升有长远意义。其主要功能体现在:

(1)服务和娱乐功能。

在游客游览过程中,辅以动态信息资料的展示和传播,可以让游客更加深刻地了解景区景点的历史文脉、资源特色、民俗风情和科学技术等。因此,在旅游景区设置音像展示与传播系统,不仅可以向游客提供旅游信息和向导服务,而且能够让游客在游览过程中有一份轻松、愉悦的心情。

(2)教育功能。

动态音像解说系统不仅可以向游客提供旅游信息和服务,而且可以起到教育的作用。比如:通过广播播放"游客须知",告知游客应该保护景区内的卫生环境和生态环境,以保护生态平衡;在对一个特殊景观进行解说时,可以告知游客景观的稀有性和独特性以及保护方法;在对景观进行讲解时,除了让游客深入了解景观知识,同时也可以对游客进行文明旅游宣传。

(3)传承文化功能。

在音像展示与传播过程中,传播内容不仅仅是景区特殊景观的外部特征或者是一些建筑的风格、样式等,也传播景区所在地区的历史沿革、民俗文化、节庆活动、道德规范、价值观念等,让游客了解景区所在地的过去和现在,并展望未来,从而使其积极投身于保护当地文化并向他人传播当地文化,进一步使这种文化得到传播与继承。

3.智慧解说服务

智慧解说服务主要是依靠智能导览设施,由游客自行完成景区游览过程。智能导览设施主要是依托现代信息和多媒体技术进行景区内容解说,常见的导览设施就是语音导览器,即根据旅游景区的特点,借助通信、无线调控、微电脑控制、语音压缩等现代技术手段开发的便携式语音解说设备。智慧解说服务主要有录音方式、感应式电子导游方式、无线接收的方式、二维码扫描接收方式、手机接收方式等。

智慧解说服务的主要功能体现在以下方面。

(1)游客选择自由度大。

游客可以随意选择自己所需要的内容及服务语种,且不受游览线路、游览进度的限制,收听质量可以得到很好的保证,而且解说器通常体积很小,便于携带,成本也很低。

(2)游客易于操作。

大部分智慧导览器的设置都非常简单,游客除了开关机、选择自己所需要的语言及调节音量外,基本上不需要其他操作。几个简单的按钮就具备智能引导、自动讲解、语音同步乃至电子地图等多种功能。

自导式解说服务的使用主体是游客,游客获取自导式解说服务所提供的信息,没有时间上的限制,他们可以根据自己的爱好、兴趣和时间自由决定获取信息的时间长短和进入深度。这种解说服务方式不仅降低了景区的人员经营成本,还大大提高了景区的信息化水平。

(三)自导式解说服务的工作规范

自导式解说服务最重要的一项工作就是维护,保障相关信息资料和设施的干净卫生整洁,保证智慧导览器的正常使用,因此,工作人员应遵循一定的工作制度。

(1)保证展示栏资料充足。工作人员要及时补充并完善静态信息资料,满足游客的需求,做到特色突出、品种齐全、内容丰富、文字优美、制作精美、适时更新。

(2)保证二维码及各类标识牌清晰可辨。一些户外的二维码及标识牌,会受到风吹日晒雨淋的侵蚀,应经常维护清洁,保证图形图案及指示清晰可辨。

(3)保证导览器触点灵敏。每天都要对播放器进行调试、试运行,电子导览的触发系统应保证其灵敏性,触摸屏互动式的导览设施应保证游客能正常使用。

(4)配备专职设施设备管理人员和维护人员。管理人员和维护人员应正确、熟练地使用设施设备,做好管理和维护工作。

(5)建立和健全设施设备使用、维护、保养的规章制度。设施设备的使用、维护、保养规章制度,是旅游景区管理制度的重要组成部分,是指导操作人员操作的技术规定。

(6)创造良好的工作环境,维护解说系统设施设备。良好的工作环境可保证设施设备正常运转,延长设施设备的使用寿命。

(7)严格执行各项操作规程和维护、保养规章制度。

(8)严格执行检查报修制度并做好监督与跟进。

(9)设施要有专人操作管理。

(10)做好日常的清洁和消毒工作。

二、向导式解说服务

向导式解说服务也就是景区的人员讲解服务,是讲解员和游客的一种双向沟通的交流模式。景区(点)导游人员亦称讲解员,依照《旅游景区讲解服务规范》(LB/T 014—2011)的规定,讲解员是受旅游景区委派或安排,为旅游团或游客提供讲解服务的专职人员和兼职人员。景区的导游讲解是景区接待工作的核心和纽带,是景区导游服务质量最敏感的标志。

向导式解说服务与游客的互动交流较强,可以因人而异地提供个性化服务。同时景区讲解员还可以巧妙运用语言艺术、情感互动、讲解技巧等激发游客的参观游览兴趣,从而使游客以愉快的心情和投入的心态去欣赏自然美和人文美,获得体验的快乐。

(一)向导式解说服务的特点

1.讲解内容相对固定

景区讲解员的职责重点就是负责所在景区景点的解说服务,同时解答游客的问询。讲解内容是相对固定不变的。面对不同的游客,景区讲解员在讲解词的内容方面虽然也会根据游客的特殊要求有一些微调,但其讲解内容的框架结构是不会变的。

2.服务内容重复率较高、劳动强度不均衡

景区导览服务的最大特点就是重复性较强。尤其是旅游旺季时,讲解员往往连轴转,超时工作,无论严寒酷暑,长期在外作业,体力消耗大,特别是在张家界、黄山等这类体力要求较高的景区,对讲解员的体能素质要求就更高了。

(二)景区讲解接待的岗位职责

景区讲解员应该遵守职业道德和行为规范,持证上岗,坚决执行岗位制度。根据

景区讲解员的工作内容,其岗位职责主要有以下三个方面:

1. 讲解服务

在旅游景区(点)内引导游客游览,为游客讲解与景区、景点、景观有关的知识,并解答游客提出的各种问题。讲解服务是景区向游客提供的一项基本服务,景区讲解员在讲解方式、讲解内容及语言表达方面要能够因人而异、灵活多变,能够寓教于乐、富有感染力。

2. 安全提示

景区讲解员在带领游客游览的过程中,除了为游客提供讲解服务之外,还要随时提醒游客注意安全,照顾游客,避免意外伤害事件的发生。

3. 宣传教育

讲解员在讲解过程中,要结合景区、景点、景观的内容,向游客宣传环境保护、生态保护,以及文明旅游方面的知识,另外还可以传达景区的相关规定等。

三、向导式解说服务的工作流程

景区讲解接待工作归纳起来可分为服务准备、游览服务、送行服务、总结提高四个阶段,每一阶段都有相应的操作规范。

(一)服务准备

良好的开端是成功的一半。接到接待通知,景区讲解员首先要及时了解和分析接待情况,并做好计划,同时应根据计划了解游客的职业、文化程度、停留时间、游程安排等情况以及有无特殊要求等;其次要对讲解内容做好两种或两种以上讲解方案的准备,对于第一次讲解的线路或有特殊需要的讲解内容,要事先踩点和准备相关讲解内容,准备好导游图册等相关导游资料、无线传输讲解设备等;最后要按景区规定着统一服装并保持整洁,上岗时要正确佩戴上岗证和工号标牌,发型要简洁大方,符合礼仪规范。

(二)游览服务

一是致欢迎辞。致欢迎辞应注意适度、真挚,内容应符合具体情况。

二是商定游览行程及线路。商定游览行程不仅表明景区讲解员对游客的尊重,而且还可以在商议安排过程中了解游客的主要兴趣,以使游览计划安排更加符合游客的需求,这是保证景区讲解员工作顺利进行的重要一环。

三是景点示意图前的讲解。这一部分主要包括概况讲解,以及游览路线和集散地点、游览中的有关注意事项的讲解。

四是游览中的讲解。景区讲解员应始终带领游客沿着游览线路对所见景物进行精彩的讲解。同时注意观察游客反应,灵活调整讲解内容和速度,力求做到有声有色、情景交融、详略得当、有虚有实。

五是致欢送辞。这一部分主要包括对游客表示感谢,欢迎大家下次再来,或赠送旅游纪念品等。

（三）送行服务

参观游览活动结束后,讲解员要提供送行服务,同时积极处理有关遗留问题。接待任务完成后,讲解员要认真、按时地写好接待总结,实事求是地汇报接待情况。

（四）总结提高

讲解员在每一次讲解接待工作结束后,都应该进行自我总结和归纳,这个过程实际上就是总结工作体会,基本可以从正反两个方面进行总结,以便在以后的工作中扬长避短,做得更好。

（1）仔细回忆整个接待过程中的每一个环节,哪些做得好的地方得到了游客的认可和好评,哪些有欠缺的处理方法和说话方式有待改进。

（2）仔细回忆在跟游客交流的过程中,哪些地方模糊不清,问题回答得不够准确,甚至根本回答不上来,根据这些情况有针对性地补充知识。

向导式解说服务的主体是讲解员,讲解员的工作看起来似乎不太复杂,但是每个环节都需要在工作规范内做到游刃有余,一个专业的讲解员应对自己负责解说的景区了如指掌,并应该有一定深度和广度的研究,在某种程度上,应该是该领域的专家,只有这样,在讲解中,才能够给游客提供高层次的服务。

总之,一个优秀的景区讲解员应该善于积累和总结,不断更新和补充有关接待技巧和各种知识,才能百尺竿头,更进一步。

任务二　游览标识系统服务

标识牌是一种引导设施,标识牌上的文字图案或符号对游客行为具有提示、引导性,主要包括公共信息标识和空间位置标识两种类型。公共信息标识应符合国家标准《标志用公共信息图形符号》,通过文字或图片来向游客传达景区的有关信息。公共信息标识一般包括导游全景图、导览图、景物介绍牌、标识牌等。空间位置标识一般设置在步道、车行道、岔路口等处,要求信息准确无误,指示文字和图示简洁醒目、中英文对照。标识牌的高度通常视服务对象和距离、视线的高度而定,游客自行查看、参阅即可了解景区游览的相关事项。

根据《旅游景区质量等级的划分与评定》(GB/T 17775—2003),景区旅游解说系统主要从游客中心、各种引导标识、公众信息资料、导游、公共信息图形符号等方面提出了具体的目标和要求。由此可见,标识牌对游览服务起着景区解说和引导的作用。

一、标识牌的概念和类型

（一）标识牌的概念

《现代汉语词典》中"标牌"的解释为"做标志用的牌子,上面有文字、图案等"。旅游标识牌是一个面向游客的信息传递服务系统,是游客获取旅游目的地信息的重要手段,是旅游景区不可缺少的基本构件。因此,标识系统是景区解说服务系统不能忽略的重要内容。

（二）标识牌的类型

标识牌的类型从不同的角度有不同的划分。按解说对象和内容划分,标识牌可分为吸引物解说标识牌、旅游设施解说标识牌、环境解说标识牌和旅游管理标识牌;按制作选用的材料划分,标识牌可以分为天然材料制作的标识牌和人工合成材料制作的标识牌;按所属范围角度划分,标识牌可分为旅游景区外部标识牌和景区内部标识牌两大类;按功能划分,标识牌可分为解说功能标识牌、指示引导功能标识牌、警示提醒功能标识牌、宣传功能标识牌。通常景区中游客看到标识牌主要有以下几种。

1. 介绍类标识牌

介绍类标识牌(图3-2)主要介绍景点或景物的名称、由来、历史沿革、特征、作用等。

图3-2　介绍类标识牌

2. 警示类标识牌

警示类标识牌(图3-3)用以提醒游客应注意的事项,如道路上的各种交通警示牌,高压电、水库、危险地段的各类警示标志,以及不可食用的食物、爆炸品、防火等的警示标志。

图3-3 警示类标识牌

3. 引导类标识牌

引导类标识牌(图3-4)指明旅游线路,以及景点及商店、厕所、停车场等的方向和距离,一般设在景区内岔道的地方、公共场所、交通路口处。

图3-4 引导类标识牌

4. 公共信息服务类标识牌

公共信息服务类标识牌(图3-5)的内容主要包括天气预报、航班、交通情况、景区内演出活动、团队住宿安排、游览须知、游客留言、失物招领等,一般设置在公共场所或游客相对集中的地方。

图3-5 公共信息服务类标识牌

5.说明类标识牌

说明类标识牌（图3-6）主要用于标明某游乐项目或设备的使用方法、收费标准及可能出现问题的处理办法等，如景区内健康休闲车的租借办法、损坏赔偿方法等。

图3-6 说明类标识牌

二、标识牌的功能和特征

标识牌作为一种引导标志，在景区游览服务中起着不可替代的作用。

（一）标识牌的功能

1.解说功能

标识牌主要是通过视觉来表现它的作用的。比如，文字传达，记号具有象征性、方向性、暗示性等功能，文字样式可以表现出特点、背景和含义等。旅游标识牌传达的是旅游信息，主要是旅游目的地介绍、旅游线路及其他服务性标语等。标识牌通常立于游览区域，游客在游览过程中可随时获取相关信息，如游线图等，进一步了解景区情况。

2.教育功能

将景区知识（包括自然知识、历史知识、科学知识、环保忠告、注意事项等）书写在标识牌上，游客在游览过程中就能得到教育和启发，尤其是在自然保护区、科学教育基地、野生动植物栖息地、文物古迹保护基地等具有教育功能的景区，旅游标识牌体现着景区教育功能，使游客在游览时得到知识的扩充。

3.服务功能

从其属性来讲，标识牌就是一个向游客进行信息传递的服务工具，是景区旅游解说系统的重要构成部分。标识牌除向游客介绍景区知识，还向游客提供指引服务，使游客能够顺利找到目标。

（二）标识牌的特征

标识牌具有介绍、警示、引导以及标识公共信息和说明的作用，通常由图标、符号和文字三部分组成。图标、符号一般根据通用规范制作，景区不能自创。不同等级景区的公共信息图形符号都必须符合《标志用公共信息图形符号》的规定。等级较高的景区对公共信息图形符号设计的艺术性和文化性的要求也较高。在设计标识牌的过程中，既要符合景区的资源特征，又要体现其美观性和实用性，同时还要有人性化和景观化特征。

1. 简洁明了

因标识牌大多设立在旅游景区，游客在身临景区的同时看到解说并得到指引。游客通过网络、旅游书籍等所获得的多是在未游览景区之前所获得的信息，也就是说，标识牌的作用是在游客游览的同时对游客进行"讲解"，不仅直观，而且增加了游客对旅游资源的了解，因此，标识牌的解说应该直接到位，不论是图案设计、材料使用还是文字内容都应该简洁明了。

2. 易于识记

标识牌内容要通俗易懂、简洁明快，字数不宜太多，应该提取景点中最有特色的信息，这样游客能够对游览内容一目了然，而且记忆深刻，无形中也增加了景区影响力，形成广告效应，利于景区的发展。

知识活页

旅游景区标识牌设计的要求和标准

《旅游景区质量等级的划分与评定》（GB/T 17775—2003）中不同等级旅游区标识牌设计的要求和标准如下：

AAAAA级旅游区（点）关于标识牌的评定标准：各种引导标识（包括导游全景图、导览图、标识牌、景物介绍牌等）造型特色突出，艺术感和文化气息浓厚，能烘托总体环境。标识牌和景物介绍牌设置合理。公共信息图形符号的设置合理，设计精美，特色突出，有艺术感和文化气息，符合GB/T 10001.1的规定。

AAAA级旅游区（点）关于标识牌的评定标准：各种引导标识（包括导游全景图、导览图、标识牌、景物介绍牌等）造型有特色，与景观环境相协调。标识牌和景物介绍牌设置合理。公共信息图形符号的设置合理，设计精美，有特色，有艺术感，符合GB/T 10001.1的规定。

AAA级旅游区（点）关于标识牌的评定标准：各种引导标识（包括导游全景图、导览图、标识牌、景物介绍牌等）造型有特色，与景观环境相协调。标识牌和景物介绍牌设置合理。公共信息图形符号的设置合理，设计有特色，符合 GB/T 10001.1 的规定。

AA 级旅游区(点)关于标识牌的评定标准:各种引导标识(包括导游全景图、导览图、标识牌、景物介绍牌等)清晰美观,与景观环境基本协调。标识牌和景物介绍牌设置合理。公共信息图形符号的设置合理,规范醒目,符合 GB/T 10001.1 的规定。

A 级旅游区(点)关于标识牌的评定标准:各种公众信息资料(包括导游全景图、标识牌、景物介绍牌等)与景观环境基本协调。标识牌和景物介绍牌设置基本合理。公共信息图形符号的设置基本合理,基本符合 GB/T 10001.1 的规定。

任务三　景区游路系统服务

景区游路系统要根据地貌地形、道路系统、景区资源特色、游客的行为心理、景观意境等因素合理规划设计,使游客在游览移动过程中,能够获取景区的相关信息,欣赏景区的特色资源,同时遵循景区游览"不走回头路"的游线设计原则,使游览事半功倍。景区游路系统服务既要保护自然景观环境,又要合理化、人性化地使游客获得游览信息。

一、景区游路布局特点

景区游路的建设要充分利用自然景观,让游路能够与景区的景点巧妙融合,形成一个整体,给游客带来更好的视觉享受。景区游路在布局上要有层次感,其特点主要表现在以下几个方面:

(一) 通达性

景区的道路必须要连接成一个整体,并将各个分散的景点连接起来,这样游客顺着路走就能游览到所有的景点。所以,很多景区游路都是呈环形设计。

(二) 路景结合

道路与风景应很自然地结合在一起,路就是景,景就是路,路景相融,景区内的道路依势而建,曲径通幽,使得景观更加丰富,更有层次感。

(三) 多样性

由于不同景点的表现形态和呈现效果不同,所连接的道路也是不一样的,有区别性的设计可以给游客带来更多的惊喜。

游路设计之所以被称为游路系统的设计,是因为游路不仅仅是景点的串联、道路的相连,还要为游客提供服务信息和游览信息,满足游客在空间移动中的需求,同时使游客在视觉上产生美感,因此,游路系统对景区的游览体验有着积极的辅助作用。

二、景区游路系统的组成

旅游交通包括以下三个部分的内容。一是可进入性,包括外部交通工具抵达景区的便捷程度、依托城市(镇)抵达旅游景区的便捷程度,以及抵达公路货客运航道(干线)的等级三个方面的内容。二是自配停车场地,包括停车场的面积、主停车场的地面铺设类型及停车场的管理、停车场的美观性、文化性和特色性,以及停车场与景观的协调性等方面的内容。三是内部交通,包括景区的游览线路、游步道两方面的内容。

景区的游路系统服务即内部交通服务,主要是指景区的内部道路的规划设计。

(一)常规游览线路

在通往景点的过程中,游客需要根据景区规划的游览线路移动,游览线路往往会根据游客游览过程中的游览视线设计,通过视线的引导为游客增添旅途乐趣。因此,旅游线路的设计要与景区的景观设计紧密结合,通过构景元素的合理应用,达到合理组合游客动线和视线的目的,比如从景区入口到景区的各个景点、建筑设施、服务设施等,使整个景区形成一个系统的环路,在具有路线指向性和引导性的同时,满足游赏观光的功能。

景区游览线路主要由景区的主干道和景区内步行道路组成。

景区主干道是景区游路设计的主要依托,主要用于景观之间的游客运输和供应运输。因此,道路建设与服务设施要处处体现以人为本的理念,具体如下。

(1)交通设施完善,进出安全便捷。

(2)区内游览路线布局合理、顺畅,与观赏内容连接度高。

(3)路面平整清洁,特色突出。

(4)游客上下车站点的设置应易于游客乘车,站牌明显且具地方特色。

(5)景区内各景点出入口设置合理,设有分隔线和进出口标志,有利于游客的疏散。

(6)交通标志与标线要规范、齐全、醒目与美观。

(7)景区内配置的旅游道路交通工具要方便、有特色、环保,应选用清洁能源敞篷式、上下方便的交通车,如环保汽车、电瓶车等。

(8)车辆应性能良好,并确保安全;车厢内整洁卫生,并配备残疾人专座和婴儿专座。

(9)停车场场地设置合理、管理规范、停车便利和流畅。

知行合一
Zhixing Heyi

旅游服务工作中要树立"游客至上"的工作理念和服务意识,本着"一切为了游客"的服务理念,为游客提供人性化的贴心服务。

（二）景区内部游步道

旅游景区里各景观道路一般以游步道为主，游步道虽然不是主要的游览观赏对象，但它具有十分重要的景观烘托和陪衬作用。游步道是供游人游赏、休憩、散步等比较宽的园路，如林中幽径、登山台阶、临水小路等道路景观。按照等级，游步道可分为主要步行道、次级步行道和小径等；按照坡度，游步道可以分为水平游步道和阶梯状游步道；按照表面铺装，游步道可以分为人工铺装游步道和自然游步道。这些游步道不仅可以丰富道路系统，也可以通过各式各样的造型，增添游赏情趣。当然，在设置游步道时，也可以随栈道、悬索等，应地形变化要求，在特定位置设置具有特殊功能的道路通行方式，为景区的游览增色。

景区内部游步道要凸显景观的作用，那么在设计时应注意以下方面。
（1）游览线路的设计要合理，要有起伏。
（2）游览线路要选择最佳的观赏点，有最佳的视角和视距。
（3）游览线路宜曲不宜直、宜窄不宜宽、宜粗不宜精、宜险不宜夷。
（4）游览线路的长度和起伏高度要适当，并适时设立游客休息站点。
（5）游览道路主要应采用生态材料建设。
（6）游览道路本身应体现地方特色及民族特征。

（三）景区特色游路

景区特色游路是由景区资源的特殊性决定的，部分景区由于线路设计的需要，或景区资源的特殊性，需要乘坐特色交通工具才能够到达观赏，在这种需求下，形成了景区特色的游路系统。

目前旅游景区内的特色游路主要依托特色交通工具实现，主要有以下几种。

第一类是用于旅游景区内的专门交通工具，如景区内环保旅游车、游船、观光小火车、电瓶车等。此类交通工具是当今旅游活动中的主要转移交通工具。

第二类是在旅游景区或景点内某些特殊地段，为了游客安全或节省体力而设置的缆车、索道、电梯、渡船等。

第三类是带有娱乐、体育、辅助老幼病残游客和特种欣赏意义的旅游交通服务，如滑翔机、自行车、滑竿、轿子、马匹、骆驼、牦牛等。

这些特色交通工具，在游览中有着特殊的游路设计，在体验交通工具的过程中，也丰富了景区的旅游内容，增添旅游乐趣。

三、景区游路系统的服务原则

从持续发展的角度及景观视觉方面看，游路系统的服务要素要注重个性化设计，同时结合艺术、文化等，为游人提供独特的旅行体验。因此，景区游路系统的服务应遵循以下原则：

他山之石
▼

九寨沟栈道

（一）安全性原则

旅游景区的服务只有在确保游客安全的前提下，才能构成有效的服务。景区游路系统的安全性主要体现在各种灾害和风险，在路线设计的过程中，应尽可能地考虑游客可能遇到的安全问题，并以此进行规避。在景区道路上，特别是一些险峻的道路、游览道应采取安全措施，建立健全安全标识系统，定期检查交通工具与服务设施，确保交通工具在性能和质量方面的安全。

（二）游憩性原则

旅游是一种休闲娱乐活动，它追求的是精神上多层次、多方位的享受，游路系统的服务要素在突出道路主要功能时，也要兼顾游客的休闲休憩需求，在沿线设置氛围轻松、游憩设施完备、景观视线优美的游览节点，满足游客生理和心理上的双重需求。

（三）特色性原则

景区的游路系统要突出景区自身的个性特征，既要有特色，在规划设计时还要充分考虑景区内的自然和文化环境，能够使游客欣赏沿线独特的景观，比如，根据景区的实际情况，采用木板、竹板、鹅卵石等铺设，既有利于生态和环境保护，又同时具有民族或地域特色。总之，要善于整合景区的景观要素，使游客在行走的过程中，步移景异，不会产生烦躁和无聊的情绪。

游客游览沿途中观赏的地形、植被、动物、建筑小品等各种物理形态，可以调动游客的五感，使游客对景观产生不同的感受，进而直接影响游客对景区文化内涵、景区服务与管理等方面的认知。因此，游路系统服务是游客在景区游览过程中不容忽视的重要体验环节。

教学互动

通过学习本项目内容，你觉得景区游路系统服务是如何体现对游客的游览服务功能的？

项目小结

本项目介绍了旅游景区游览过程服务的主要内容，重点阐述了景区的向导式解说服务，以及向导式服务的工作规范，同时对自导式解说服务和智慧解说服务也做了清晰的说明；对自导式解说服务的类型进行了阐释，在此基础上，还对标识系统和游路系统的游览服务分别进行了阐述，对游览服务的外延进行了详细的说明。有效的解说服务是保证游客体验质量的关键。

项目训练

一、知识训练
请扫描边栏二维码答题。

二、能力训练
项目实训：智慧景区智能语音导览系统是建立在无线通信、全球定位、移动互联网、物联网等技术基础之上的智能导览系统，将景区导览电子化、智能化，该系统具有全程真人自动语音讲解，全面覆盖景区全景及景区附近地图，能够快速提供线路规划，准确查询景区附近食、住、游、购信息及景区内公共设施等信息。让游客获得全面、丰富的导游导览服务，实现了"导游装进手机里"，同时手机也成为景区的活地图。

对你所在地的景区进行调研，完成以下任务：
（1）在游览服务中，智慧导览系统的主要功能有哪些？
（2）游客在选择游览服务时，哪种类型的服务选择较多，分析其原因。

项目四
旅游景区商业配套服务

 项目概要

旅游景区商业配套服务是景区正常运营的必要条件,包括住宿、餐饮、娱乐、购物和交通服务。本项目重点讲述各配套服务的基本含义和主要类型,并根据其服务要求有针对性地阐述服务范畴和方法。

 **学习目标**

知识目标

1.了解旅游景区住宿、餐饮、娱乐、购物和交通服务的概念及特点;
2.掌握旅游景区住宿、餐饮、娱乐、购物和交通服务的主要类型和基本要求。

能力目标

1.掌握旅游景区住宿、餐饮、娱乐、购物和交通服务和管理的方法与技能;
2.灵活运用旅游景区住宿、餐饮、娱乐、购物和交通服务的相关知识。

素养目标

1.明确旅游景区住宿、餐饮、娱乐、购物和交通服务的意义;
2.遵守行业标准和职业规范,自觉提升职业素质。

 知识导图

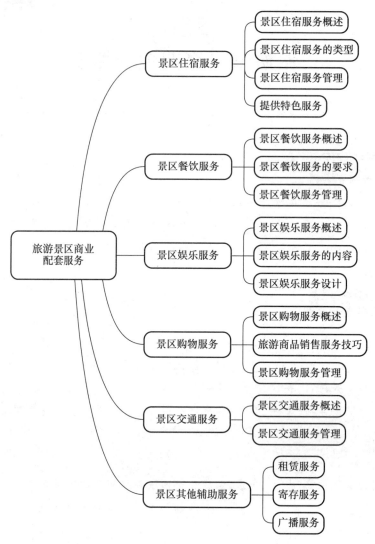

 项目要点

旅游景区配套商业服务：主要包括住宿服务、餐饮服务、娱乐服务、购物服务和交通服务。

项目引入

景区餐饮：不仅要有特色，还要不断满足游客的精神需求

在旅游业中，餐饮居于首位。景区在有效解决高峰期间的拥挤与混乱、餐饮品类同质、特色逐渐不明显的问题的同时，还要在旅游餐饮中不断满足

人们的精神需求。

首先,景区餐饮业应该尽可能地推广智慧餐饮。智慧餐饮以人工智能、大数据、物联网等新兴技术为支撑,通过优化餐饮供应链、提高销售效率和顾客服务质量,实现餐饮流程的自动化和智能化。此举既有利于提高游客就餐体验,又大大减轻了餐饮从业人员的工作量,减少管理成本,因而值得景区餐饮业引进借鉴。

其次,景区餐饮业也应加强特色餐饮发展。景区餐饮业负责人深挖体验式餐饮,加强游客的参与性、互动性、体验性,从田间菜地到自助餐桌,加强游客现场种菜、采摘、洗涮到烹饪、就餐等关键环节的设计。此外,半自助或全体验式餐饮,应注重优质农产品的溯源,提高食材品质,扩大互联网营销态势,建立食材后续销售机制,延长其产业链等。

最后,景区餐饮业应该关注农产品的引进与开发。很多景区周边的农产品是质优价廉的优质食材,精心加工后能够成为景区独有的美食特色。对于景区餐饮业来说,以当地农产品为原材料,加之景区特有的文化景观和旅游专属的设计营销,使得餐饮业的创新和转型步入了良性发展阶段。

案例分析

任务一 景区住宿服务

景区住宿服务是旅游景区商业服务的一项重要内容。加强景区住宿的质量管理,提高服务质量,增加游客满意度,才能为游客带来美好的体验,旅游景区才能赢得源源不断的客源,扩大市场占有率,获得良好的经济效益和社会效益。在一定意义上,景区的住宿服务也是一种旅游资源。

一、景区住宿服务概述

景区住宿服务就是借助旅游景区的住宿设施和服务人员向游客提供的既可以满足游客在景区住宿、休息等需求,又可以满足游客其他需求的服务。

不同规模的旅游景区都会设有相应规模的住宿接待设施,其选址可能在景区内,也可能在景区外。经营管理方式一般为景区直接经营,也有租赁经营、委托酒店集团经营等方式,但不论采用何种方式,都应视为景区的一个组成部分进行管理。

二、景区住宿服务的类型

按照住宿接待设施的档次和运作模式,景区住宿服务主要分为标准酒店类、经济酒店类、民居客栈类、家庭旅馆类、露营类等。

（一）标准酒店类

标准酒店类住宿包括酒店、度假村、疗养院、避暑山庄、会议中心等，是按照国家星级饭店标准建设，并执行标准化服务，可以使游客获得较为舒适的旅行生活，是所有旅游景区住宿接待系统中档次较高的类型，适合规模较大的旅游景区和高级度假旅游区。

（二）经济酒店类

经济酒店类住宿的设施、环境质量及服务标准较星级酒店稍弱，但设施、设备和服务仍具有标准化的特点。经济酒店在旅游景区中所占规模较小，设施有限且价格便宜，主要为住客提供整洁而简单的入住环境。

（三）民居客栈类

民居客栈类住宿是根据旅游景区的自然和人文环境加以设计，反映当地的风土人情、历史文化特色，满足游客休闲游憩体验需要的住宿空间、设施等，如吊脚楼、竹楼等。该类住宿接待在为游客提供住宿服务的同时，也成为景区特色，让游客感受景区内特有的自然和文化氛围。

（四）家庭旅馆类

在旅游景区中，家庭旅馆类住宿接待设施和环境质量及服务标准都要求不高，但价格相对便宜。此类接待设施为游客提供住宿空间、设施和简单服务，因住宿成本低而受到青睐，能弥补旺季酒店床位不足的缺陷，而且更方便体验当地人文气息。

（五）露营类

露营类住宿接待设施就是开辟一块专用营地，作为游客夜间休憩的场所。营地通常选择在远离城市、风景秀美、适合娱乐休闲体验的地方，深受家庭群体青睐（图4-1）。在文化和旅游部等14部门联合印发的《关于推动露营旅游休闲健康有序发展的指导意见》下，露营住宿由简单的设施设备发展为营地与文博、演艺、美术等合作模式，结合音乐节、艺术节、体育比赛等节事赛事活动，充实服务内容，展现出新的发展势头。

图4-1　山西阳城析城山景区露营地

近几年,景区太空舱也提供了一种与众不同、前所未有的住宿方式。景区太空舱设计紧凑、精致,仿佛将人们带入了未来世界,其内部设施齐全,配备了高科技设施,如智能控制系统、音乐播放系统和投影仪等,让游客感受到科技带给生活的便利与舒适。景区太空舱有单人太空舱,也有家庭型太空舱,满足了不同游客的需求。

三、景区住宿服务管理

(一)景区住宿服务管理的方式

1. 模式化管理

模式化管理是通过对管理模式的设计和处理,来控制住宿业务的管理活动。模式化管理的具体内容包括:一是上级部门向下级部门发布的各种业务指令;二是各部门之间传递信息的业务表单;三是下级向上级呈报的各种报表。模式化管理是一种程式化管理,既能全面反映住宿的业务活动情况,又简单明了、易于分析。模式化管理的设计要遵循实用性、准确性、经济性和时效性原则,明确传递程序、时间要求、资料处理方式。

景区住宿服务管理人员应熟练掌握景区住宿的相关环节,严把质量关,掌握本部门的工作情况,共同配合完成工作任务。

2. 制度管理

制度管理是通过组织实施景区的规章制度,来控制本部门的经营活动,科学合理的制度是旅游景区日常工作的行动指南,也是考核评价的依据。

首先要根据旅游景区的特色和住宿部门管理的需要,制定出符合行业通行规则和旅游景区实际的具有较高科学性的制度,主要包括日常管理制度和卫生管理制度,涉及的管理内容包括:住宿客人接待登记、客房服务、住宿区域的消防和卫生等工作;住宿价格的评估及选择、客房卫生、环境美化、反馈员工意见、处理游客要求或投诉等;对员工工作效率和质量、工作态度等的考核;景区住宿安全、卫生、成本的管理等。

3. 现场管理

现场管理就是管理者到各个工作岗位现场巡视检查,及时处理工作问题,协调本部门与其他部门的关系,调节本部门经营活动中各方面的关系。现场管理的最大优势是及时性和直接性,便于管理者及时与下属沟通思想、联络感情,提升工作效率。

(二)景区住宿服务管理的内容

1. 服务质量管理

景区住宿服务质量管理是景区住宿部门对为游客提供的住宿服务及其相关方面的质量进行管理,主要包括以下几个方面。一是突出内涵建设,促进管理服务水平提升。通过智慧化建设、丰富主题内涵、推广好客服务标准、提升经营管理水平等措施,向游客提供高质量、有品位的住宿服务。二是通过景区住宿服务业务与公关部门的广告、宣传,以及住宿单位设施设备的改进和服务质量的提高,创造住宿服务的声誉和口碑,以吸引更多的客源。三是加强人才培养,夯实服务质量提升基础。通过专业教育、岗位培训、校企联训、技能竞赛、交流互鉴等提高住宿服务部门各级工作人员的专业知识水平和服务水平。

2. 安全管理

景区住宿安全管理是景区住宿服务单位为了保障游客、服务人员的人身和财产安全及景区住宿服务单位自身的财产安全而进行的计划、组织、协调、控制与管理活动的总称。景区住宿服务单位要综合考虑国家法律法规和景区自身特点,制定科学有效的安全管理制度与措施。

(1)火灾的防范与管理。

景区酒店、宾馆的建筑装修设计应遵守相关消防规范,设置合理的防火分隔,使用相应耐火等级的装饰装修材料,安装自动报警系统等自动防火设施,并保持完好有效。电气线路要按照消防安全技术标准穿管保护、规范安装。日常维护应确立消防安全责任人和管理人,开展日常消防安全工作,组织日常巡查检查,维护保养消防设施设备,保证消防通道和出口畅通。动火作业时,一定要办理动火手续,焊接工人持证上岗,规范施工。厨房应符合燃气安装、使用规定,设置可燃气体泄漏安全保护装置。应加强电器的管理,电线不得使用接线板多次串联,不能私拉乱接电气线路,不能超负荷使用电器设备。

此外,火灾的应急计划要明确,并经常进行演练。发生火灾时,所有员工必须坚守岗位,保持冷静,并按照平时规定的程序做出反应。

(2)犯罪与盗窃的防范与管理。

犯罪与盗窃的防范与管理的重点是游客生命、财产的安全控制与管理,可以通过安装监控系统,加强景区大门入口、电梯入口、楼层走廊的安全控制与管理,加强客房门锁以及客房内设施设备的安全控制与管理。提醒游客增强自身安全意识,对陌生人保持警觉,保护个人电脑、手机等设备的安全,防范网络盗窃。

(3)其他常见安全事故的防范与管理。

景区住宿还可能出现一些意外的安全事故,因此景区住宿服务单位必须考虑周全,事先做好防范。例如,对游客心理安全及信息安全的控制与管理,对逃账与住宿服务单位经济安全的控制与管理等。

四、提供特色服务

景区住宿服务除了要满足游客最基本、最普遍的需求,还要注意游客因国籍、职业、文化背景、兴趣爱好等不同所带来的个体差异,在强调规范化服务的同时,有针对性地开展一些特色服务。这些特色服务大致可以分为以下几类。

（一）托婴服务

托婴服务是为外出的住客提供短时间照管婴幼儿童的有偿服务，其服务要点如下。

(1) 问清照看的时间，婴幼儿童的年龄及照看的要求及注意事项等。

(2) 向游客说明收费标准。

(3) 看护员必须具备一定的保育知识，严格按照游客的要求照看，确保安全。

（二）病客服务

病客服务是指当游客身患疾病时，服务人员应给予必要的关怀和照料，其服务要点如下。

(1) 发现游客生病应表示关怀，礼貌询问病情及游客要求。

(2) 根据游客病情轻重进行处理。如果游客病情不严重，可请游客到酒店医务室进行治疗，如果游客病情严重，则应立刻将游客送至医院救治。未经专门训练的员工，不得随意搬动病人，应立即请示上级或联系医务室。

（三）残障宾客服务

对于残障游客，要注意他们的心理，根据残障游客的生活起居特点进行服务，其服务要点如下。

(1) 专人负责，实施跟房服务。

(2) 根据不同的残障游客的不同需求，制定有针对性的服务项目及规范。

(3) 由于残障游客心理更为敏感多虑，服务人员在接待时更要注意言行得体，注意尊重保护残障游客的隐私。

（四）其他服务

游客选择在景区住宿，除了方便之外，有时更为了进一步体验景区当地的风土民情。因此，景区在提供住宿服务的同时，可以开展一些富有特色的活动。

任务二　景区餐饮服务

食、住、行、游、购、娱是旅游的基本六要素，排在第一位的是"食"。"民以食为天"，旅游景区餐饮是景区向游客提供的饮食产品和服务，是满足游客需求的基础性项目，也是景区整体产品的重要组成部分和景区服务质量的重要体现。旅游景区餐饮凸显了景区乃至一个地区的饮食文化特色，甚至直接关系到游客对目的地的评价，会影响景区的形象和声誉，是景区创收的重要渠道。

一、景区餐饮服务概述

景区餐饮发生在景区及其周边,与一般社会餐饮存在较大差异,具有自身的特点。第一,目标市场构成复杂。游客来自五湖四海,个体需求差异大,使得景区餐饮呈现出复杂性和变动性。第二,客源市场具有波动性。景区市场与季节、节假日、节事活动,以及网络传播有极大关系,对接待能力和准备都是考验。第三,餐饮类型丰富。景区通常包括中西式快餐厅、美食街、特色菜馆、主题餐厅、农家乐餐馆等不同特点和消费水平的餐饮类型,满足游客的不同需要。第四,经营监管难度较大。灵活的经营方式导致存在设施不完善、制度不健全等现象,增加了经营风险和监管难度。

很多游客都是美食爱好者,餐饮的吸引力往往会给景区带来意想不到的爆点。

二、景区餐饮服务的要求

游客对景区餐饮服务的要求包括以下几个方面。

(一)价格合理

一般来说,游客都希望支付合理的费用得到相对满意的饮食和服务,能"物有所值",最好能有"物超所值"的效果。许多经济型游客,在消费时非常注重产品或服务的价格,因此景区提供的餐饮服务应做到质价相符。

(二)服务周到

景区餐饮服务不再仅仅局限于满足游客的生理需求,应更进一步满足游客的心理需求,让游客在用餐的同时,通过享受菜品、享受服务来保持愉快的心情。

游客的需求是景区餐饮业存在的生命线,作为餐饮服务人员,在服务中要贯彻"宾客至上"的原则,满足游客用餐时求尊重的心理需求,提供周到、及时的服务。

(三)特色鲜明

在旅游过程中,游客对于"吃"已经不仅仅满足于填饱肚子,更是为了获得一种特殊的体验,希望品尝到平时吃不到的东西。为了满足游客在餐饮方面这种求新、求奇、求异的需求,景区餐饮在做到卫生、可口的前提下,还要进行创新,体现特色。很多景区餐饮通过创意设计加入当地文化,改善用餐氛围、提升环境质量,进而凸显景区特色。

近年来,各景区出现了多类型、多形态的特色餐饮形式,其中,老字号餐饮品牌、特色旅游餐饮街区、民族餐饮、主题宴席、农家乐餐饮等表现尤为突出。特色型餐饮产品是满足游客求新、求奇的餐饮消费心理的需要,也是弘扬地方特色、饮食文化的需要。景区餐饮业应根据自身的特点,在保证景区环境不受破坏的前提下,将当地的特色小吃引进景区,以满足游客的需要。

（四）便捷舒适

景区餐饮在景区内的位置要符合便利性的要求，既要有良好的外部连通性，又要有便捷的内部通达性。另外，景区餐饮还要营造舒适的就餐环境，使游客感受到餐厅甚至景区的氛围，获得美好的感受和尊崇感。但是，景区餐饮在创造便捷交通和舒适环境的同时，不得以损害景区景观环境和生态环境为代价，应尽量减少对周边自然环境和人文生态环境的破坏。

（五）安全卫生

景区餐饮消费流动性大、用餐时间集中、游客构成复杂，安全卫生是景区餐饮的第一要求。景区餐饮的安全卫生不仅会使游客产生安全感，也会给游客留下难忘的用餐回忆，从而增强游客的旅游体验。游客对景区餐饮安全卫生的要求体现在用餐环境、餐具用品和餐饮产品等方面。游客希望旅游景区用餐环境整洁雅静、空气清新，餐具用品经过严格消毒，餐饮产品新鲜、卫生。

三、景区餐饮服务管理

景区餐饮服务管理是指通过提高餐饮设施设备、餐饮产品、餐饮服务的质量，进而提高游客的满意度。

（一）完善就餐设备设施，营造舒适的就餐环境

景区内餐饮设施的规模和数量应与接待游客规模相适应。规模过小或数量过少无法满足大量游客的就餐要求；反之，规模过大或数量过多又会造成资源浪费。就餐环境应整洁优美，通风良好，空气清新，同时与提供的菜品服务相协调。增加就餐环境的文化内涵，从店景文化到功能布局、设计装饰、环境烘托、挂件寓意等，应都能体现文化主题和内涵。

（二）重视餐饮卫生安全，价格合理

安全卫生工作要放在景区餐饮服务管理工作的首位。提供的食品原料要处于良好的卫生状态，没有腐败、变质和污染；食品在进行加工和存放时，要注意冷热、生熟、荤素分开，防止相互影响；各种餐具要由专人洗涤和保管，严格消毒，摆放整齐，取用方便，保证餐具、酒具等完好无损、光洁明亮；保持餐厅地毯或地板整洁卫生，桌布、口布等棉织品清洗干净。

餐饮实物质量与价格要吻合，为游客提供"色、香、味、形、质、器、名"俱佳的菜品，菜肴色泽鲜艳、香气扑鼻、口味纯正、造型别致、选料讲究、器具配套、取名耐人寻味，使人感到"物有所值"。

（三）强化餐饮工作人员的服务意识

餐饮业是劳动密集型行业，服务人员多，服务项目复杂。同时，游客的餐饮需求多

样,就餐时间有限,这些都增加了服务难度。因此,景区餐饮单位一方面要加强员工的培训,另一方面,要开展有效的市场沟通,发掘游客需求,增强员工服务意识,提高员工服务技巧并充分授权,满足游客的例行性需求和潜在需求。

教学互动

此前有"淄博赶烤",近期又有"甘肃天水麻辣烫"好吃到火出圈,吸引了全国各地食客争相品尝。众多网友纷纷前往打卡,只为吃一碗正宗的"天水麻辣烫"。为了迎接这股热潮,天水连夜进行城市美化,并特别开通了"麻辣烫"专线,以方便游客前往品尝。

针对这些现象,请你谈谈自己的看法。

景区餐饮产品的开发

任务三　景区娱乐服务

一、景区娱乐服务概述

景区娱乐服务是指景区借助景区工作人员和景区活动设施向游客提供各种娱乐活动,可使游客得到视觉享受及身心愉悦。良好的景区娱乐服务不仅能够增加景区收入,还会增强游客的体验,提升景区的美誉度和知名度。但是,值得注意的是,并不是所有的景区都提供娱乐服务,如美国的黄石公园禁止在某些核心区域开展任何形式的娱乐活动,我国的故宫博物院、敦煌莫高窟及一些国家级自然保护区都是禁止或限制各类娱乐活动的。

二、景区娱乐服务的内容

(一) 小型常规娱乐

小型常规娱乐是指景区长期提供的娱乐设施及活动,通常员工较少,规模较小,游客每次娱乐的时间也不长,主要存在于游乐园和主题公园内。小型常规娱乐项目的特色性较弱,游客以当地和周边居民为主。景区小型常规娱乐项目可以分为表演演示类、游戏游艺类和参与健身类三大类型(表4-1)。

表4-1　景区小型常规娱乐项目类型

大类	亚类	特征及案例	
表演演示类	地方艺术类	川剧"变脸"、日本"花道"	
	古典艺术类	纳西古乐、唐乐舞、编钟乐器演奏	
	民俗风俗类	对歌、抢亲	
	动物活动类	赛马、斗牛	
游戏游艺类	游戏类	竹竿舞、秧歌	
	游艺类	野战拓展、踩气球、单足赛跑	
参与健身类	人与自然	健身型	骑马
		体验型	果园观光、狩猎
		亲和型	滑草、游泳、潜水
		征服型	攀岩、滑雪、迷宫
	人与人	健身型	网球、保龄球
		娱乐型	手工艺制作、烧烤

（二）大型主题娱乐

大型主题娱乐是旅游景区经过精心策划组织，动用大量员工和设备推出的大型娱乐活动。一般在推出前会进行较高频率的宣传，用心营造特定氛围，以掀起游客入园新高潮。按照活动方式，大型主题娱乐可以分为舞台演艺型、节庆活动表演型。

1. 舞台演艺型

舞台演艺型一般采用先进的舞台灯光技术，借助声、光、电技术手段，燃放焰火、礼炮配合演出。舞台表演包括杂技、小品、歌舞、服饰表演、游戏等，淡化艺术属性中的教育性、审美性和知识性，强调娱乐性，以新、奇、乐取悦游客。

2. 节庆活动表演型

以旅游节庆活动为契机，围绕某个主题，在景区同时推出多个表演、互动、体验项目，形成大型主题娱乐活动，如东北地区的冰雪节、青岛的啤酒节等，产生较大的市场效益。这些活动通过对旅游景区地方文化资源与内涵的挖掘，依托文化资源与演艺手段的融合，展示景区特色文化，让游客耳目一新，获得美好体验。

三、景区娱乐服务设计

在进行景区娱乐服务设计时，应该综合考虑社会、政治、文化、环境、心理和娱乐对象等诸多因素。先确定娱乐项目的主题，进而设计娱乐项目的具体内容，制定详细的运作模式和商业规划，并进行严格的管理和后期市场调查，以便能适时调整完善。景区娱乐项目设计可以从以下几个方面入手。

他山之石

《又见平遥》大型实景演艺

他山之石

巍巍宝塔
初心永照

（一）挖掘文化底蕴

现在的年轻游客已经脱离了只看风景的阶段，他们更注重历史人文与娱乐体验的结合，在娱乐中发现人文之美，在游戏中了解历史文化，在体验中挖掘文化底蕴。

娱乐服务的内容应和景区所在地的自然地理基础、历史文化传统、社会心理积淀、经济发展水平相吻合。要立足本土，开发文化内涵高的娱乐项目，结合旅游景点的特色，在设计、风格、形式上赋予新意，着重反映我国优秀传统文化，形成集时代精神和现代文明成果于一体的文娱服务，以获得游客的青睐。

（二）创新项目内容

旅游景区娱乐项目具有自身的生命周期，会随着时间的推移逐渐失去吸引力。因此，娱乐项目的主题外延、内涵深化和活动更新非常必要，只有创新才能够始终保持其继续发展的动力。要以更活跃的创意、更深厚的传统、更广阔的视野、更前沿的技术、更稳定的品质和更积极的传播，促进景区旅游资源的综合运用，保持旅游景区娱乐项目的生命力，推动属于中国特色文化的潮流持续前行。

任务四　景区购物服务

旅游购物是旅游景区服务的重要组成部分，是景区创收的重要来源，能够增加当地居民的收入，提高就业水平，并能带动景区相关产业的发展。

一、景区购物服务概述

景区购物是指游客在景区游览过程中购买景区旅游商品的行为。旅游商品对于游客旅游体验的提升和景区综合效益的提高影响较大。

（一）旅游商品的概念

旅游商品是指游客在旅游活动过程中所购买的具有纪念性和当地特色，或者是由于旅游活动需要而购买的各类实物性商品。旅游商品涉及三个要点：一是旅游商品购买的主体是游客，客体是商品；二是旅游商品是在旅游活动过程中所购买的商品，具有价值和使用价值；三是旅游商品是以实物形态存在的，不包含旅游线路、服务等无形产品。

（二）旅游商品的分类及特点

根据作用，旅游商品可分为三类，即旅游纪念品、旅游日用消耗品和旅游专用品。

1. 旅游纪念品

旅游纪念品是指游客在旅游活动过程中所购买的,具有地域文化特征、富有民族特色、具有纪念性的所有物品。旅游纪念品多以文物古迹、自然风光为题材,使用当地特有的原材料制作而成,体现了当地传统工艺和风格,且制作独特,是旅游商品中品种和数量最多、销量最好、游客最喜欢的物品。旅游纪念品一般会标上产地地名作商标。旅游纪念品类型及代表商品如表4-2所示。

表4-2 旅游纪念品类型及代表商品

旅游纪念品类型		代表商品
工艺品	雕塑工艺品	石雕、玉雕、木雕、根雕等
	陶瓷工艺品	紫砂陶、彩瓷、白瓷、青瓷、景瓷等
	漆器工艺品	镶嵌漆器、脱胎漆器、彩绘漆器、漆雕等
	金属工艺品	铁画、斑铜等
	染织工艺品	刺绣、织锦、染织等
	镶嵌工艺品	瓷片镶嵌器具、大理石镶嵌器具等
	民间工艺品	剪纸、脸谱、蜡染、泥人、扇子、风筝等
文物古董	文物商品	书画、瓷器、古铜器、印章、古书等
	仿、复制品	古铜仿制品、古陶瓷仿制品、名帖复制品等
书画金石	绘制工艺品	国画、民间画、织绣画、工艺画、书法、篆刻、拓片等
	文房四宝	笔、墨、纸、砚
珠宝首饰		玉器、金器、银器、宝石、珍珠等
其他	酒水类	白酒、啤酒、红酒、黄酒等
	食品类	烤鸭、牛肉、太谷饼等
	水果类	苹果、芒果、葡萄、梨等
	茶叶类	绿茶、白茶、红茶等
	药材类	冬虫夏草、人参、三七等

2. 旅游日用消耗品

旅游日用消耗品是游客在旅游活动中所必备的生活日用品,主要满足游客在旅游活动中的日常需要。旅游日用消耗品包括穿着和日用品两大类,如各种旅游服装、鞋帽、洗涤用品等。旅游日用消耗品不同于一般日用品,要求既实用又有艺术性,具有纪念意义。

3. 旅游专用品

旅游专用品是指满足游客从事旅游活动专门需要效用的旅游商品,如专用鞋、专用服装、望远镜、指南针及各种应急品等,是探险旅游、体验旅游的必备物品。

（三）旅游商品的游客需求分析

1. 具有地域特色和文化

珍藏是游客购买旅游商品以留作纪念的购物心理，游客在景区购物是为了留下该次旅游活动的美好纪念。景区可以在旅游商品的材质、工艺等方面多下功夫，在图案、色彩、造型、文字方面独具匠心地植入地域文化，展示景区内涵，打上区域特色印记。

2. 兼具艺术性和实用性

旅游商品只有具备艺术性，才有收藏价值和欣赏价值，才值得赠送给亲朋好友。另外，旅游商品的实用性，是促进游客购买的重要砝码。实用性是游客追求旅游商品的使用价值的普遍心理，需要特别注意商品的品牌、质量、功能和实用价值。

3. 携带方便，美观别致

求美求异是游客重视旅游商品的艺术欣赏价值的购物心理。他们往往重视旅游商品的款式、包装，喜欢独特的、具有地方特色和审美价值的旅游商品，特别是那些具有艺术美、色彩美和造型美的创新旅游商品。另外，旅游商品应质量优良，其设计应精巧美观，便于游客携带。

游客在购买旅游商品的过程中，可能同时存在多种需求，不同的游客需求也不同，从而形成不同的购买行为。在旅游购物服务中，应根据游客不同的需求，更好地提供服务。

二、旅游商品销售服务技巧

（一）善于拉近与游客之间的距离

通常情况下，游客进入旅游购物商店，或是想购买商品，或是只想浏览购物商店的商品。服务人员要真诚待客，不要急于销售，先通过语言、举止、环境营造轻松的氛围，根据游客的衣着打扮和言行举止，判断游客的心理状态，发现游客的潜在需求，再有针对性地进行推销。

（二）展示与推荐商品的技巧

在把握游客需求的基础上，要有针对性地为游客提供个性化的商品销售服务。针对老年游客，推荐一些物美价廉的旅游商品；针对青年游客，推荐一些时尚、科技含量较高的旅游商品。同时，服务人员要及时准确地回答游客关于商品的咨询。

展示旅游商品时，以语言为主、手势为辅，灵活应对，根据不同商品，为游客提供最大可能的直观体验，如触摸材质、品尝味道、试穿佩戴等。此外，还可以设法让游客了解商品的使用价值及实际使用功能，使其获得更全面的感受。

认真了解游客的需求后，最关键的是要对游客如实说明价格和功能，不能欺诈、哄骗游客。如果游客犹豫不决，应根据其态度，推动购买行为，使其作出决策。

视频
景区文创产品欣赏

（三）完善旅游购物的售后服务

在旅游类消费投诉中，旅游商品的质量和售后服务方面的投诉很多，因此，要实现旅游景区购物可持续发展，就必须完善旅游购物的售后服务，通过建立完善的售后服务体系，增强游客的购买信心，具体内容如下：一是旅游购物商店应提供邮寄、托运服务；二是游客在旅行社安排的购物场所购买到假冒伪劣商品或失效商品时有权通过旅行社向旅游景区购物场所追偿；三是旅游景区主管部门应及时处理游客的购物投诉，加强对旅游景区购物商店的指导监督。

三、景区购物服务管理

景区购物环境是景区内围绕购物活动存在，并影响着购物活动结果的一切外部条件的总和。景区购物环境包括与购物活动相关的一切政策、法规、人文、社会、基础设施等方面的因素，这些因素相互作用、相互影响而形成一个有机整体，是旅游景区购物环境的支持和保障体系。

他山之石

文创设计
助力红色
文化传承

（一）合理布局景区旅游购物网点

旅游景区内外的旅游购物网点要进行合理规划和管理，做到位置适当、数量合理。通常在游客较为集中的集散地或到达景点的必经之地，建立旅游购物中心及具有地方特色的旅游商品专营店，或者建立一条旅游商品购物街。在游客参观游览线路上的休息点设立购物网点，将购物与景区休闲、娱乐和游憩设施有机结合起来。此外，在景区内的特定活动区域也可以设立购物网点，在核心参观点周边开发地方文化产品，如字画、文创等，在浴场附近可设置提供泳衣、救生圈等商品的购物店。

（二）科学规划景区购物环境

景区内购物设施的造型、色彩、材质等要与景区整体风格一致，与景区的主题相吻合。购物商店名称要个性鲜明，并使用具有典型色彩的招牌吸引游客。要把最有特色和吸引力的商品摆放在橱窗或商店内最显眼的位置，以吸引游客进店选购。同时，购物商店内部要保持环境整洁、货架排列整齐、照明均匀，以及保证店内干净卫生、空气新鲜。

（三）营造良好的景区购物服务环境

景区购物服务环境包括旅游购物经销商提供的旅游购物服务环境、导购人员提供的旅游购物服务环境、政府提供的旅游购物信息服务环境，以及旅游购物售后服务体系环境等。这就要求景区购物商店在提供优质商品的前提下，还要提供热情周到的优质服务。同时，景区购物商店还要提供完善、高效的售后服务，如大件商品的邮寄、托运，回访游客对所购商品的满意度，回答游客对商品问题的咨询，及时处理游客购物的投诉等。

任务五　景区交通服务

　　景区交通服务是旅游景区向游客提供的一项重要服务，直接影响着游客游览和体验的质量，良好的旅游景区交通服务要在遵循安全舒适、通达便利的原则下，使游客在充分观赏美景的同时，节省游览时间，提升游览质量。同时，景区交通服务对旅游景区的正常运营也起着非常重要的作用。

一、景区交通服务概述

　　景区交通服务是指景区向游客提供的以实现游客从空间上某一点到另一点的空间位移的各种交通服务。景区交通服务直接关系着游客的出游愿望，是景区活动顺利开展的不可缺少的物质基础。景区交通服务按照游客的空间移动过程可以分为外部交通服务和内部交通服务。

（一）外部交通服务

　　旅游景区的外部交通服务是指旅游景区为游客提供的从客源地到景区的空间移动过程的服务，包括从客源地到景区所在地、从景区所在地交通口岸到景区的服务过程。旅游景区的外部交通关系着旅游目的地的可进入性（时间、距离、便利性），主要的交通工具包括飞机、火车、旅游大巴、自驾车等。

（二）内部交通服务

　　旅游景区的内部交通服务是指旅游景区为游客提供的在景区内部空间移动过程的服务。旅游景区的内部交通是联络各个景区、景点的纽带和风景线，强调可通达性、视觉效果和美学特征。旅游景区的内部交通服务是游客观光和了解地域风情的途径，一般采用水上游览、特种交通、步行等方式，主要的交通工具包括环保车、电瓶车、出租车、缆车、游船、滑竿、羊皮筏子、雪橇、溜索等。

知识活页

　　羊皮筏子古称"革船"，别称"排子"，是西北地区黄河沿岸的一种最原始最古老的摆渡工具。羊皮筏子成本低廉，使用方便，加上黄河上游大部分地方为牧区，羊皮来源广泛，羊皮筏子便成了黄河上具有悠久历史的渡河工具。羊皮筏子所使用的羊皮需要很高的取剥技巧，从羊颈部开口，慢慢将整张皮囫囵个儿褪下来，不能划破一点地方。将羊皮脱毛后，吹气使皮胎膨胀，再灌入少量清油、食盐和水，然后把皮胎的头尾和四肢扎紧。经过晾晒的皮胎呈黄褐色且透明,看上去像个鼓鼓的圆筒。用麻绳将坚硬的水曲柳木条捆成一个方形的木框子,再横向绑上数根木条,把一只只皮胎顺次扎在木条下面,羊皮筏子就制成了。

如今,兰州黄河白塔山下河段,羊皮筏子成了招揽游客的稀罕"漂流工具"。年轻人喜爱漂流探险,加之现在的漂流项目由专门的公司经营,有切实的安全措施,游客乘坐较多。乘着羊皮筏子随波涛起伏,如今成了兰州黄河上旅游观光的一大亮点。

二、景区交通服务管理

(一)景区交通服务的要求

景区交通设施是旅游景区正常运行、游客实现空间位移的基本保障,也是旅游活动顺利完成的必要条件。因此,旅游景区对交通服务有着特殊的要求。

1. 安全性

安全是人的第一需求,游客出门旅游期望获得身体上和心理上的享受,是以安全为前提的。安全性始终是游客在选择旅游交通服务时考虑的首要因素,其次才是快捷、舒适。

2. 准时性

景区交通服务带有严密的连贯性,任何一个环节的误点和滞留都会产生连锁反应,最终有可能带来一系列的经济责任,如涉及房费、餐费和交通费的结算等。特别是在客流量较大的旅游旺季、节假日,以及每天进入和离开景区的时间节点,更是要求提前部署安排,排查意外和隐患,为游客提供高效、优质、快捷的交通服务。

3. 速达性

游客往往希望在旅游过程中,乘坐交通工具的时间较短而游玩的时间相对较长。因此,旅游景区的外部交通服务应注重时效性,尽量缩短游客从客源地到旅游景区的时间。同时,旅游景区内部应注重景点的空间分布,合理安排旅游节奏,丰富游客的旅游体验。

(二)景区交通服务管理的内容

景区交通服务管理就是要确保进出车辆行驶规范、安全有序,工作重点是景区路段、交通标志、运营车辆和运营人员是否符合要求等。

1. 交通管制

加强旅游景区交通管理工作是保障游客安全畅通出行、提升景区品质的重要举措。切实把景区道路隐患治理、路网改造、设施建设、停车泊位等重点工作抓紧抓实;景区要优化交通管控措施,针对节假日热点车流量增长的情况,通过定线通行、预约停车等措施,平衡停行需求、缓解通行压力;完善交通管理设施,对旅游景区交通设施进行摸排和隐患整治,充分利用交通标志和交通隔离设施引导车辆安全有序通行;强化路面勤务安排,高效串联交通感知、预警研判、指挥调度、联动处置等各个环节,严密卡岗驻点、骁骑巡线、智能控面的立体防控,严格查处车辆乱停乱放、超员载客、非法营运等景区交通乱象,切实营造方便舒适的旅游环境和安全有序的交通环境。

2. 停车场管理

旅游景区一般都设有停车场,这是旅游景区必须具备的基础设施。停车场可以根据旅游景区的交通状况进行设立,级别不同的停车场停靠的游览车辆也不同。通常,旅游景区开设大型机动旅游车停车场和小型游览车停车场。停车场要与景观环境相协调,停车场的服务应满足旅游景区的统一要求,安排交通协管员或服务人员。交通协管员或服务人员要礼貌待客,文明服务,并具备一定的交通指挥技能和知识,有安全意识,维护保管好客人的车辆。

3. 安全管理

安全管理是旅游景区交通服务管理最基本的工作。旅游景区应建立健全完善的旅游景区安全标志系统,制定严格的工作制度,对游客和工作人员进行交通安全宣传。同时,旅游景区工作人员要注意危险地段、公共场所、交通要道的交通秩序,在旅游旺季加强监视与疏导工作,以避免交通事故的发生。

任务六　景区其他辅助服务

为了给游客提供便利的游览服务,许多旅游景区在游客服务中心提供配套的便民服务,包括自助语音导览器租赁、雨伞租借、童车轮椅租借、手机或相机充电、小件物品寄存、失物招领、无线网络使用等服务。根据各旅游景区的管理制度不同,这些服务中有些是免费的,有些是有偿服务。

一、租赁服务

租赁服务具有时效性、方便性,与传统租赁模式相比,智慧景区租赁系统能够对物品进行智能化管理,不需要太多管理人员,不需要纸质票务和手动统计,所有的物品租赁、物品退还、押金缴退、营收数据统计等均可在平台上"一站式"完成,为游客提供便利的同时,也为景区带来高效、便捷、灵活、精细的运营管理体验。

景区租赁系统通过租赁物品上架、线上预订、移动核销、一键计时、自定义计费、手机退押金等数字化功能,提高了景区物品租赁管理效率,为游客提供了便捷的物品租赁体验。游客可体验自定义计费、多地点通借通还、手机缴退押金、手持设备移动检票等便捷服务。

二、寄存服务

相比于景区传统的人工寄存方式,当前,智能寄存服务更为普遍,其中,使用智能寄存柜寄存是最常见的方式。智能寄存服务可以让游客随时存取物品,为游客提供了更多便利。而且智能寄存柜存储安全,减少了物品被盗或遗失的风险,可提升游客的旅游体验安全感。便捷的配套智能寄存服务关注游客需求,为游客提供个性化、多样化服务,提高了管理效率,有利于提升景区品牌形象和美誉度。

三、广播服务

旅游景区内一般都设有大型旅游景区广播系统,用于播放背景音乐、寻人寻物、宣传旅游安全知识、发布或转播各种新闻消息。广播系统能够在景区管理办公室、门卫室等处设置分控广播,各部门能够根据需要进行单点或统一广播,方便旅游景区管理。

(一)背景音乐自动播放

旅游景区根据景致分为不同区域,每个区域可以播放适合该区域景致个性的乐曲,以达到自然与音乐的交融。旅游景区广播系统能够按照景区播放需要,定时或手动设置播放节目表,自动播放。

(二)临时广播

旅游景区广播系统应具有临时广播功能,遇到紧急情况,能根据需要单独或统一播放寻人寻物、紧急疏散等信息。工作人员可任意选择一个或多个区,或进行分区切换广播,可以预录口信或播放紧急通知。

(三)消防联动报警广播

响应国家智能建设要求,景区广播系统要有自动触发报警广播功能。当景区内有火灾事故发生时,系统根据事先设置的报警模式,接收消防中心触发信号,在几秒钟内立即强切为火灾紧急广播,自动对景区火灾发生区域播放报警语音,起到及时疏散人群的作用。

旅游景区的配套服务随着景区业态的增加、游客需求的多样化,其外延会不断地扩展。景区增加配套服务的过程,应以"一切为了游客"为服务宗旨,在未来的景区服务中,服务的模式、服务的项目及服务的内容会愈加丰富和规范。

教学互动

从自身旅游体验出发,结合本部分内容,谈谈旅游中印象最深刻的景区住宿服务和购物服务,针对性地提出改进措施。

项目小结

本项目介绍了旅游景区的住宿、餐饮、娱乐、购物、交通五个方面的商业服务。景区住宿服务主要介绍了景区住宿服务概述、景区住宿服务类型和服务管理;景区餐饮服务主要介绍了景区餐饮服务概述、景区餐饮服务的基本要求和服务质量管理;景区娱乐服务主要介绍了景区娱乐服务概述、景区娱乐服务内容和景区娱乐服务设计;景区购物服务主要介绍了景区购物服务概述、景区购物商品销售、景区购物服务管理;景区交通服务主要介绍了景区交通服务类型和服务管理。

项目训练

一、知识训练

请扫描边栏二维码答题。

二、能力训练

项目实训:选择一个旅游景区,实地调研其住宿、餐饮、娱乐、购物和交通服务,进行实际运作训练,并写出总结。

项目五
旅游景区管理体制

 项目概要

景区管理体制是旅游景区组织发展的重要组成部分，旅游景区必须建立与市场经济体制相适应的旅游景区管理体制和与自身发展需求相协调的管理机制。本项目重点阐释了我国目前旅游景区管理体制的基本情况，并根据市场的发展对未来景区管理模式进行了分析。

 **学习目标**

知识目标

1. 了解目前我国旅游景区的管理体制现状；
2. 熟悉景区不同管理体制的利弊；
3. 充分了解未来旅游景区管理模式的变化。

能力目标

1. 能够正确认知我国景区管理体制机制形成的根源；
2. 具备对景区管理体制的辨识能力；
3. 具备对景区未来发展方向的预判能力。

素养目标

1. 提升学生善于审视市场的格局和眼光；
2. 培养学生积极学习和善于接受新鲜事物的职业意识。

知识导图

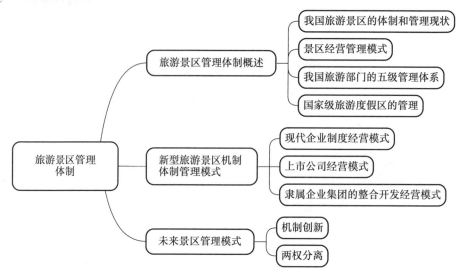

项目要点

景区所有权结构：我国当前旅游景区的所有权结构是国家所有（政府所有）、集体所有和私人所有三种所有制形式并存。

景区的五级管理体系：《旅游景区质量等级的划分与评定》（GB/T 17775—2003）规定，旅游景区质量等级划分是根据旅游景区质量等级划分条件确定旅游景区质量等级，按照《服务质量与环境质量评分细则》《景观质量评分细则》的评价得分，并结合《游客意见评分细则》的得分综合进行。旅游景区等级由高到低依次分为AAAAA、AAAA、AAA、AA、A级。

项目引入

5A级旅游景区面临"破产"，曾客流量上千万，如今却负债9亿

曾经风靡一时的野三坡景区，是多少人梦中的奇幻仙境。2010年升级为国家5A级旅游景区，游客络绎不绝。然而，这片曾经繁花似锦的土地如今却沉浸在一片荒凉的幽谷之中。究竟是怎样的原因，让野三坡景区从繁荣一步步滑向破产的深渊呢？

野三坡景区的繁荣逐渐消散，原因多种多样。首当其冲的是景区内部的运营结构和管理机制的问题，"过于用力"的经营模式导致景区的自然环境大幅破坏。门票成为景区唯一的收入来源，但高昂的门票价格和缺乏观赏性的设施，使得许多游客转而选择其他景点。

疫情使得野三坡景区几年没有什么收入，但设施维护却依旧需要大笔资

金,导致景区财政陷入深渊,最终在疫情的冲击下,野三坡被申请破产重整。

（案例来源：https://k.sina.com.cn/article_3233134660_c0b5b844019015kaa.html）

案例分析

任务一　旅游景区管理体制概述

旅游景区管理通常分为两大部分：一部分是景区的外部经营管理体制；另一部分是景区的内部经营管理制度。从外部管理来说,景区管理有企业化管理和非企业化管理两类,前者包括国有企业经营管理、民营企业经营管理、股份制企业经营管理和整体租赁经营管理,后者又分为具有行政职能的管理与不具有行政职能的管理。从内容管理来说,旅游景区管理主要是以旅游景区经营过程中的不同阶段和构成要素为对象形成的一系列的专业管理,包括旅游景区战略管理、旅游景区规划管理、旅游景区市场营销管理、旅游景区质量管理、旅游景区设施与安全管理、旅游景区环境管理、旅游景区财务管理、旅游景区人力资源管理、旅游景区信息管理等。

一、我国旅游景区的体制和管理现状

目前我国大多数旅游景区承担着多种功能,如自然保护、文物保护、科学研究、考察接待、游览观光、历史传承等。景区的经营收入绝大部分来自门票,特别是自然类和人文类的旅游景区,受限于多种因素,无法形成产业链,加上景区管理成本高、负担重,因而大多数景区经营方面难以实现价值的最大化,在一定程度上造成了资源的浪费。

我国当前旅游景区的所有权结构是国家所有（政府所有）、集体所有和私人所有三种所有制形式并存。其中数量最多的是以中央政府和地方各级人民政府所有的国有形式,这是旅游景区的主体地位的所有制形式。由于国有景区在具体管理中的多部门参与,使我国旅游景区管理存在以下突出的问题。

（一）多重目标

我国现行的行政体制,各类风景名胜资源和文物资源仍分别由建设、林草、文旅、文物等部门行使管理权,并按其科学价值、历史文化价值、美学价值和地域范围等划分为国家级、省级、县级,分别由各级相关行政主管部门管理。不同的管理部门其管理目标是不同的,例如：自然保护区关注生态保护、容量控制；古城古镇乡村旅游等社区型旅游景区关注的是社区关系、业态丰富；文保单位关心的是游客行为规范；游乐场、海洋公园等人造型旅游景区关注的是产品更新、土地综合开发。所有权上的不同也伴随着关注点的差异。国有资源的旅游景区关心的是体制改革、简政放权、政企分开；民营的旅游景区关注的是资源使用权的保护、政企合作。

（二）多头管理

我国旅游景区的类型很多,资源类型不同、所有制不同、管理部门不同,这些不同交织在一起,就出现了多种属性。例如:风景名胜区、森林公园,资源是国有的,带有公益性,又归属地管理,对利益有诉求,就存在市场性,因此我国旅游景区归属部门较多,管理部门多有交叉,这也是由我国旅游景区的特殊性决定的。

比如,国家对自然保护区实行综合管理与分部门管理相结合的管理体制。国务院环境保护行政主管部门负责全国自然保护区的综合管理。国务院林业、农业、地质矿产、水利、海洋等有关行政主管部门在各自的职责范围内,主管有关的自然保护区。县级以上地方人民政府负责自然保护区管理的部门的设置和职责,由省(自治区、直辖市)人民政府根据当地具体情况确定。

水利风景区管理机构(一般为水利工程管理单位或水资源管理单位)在水行政主管部门和流域管理机构统一领导下,负责水利风景区的建设、管理和保护工作。

不同类型景区的管理重点、经营理念、服务要求是不同的。用一个标准、一把标尺来规定和衡量这么多类型的旅游景区显然是不科学的。因此,未来的旅游景区应该是百花齐放、分类指导的。

（三）权属不清

目前我国旅游景区基本上都属于行政事业性管理,景区的经营权、所有权、管理权和监督权归同一行政部门所有,形成实际上的产权主体缺位,给景区的经营带来诸多不便。

综上所述,旅游景区管理体制目前存在的条块分割、事企不分、权责不明问题突出,旅游作为综合性产业,同时具有跨地区、跨部门、跨行业的显著特性,只有建立管理有效、运作顺畅的大旅游管理体制,才能构建大旅游、大产业、大市场的旅游新格局。

不是所有景区都归文旅部门管

2018年3月,国务院机构改革,组建自然资源部,将国土资源部的职责,住房和城乡建设部的城乡规划管理职责,水利部的水资源调查和确权登记管理职责,农业部的草原资源调查和确权登记管理职责,国家林业局的森林、湿地等资源调查和确权登记管理职责,国家海洋局的职责,国家测绘地理信息局的职责整合。

2018年9月,国家将住房和城乡建设部城乡规划管理职责划入自然资源部,原住房和城乡建设部风景名胜区、自然遗产管理职责划入国家林业和草原局(属自然资源部)。这意味着自然保护区、风景名胜区、自然遗产、地质公园、国家公园、沙漠公园(石漠公园)、湿地公园、森林公园等各类职责整合,这些旅游资源将统一由自然资源部门负责管理。

二、景区经营管理模式

从景区管理的实践来看,我国旅游景区的经营管理可归纳为以下三种模式。

(一)政府专营的管理经营模式

政府专营的管理经营模式的特点是由政府成立的机构对景区进行经营管理,实行财政统收统支,通常的表现形式有县(市)政府直管、管理局管理、乡镇管理和"分而治之"四种情况。政府专营管理经营模式最大的好处是政府可以全面协调各职能部门,整合社会资源,全面负责整个景区的规划、开发和管理,可以使景区得到快速发展;不利的是有可能没有经济自主性,加上经营管理方面由于所有者缺位,对景区保护和开发发展无法实现可持续性。

(二)租赁、承包或买断的模式

这种模式是由景区开发商或经营者采用租赁、承包或买断的方式取得一定时期内的景区开发或经营权。

这种模式的优点是景区的经营权和所有权分离,有利于开发商或经营者自主经营,最大限度地使景区资源市场化,同时也可为景区提供市场增量,一次性实现经济收入,缓解政府的财政困难。

但是,景区的价值是通过经营者的努力来实现的,在租赁、承包或买断时,以什么标准作价是一件很困难的事,很容易导致国有资源价格低估和国有资产流失,同时如果承包经营者或者买断者不懂景区经营管理,缺少对景区历史的了解,以及缺少发展的前瞻性而对景区进行掠夺性的经营开发和经营效益上的短期行为,很可能导致景区遭到严重破坏。

(三)景区托管运营发展的新模式

在如今的旅游消费市场中,游客的需求也愈加多元化,除了传统的观光、游玩,还有主题旅游、研学旅行、沉浸式互动性旅游等需求,因此,随着旅游市场的不断发展,景区的管理也日趋复杂,越来越多的景区选择托管运营的形式,交给专业团队来管理,以此实现最优化的运营模式。

随着智能化技术的不断发展,智能化、信息化的管理模式变得越来越流行,不仅能提升旅游体验感,还能大大提高景区的管理效率和安全性。越来越多的托管公司也开始推出多元化的旅游产品,以满足不同游客的需求。由此可见,旅游景区托管的出现,为景区管理带来了新的思路、方法和模式,通过市场化、专业化、智能化和多元化的发展可有效提高景区营收和游客满意度,实现景区可持续经营。

三、我国旅游部门的五级管理体系

《旅游景区质量等级的划分与评定》(GB/T 17775—2003)规定,根据旅游景区质量等级划分条件确定旅游景区质量等级,按照《服务质量与环境质量评分细则》《景观质量评分细则》的评价得分,并结合《游客意见评分细则》的得分综合进行,景区质量等级由高到低分为AAAAA、AAAA、AAA、AA和A级。经评定合格的各质量等级旅游景区由全国旅游景区质量等级评定委员会向社会统一公告,2018年机构改革后,标牌由文化和旅游部统一制作。评分内容涉及旅游交通、游览、旅游安全、卫生、邮电服务、旅游购物、综合管理、资源和环境的保护、旅游资源吸引力、市场吸引力,以及景区的国外游客年接待规模、游客满意度抽样调查结果等。

(一)范围和权限

凡在中华人民共和国境内,正式开业接待游客一年以上的旅游景区,包括风景区、文博院馆、寺庙观堂、旅游度假区、自然保护区、主题公园、森林公园、地质公园、游乐园、动物园、植物园及工业、农业、经贸、科教、军事、体育、文化艺术等各类旅游景区,均可以申请参加评定。由于旅游区质量等级是旅游区的景物质量、环境质量和服务质量的综合反映,因此,原则上只对具有独立管理和服务机构的旅游景区进行等级评定,对园中园、景中景等内部旅游地,不进行单独评定。

根据《旅游景区质量等级管理办法》,旅游景区质量等级管理工作,遵循自愿申报、分级评定、动态管理、以人为本、持续发展的原则。国务院旅游行政主管部门负责旅游景区质量等级评定标准、评定细则等的编制和修订工作,负责对全国旅游景区质量等级评定标准的实施进行管理和监督。各省(自治区、直辖市)人民政府旅游行政主管部门负责对本行政区域内旅游景区质量等级评定标准的实施进行管理和监督。旅游景区质量等级评定按国家和地方两级进行。

3A级及以下等级旅游景区由全国旅游景区质量等级评定委员会授权各省级旅游景区质量等级评定委员会负责评定,省级旅游景区评定委员会可向条件成熟的地市级旅游景区评定委员会再行授权;4A级旅游景区由省级旅游景区质量等级评定委员会推荐,全国旅游景区质量等级评定委员会组织评定;5A级旅游景区从4A级旅游景区中产生。被公告为4A级三年以上的旅游景区可申报5A级旅游景区。5A级旅游景区由省级旅游景区质量等级评定委员会推荐,全国旅游景区质量等级评定委员会组织评定。

(二)评定内容及分值

根据《旅游景区质量等级管理办法》和《旅游景区质量等级的划分与评定》(GB/T 17775—2003),评定内容及分值的细则如下。

细则一:服务质量与环境质量评分细则,包括旅游交通、游览、旅游安全、卫生、邮电服务、旅游购物、综合管理、资源和环境的保护8个评定项目,共计1000分。

细则二:景观质量评分细则,分为资源要素价值与景观市场价值两大评价项目,共计100分。每一评价项目分为若干评价因子,依据评价依据和要求对各项目赋分,最终按相应得分确定等级。

细则三：游客意见评分细则，以游客对旅游景区的综合满意度为依据，主要依据旅游景区游客意见调查表，总分为100分。

旅游景区质量等级的划分与评定分值如表5-1所示。

表5-1 旅游景区质量等级的划分与评定分值

等级	细则一	细则二	细则三
5A	950分	90分	90分
4A	850分	80分	80分
3A	750分	70分	70分
2A	600分	60分	60分
1A	500分	50分	50分

（三）质量等级复核及处理

对已经评定质量等级的旅游景区，4A级及以下等级的旅游景区复核工作主要由省级质量等级评定委员会组织和实施，复核分为年度复核和五年期满的评定性复核，年度复核采取抽查的方式，复核比例不低于10%。5A级旅游景区复核工作由全国旅游景区质量等级评定委员会负责，每年复核比例不低于10%。经复核达不到要求的，视情节给予相应处理。

经复核达不到要求的，将按以下方法作出处理。

第一，旅游景区达不到标准规定要求的，质量等级评定机构将根据具体情况，作出签发警告通知书、通报批评、降级或取消等级的处理。

第二，旅游区景区接到警告通知书、通报批评、降级或取消等级的通知后，须认真整改，并在规定期限内将整改情况上报所属等级评定机构。

第三，凡接到警告通知书不超过两次（含两次）的旅游景区，可继续保持原质量等级。接到三次警告通知书的旅游景区，质量等级评定机构将降级或取消其质量等级，并向社会公告。

第四，凡被降低、取消质量等级的旅游景区，自降低或取消等级之日起一年内不得重新申请等级。

四、国家级旅游度假区的管理

2021年正式进入大众旅游时代，从郊区乡村旅游、城市街区休闲，周末都市圈游憩、节假日的度假等到候鸟式旅居的出现，休闲度假和旅居开始快速发展。随着休闲度假需求的不断扩大，国家级旅游度假区的发展如火如荼，评定持续开展，满足了人民群众多元化、个性化的休闲度假需求。截至2023年，全国已有63家国家级旅游度假区。

2023年7月底，文化和旅游部启动了新一批国家级旅游度假区申报工作。之后，国家级旅游度假区认定工作将采取定期申报、常态化评审的方式开展。各省级文化和旅游行政部门负责本地区国家级旅游度假区申报工作,按照《国家级旅游度假区管理办法》和《旅游度假区等级划分》(GB/T 26358—2022)及相关细则要求,每年推荐上报1~2家度假区,按照程序通过基础评价的,纳入现场检查名单。

按照新版标准,细则二旅游度假区等级综合评价总分值1000分,国家级旅游度假区的达标分值为900分,主要从度假资源与环境(100分)、度假产品(350分)、度假公共服务(160分)、运营管理(230分)、市场结构与影响(100分)、生态文明与社会效益(60分)六大项,其评价标准更加注重特色度假产品、文旅融合发展、度假公共服务、运营管理体系。旅游度假区要有别于大众旅游、要有活动吸引、要有观光吸引物以外的吸引力来源,给予度假游客更大的舒适客房、更宽阔的休闲空间、更多样的娱乐活动、更优质的服务体验。

知识活页

5A级旅游景区和国家级旅游度假区的区别

1. 项目建设体系不同

5A级旅游景区侧重景区整体服务水平,国家级旅游度假区侧重度假产品建设。5A级为中国旅游景区最高等级,代表着中国世界级精品的旅游风景区等级。因而,5A级旅游景区更侧重景区的综合性的服务质量,且有具体的可量化的评价标准。5A级旅游景区在旅游交通、游览区域、旅游安全、接待能力等方面要求更高一些。

国家级旅游度假区更强调一种深度体验休闲度假,其核心在于度假产品的建设,尤其是度假酒店的建设,在国家级旅游度假区的强制指标中,明确要求至少有3个国际品牌或国际水准的度假酒店,总客房数量不低于1000间(套)。国家级旅游度假区要求的面积要远远大于5A级旅游景区,5A级旅游景区面积不小于3平方千米,而国家级旅游度假区面积不小于5平方千米。

2. 5A级旅游景区标准只涉及游客数量,国家级旅游度假区更关注游客过夜率

在5A级旅游景区的标准中,一方面要求年游客量不低于60万人次(境外游客5万人次以上),另一方面要求景区必须核定最大游客承载量,并对外公布;两个要求都只涉及游客数量。

而国家级旅游度假区,除了年游客规模不低于每天50万人,并且在游客过夜率上有详细的要求,年过夜游客的平均停留夜数不低于2.5天(是年过夜游客的平均,不是年游客的平均),过夜游客中至少有三分之一停留3夜以上或三分之二停留2夜以上,年游客平均停留夜数大于0.6夜,年过夜游客中外

省游客的比例大于80%。

3.5A级旅游景区多是资源依托型景区，盈利依靠门票收入，而国家级旅游度假区一般不设门票，主要盈利来源为度假体验

当前很多5A级旅游景区还是依靠当地突出的自然旅游资源，通过售卖门票盈利。而国家级旅游度假区一般不设门票，盈利来源为度假区内部的体验经济。一般来说，5A级旅游景区的游客数量要远远高于休闲度假区，但是休闲度假区的人均消费要高于5A级旅游景区。

4.投资规模不同

国家级旅游度假区投资规模要远远高于5A级旅游景区，因而，国家级旅游度假区的数量远远少于5A级旅游景区。对于5A级旅游景区来说，重点在于提升景区的服务建设，而对于国家级旅游度假区来说，要打造精华的休闲度假体验。

任务二 新型旅游景区机制体制管理模式

当前，国有景区正按照分类进行的原则，一部分景区（主要是红色旅游景区）被列入国家公益事业单位，免费向公众开放；其他多数国有景区已经长期由作为具有企业性质的自筹自支事业单位运营，形成了较大的经营规模，获得了良好的经济效益，今后的发展方向主要是市场化。按照这种格局，国有景区改革分化已经走到了新的"分水岭"，国有景区改革最终将形成公益化与市场化的"双轨制"。我国景区的经营体制和管理模式，在景区开发和经营管理中，走所有权与经营权分离及市场化道路势在必行，以景区为单位，打破行政分制，建立利益共享机制，在产权明晰的基础上，建立现代企业制度将是旅游景区管理机制发展的趋势。

一、现代企业制度经营模式

现代企业制度经营模式是景区以经营性资产入股，吸收其他经营成分，组成多元化经济成分的股份公司，用现代企业制度对景区进行经营。这种模式通常有以下两种方式。

（一）委托管理

景区所有者将景区委托给一家专业的景区管理公司负责经营管理，委托方负责景区的规划、投资建设、资源保护和关系协调等，并根据其管理内容、经营情况等综合因素支付给管理方适当的管理费用。

（二）合作经营

景区所有者以景区内的经营性资产评估作价，吸收其他专业景区管理机构组成经济成分多元化的公司（股份公司），用现代企业制度对旅游景区进行经营和开发。

景区采用现代企业管理模式的最大特点如下：将景区的职能管理部门与景区经营者分开，作为政府派出部门的景区管理委员会或管理局等职能管理部门只负责景区的发展规划、建设方案审批和资源保护监管。景区经营者（组建的适合现代企业制度管理的股份公司）则主要以效益最大化为目的开展景区经营活动，包括游客服务、景点维护和市场营销等。管理者职责清楚、执行有效，经营者以市场为导、效益为先，这为景区开发和景区保护提供了切实有效的制度保证，同时也能有效避免国有资源的流失。

旅游景区可以利用资本市场，通过股权转让、配股稀释、国有股回购、国有股缩股流通、股转债等方式，逐步实现景区旅游企业民营化和多元化的所有制结构。在此基础上，旅游企业将得以实现自主经营，建立起"产权明晰、权责明确、政企分开、科学管理"的现代企业制度。从实践看，现代企业制度经营景区模式有利于旅游开发和资源保护。

二、上市公司经营模式

上市公司经营模式的特点是旅游景区实行企业型治理，其经营主体是股份制上市公司。这种模式的代表性景区有黄山风景区和峨眉山风景区，景区的所有权与经营权、资源开发权与保护权完全分离。地方政府设立景区管理委员会，作为政府的派出机构，负责景区统一管理。景区的所有权代表是景区管理委员会，景区的经营权则通过交缴景区专营权费，由景区管理会直接委托给黄山旅游发展股份有限公司和峨眉山旅游股份有限公司；景区管理委员会负责旅游保护，上市公司负责资源开发利用。在这种模式中，景区通过出让部分经营权引入战略合作者或者直接上市融资，让景区充分进入市场环境进行经营，以增强景区旅游资源保护和可持续利用能力。在这一过程中，政府要做好引导和监管，对景区上市打包的资源进行把关，保护和利用好国有的有形资产和无形资产，使景区走上良性的市场化运营道路。

三、隶属企业集团的整合开发经营模式

隶属企业集团的整合开发经营模式的特点是旅游景区实行企业型治理，其经营主体是国有全资企业，但隶属当地政府的国有公司。例如，陕西华清池、华山等文物类景区隶属陕西旅游集团有限公司，这些景区均由国有旅游景区公司负责经营。在这一模式中，景区的所有权与经营权分离，但资源开发权与保护权统一。景区的所有权代表是政府，旅游经营由国有全资的景区经营企业掌管；景区经营企业既负责景区资源的开发，又负责景区资源的保护。其优势很明显，就是能够按照旅游市场的需求，全面整

合各旅游景区的资源,通过整合开发,带动景区的发展。

景区的管理模式不是一成不变的,我国很多景区都有很多优秀的经营案例,所以,景区应当根据自身的实际,科学规划和分析,寻找适合自身发展的经营模式。旅游业是一个"投资大、回报慢"的行业,在景区建设方面更是如此,对于多数景区来说,主要还要走上市场化的道路。随着旅游业态的丰富,近年来,夜游、微度假、露营等给相关景区的运营和管理带来了新的挑战,旅游景区管理体制及管理模式也随之呈现多样化发展态势,有些管理体制及经营模式与旅游产业的发展不相适应,景区管理体制改革与创新已成为旅游景区发展的迫切要求。

任务三　未来景区管理模式

在整个旅游行业中,景区始终是最基本、牵涉面最广的核心要素,数字化赋能、场景化消费、品质化体验、高频化休闲正在深刻塑造未来景区的新形态。为了适应新时代中国式现代化建设的要求、满足新阶段人们对美好生活的新期待、新需求,响应绿色旅游的国家战略,在富有文化底蕴的世界级旅游景区建设过程中,旅游景区要准确识变、科学应变、主动求变。

如今,游客对景区的选择不再仅满足于自然和人文旅游,旅游活动形式逐渐向休闲度假和体验式旅游发展,景区发展到了创意和活动互动阶段。

随着旅游业态的不断丰富,很多新型景区层出不穷,景区的管理模式以及很多国有景区的改制都处于大浪淘沙、各显神通的阶段。诸如"两权分离""景区旅游一体化""景区发展的公益化与市场化双轨制"等,都在经历景区发展实践的检验。

一、机制创新

从旅游景区管理运营体制机制来看,除事业单位性质的旅游景区外,大多数景区以市场为导向,按照现代企业制度的要求,建立健全旅游景区法人治理结构,确立旅游景区自主经营、自负盈亏、独立承担民事责任的法人主体地位,部分旅游景区通过特许经营、进行资产重组等形式开发利用旅游资源,也取得了良好的效果。

因此,要理顺景区管理体制,必须理顺景区所有权、经营权和管理权的关系,实行谁拥有景区所有权,谁就拥有景区监督管理权机制,即所有权与管理权相一致。以景区为单位,打破行政分制,建立利益共享机制及现代企业制度,明晰的产权关系、权责利的公平合理是产权制度安排的重要内容。

二、两权分离

随着景区的发展实践,旅游景区所有权和经营权的分离将会进一步深化,尤其是

他山之石

关于国有旅游景区改制的思考

旅游投资商获得的景区经营权与专业景区管理公司的有机融合，将为我国景区规范、有序地发展提供动力和契机，有助于打造更多的精品景区。同时，在治理模式方面，由行政事业管理模式向多样化治理模式转变。

当然，旅游景区所有权与经营权分离不能只是表面解决资源开发体制的束缚问题，更重要的是从实质解决旅游景区开发建设与日常经营管理中的实际问题。应当探索如何更有效地运用景区的经营权，真正将旅游景区按照企业化模式管理，市场化模式运作。

经营权与管理权分离后，专业化的管理公司可以提供从企业文化创建、管理机制创新，到完善的培训机制导入、系统化的运营管理梳理、规范化的服务理念、完整的市场化运营体系等一系列的解决方案，全面、合理、有计划地提升从业人员的综合素质，与国内外先进的旅游管理理念接轨。

因时而变、因势而变、因需而变是旅游景区永葆活力的关键。随着移动互联网和信息技术的飞速发展，数字化旅游成为旅游业务场景的新时代产物。数字化旅游不仅提高了旅游体验和旅游服务的质量，还提供了新的营销和管理手段。迭代创新是旅游景区发展的根本动力，而这种变化，不仅仅是旅游景区的产品质量、服务质量、发展质量的变化，更重要的是要不断适应主流消费人群、科学技术环境、国家战略政策的变迁，形成科学的管理机制体制，达到高质量的经营管理水平，旅游景区才能不断获得适应性、包容性的发展，在旅游供给与旅游需求动态适配过程中更好地实现平衡，在日益激烈的竞争中立于不败之地。

数字化赋能、场景化消费、品质化体验、高频化休闲正在深刻塑造未来景区的新形态。为了适应新时代中国式现代化建设的要求、满足人们对美好生活的新期待、新需求，响应绿色旅游，在富有文化底蕴的世界级旅游景区建设过程中，旅游景区要准确识变、科学应变、主动求变。

教学互动

通过本项目的学习，谈谈你对景区的管理模式的认识。

本项目介绍了旅游景区管理体制的现状，以及景区管理体制中主要存在的问题，列举了目前我国旅游景区常见的几种管理机制，同时也根据目前旅游景区市场的发展现状和旅游市场的新兴业态，对景区管理模式进行了阐述，重点强调了我国景区常用的五级管理体系和国家级旅游度假区的评定方式，景区的管理机制应该结合自身的特色和业态科学规划，只有这样，才能实现景区的有效管理和可持续发展。

项目训练

一、知识训练

请扫描边栏二维码答题。

二、能力训练

项目实训：联系当地的一家旅游景区，了解景区的管理体制，并通过走访调研来分析其管理过程中的利和弊。

扫码答题

项目六
旅游景区运营管理

 项目概要

  旅游景区是旅游业的重要板块,是旅游服务价值实现的重要部分,也是旅游体验的重要决定因素。景区运营管理水平不仅决定地区旅游发展的可持续性,也在很大程度上决定着游客的体验。景区营销手段的创新和突破,以及渠道管理、活动策划、媒体公关等都是景区运营管控的重要环节,更是景区日常管理和服务质量的重要体现。

 **学习目标**

知识目标

1. 了解景区运营在景区管理中的重要地位;
2. 熟悉市场营销、游客行为管理、危机管理及质量管理的工作内容;
3. 掌握旅游景区客流的特征及排队管理的技巧。

能力目标

1. 能够对景区运营统筹、市场营销、游客行为管理等进行相应策划;
2. 运用专业知识制定出合理方案并执行及对实施效果进行评估;
3. 能够有效引导游客的游览行为;
4. 能够对景区现场客流进行调控,提高景区的运营效率。

素养目标

1. 培养学生对行业的包容性,并树立标准意识、品牌意识、质量意识;
2. 培养学生"友善、温暖、理性"的服务情怀意识、质量意识。

项目六　旅游景区运营管理

知识导图

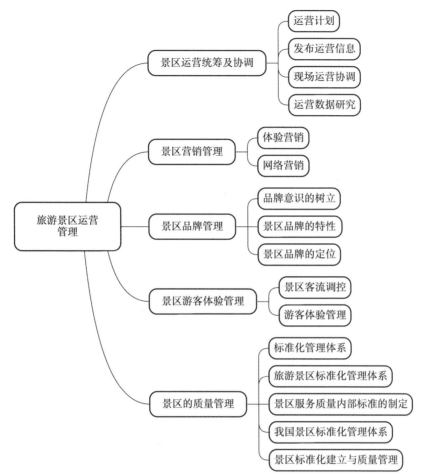

项目要点

景区运营管理：旅游景区运营管理是一个综合的服务体系，其优质的服务水平和管理水平能提高旅游景区的美誉度，是旅游景区运营管理的基本所在。通常景区运营管理包括景区的软硬件服务体系，景区基础设施是旅游景区提供旅游服务的基础，是景区运营管理的有力支撑；景区全体员工的优质服务水平是旅游景区良好运营管理的直接体现；景区的营销管理、品牌塑造、质量管理等都是景区运营管理的核心内容。

景区旅游标准化体系：旅游标准根据领域的不同、对象的不同及指导的不同，可以分为国家标准、行业标准、地方标准及企业标准等。

小马在途推进景区运营管理标准化、规范化

小马在途景区共享出行解决方案，将改善景区车辆运营管理现状，提高景区管理的精细化、智能化水平，促成精细运营、智能管理、科学运维的景区运营新局面。

景区车辆所存在的问题是显而易见的，如乱停乱放、人工管理成本高、运营管理难以全部覆盖、数据不全、游客体验不佳、传统租赁流程烦琐、投诉率高等。

一个科学、完善、有效的车辆运营管理解决方案是景区的迫切需要。停放有序、高效管理、科学运维的景区车辆运营新格局至关重要。

景区现有的三大问题：车辆类别多，流程无标准；乱停乱放，运营成本高；统计困难，缺少数据支持。

小马在途解决方案通过智能硬件、移动端、PC端的结合来帮助景区更加全面、专业、高效地运营管理景区车辆，将解决方案进一步细化为五个目标：总量控制、规范停车、智能调度、科学运维、数据分析。

一、总量监控

通过统一接口接入车辆管理后台，通过车辆管理后台对车辆数量、分布情况、骑行状态进行实时监控，并在发现异常状况时及时反馈，对景区所有车辆进行统一、高效的运营管理。

二、规范停车

利用智能硬件设备，通过GPS智能定位、电子围栏、蓝牙道钉引导游客规范停车，构建绿色、有序的景区出行环境。

根据景区车辆类型和景区内部区域情况，对不同车辆的停车区进行统一划分和监控，让景区车辆更环保、更有序地在景区内部交通中扮演公共交通接驳的角色。

三、智能调度

无车可用、车辆故障等情况在游客用车时经常出现，给景区的运营管理带来巨大的挑战，在浪费大量资源的同时，也影响着游客出行及景区内部交通管理。

景区通过车辆管理平台或者运维移动端获取各停车区域用车实时状况，实现区域用车不够时实时调度、车辆故障时实时调度处理，避免资源浪费，满足游客景区出行需求。

四、科学运维

通过景区车辆运维移动端实时监控车辆状况，及时处理故障车辆，简化景区车辆管理流程，让景区运维人员的车辆管理工作更轻松。

五、数据分析

景区车辆管理平台实时储存每一辆车的实际运营数据和营收数据,大大减少财务数据统计负担,避免传统景区数据漏洞,建立完善、良性的景区运营机制。

共享出行、资源共享、传统景区升级不再是"未来时",而是"现在进行时",景区共享出行已成为旅游景区、主题公园转型升级发展的新方向。

(资料来源:https://www.sohu.com/a/655109669_121464489,有删改)

案例分析

任务一 景区运营统筹及协调

景区运营统筹是景区为营造良好的外部经营环境而采取的一系列经营策略。它主要涉及景区的产品、销售、管理和协调,同时这几项内容也是景区运营管理的主旋律。这四大板块之间的关系如下:生产和管理是运营工作的重点,承担着将资源转化为适应市场需要的产品和服务的重担;销售是生产和管理的着眼点,一切生产和管理都必须围绕销售或市场需要来展开,是资金回笼和生产任务调整的指挥棒;而外部协调为景区生产、管理和销售创造良好的外部条件。

一、运营计划

景区运营计划一般包括三至五年的战略运营计划,以及年度计划、季度计划、月度计划甚至周计划等。根据远期和近期的运营计划,旅游景区运营中心以景区策划的全年主题活动和历年的游客量为依据,制订景区全年的运营计划,并按计划推出阶段性运营方案。一般要求在各主要活动前进行运营沟通,收集相关问题并研究确定方案,统筹安排工作,在执行过程中,各部门根据应急方案或事先确定方案各司其职,保证有序运营。

(一)制定运营方案

分阶段、分时段、分主题地制定具体的运营方案,管理体系和组织架构搭建、职责和流程制定、人员配备、安全应急处置、绩效考核等都是运营方案的内容。所以具体的运营方案中应该包含"人""事""财""资源""时间"等要素,其中的"事"是较为核心的要素。在制定运营方案时,首先要明确目标,其次制定运营策略,再次确认人员安排、细节流程、争取资源,最后实施,观察数据结果反馈,及时调整。

(二)发布运营方案

运营方案确定之后,应该阶段性地面向全体部门及员工进行公布,一般运营方案会提前10天左右发布。通常情况下,黄金周期间或者大型主题活动阶段性的运营方案至少要提前10~15天发布,其他阶段性运营方案提前一周左右发布。

（三）执行运营方案

运营方案由所有涉及相关工作内容的部门执行，其他部门辅助执行，原则上应该按照既定方案执行，如需调整，由运营中心统一统筹修改审批。

（四）优化运营方案

运营方案在执行过程中，运营中心应实时关注并汇总运营项目和主题活动的接待数据及项目实施的反馈数据及调研报告，以此不断对运营方案进行优化。

二、发布运营信息

旅游景区的各项旅游信息均需要对游客进行发布，运营信息发布的准确性和及时性能考验一个景区的运营效率与水平，如果信息错误，极易产生游客投诉。景区运营信息一般分为两类：一类是景区营业时间、景区内项目活动的运营时间和运营地点、优惠政策、客流预报等常规信息；另一类是项目临时性暂停信息、活动调整、游客特殊事件、景区应急事件的处置等特殊信息。

（一）常规信息

常规信息包括景区内项目活动的运营时间和运营地点，票务政策，当日景区营业时间、项目检修、停运信息，团队人数预报、重要接待、重大节庆客流预报等。景区常规信息发布要求如表6-1所示。

表6-1　景区常规信息发布要求

信息内容	发布时间	发布平台	工作要求
景区内项目活动的运营时间	全年	官网、景区入口	各项目的运营时间及安排
票务政策	全年	官网、景区入口	全票、优惠票、团体票等各种票务政策信息
当日景区营业时间、项目检修、停运信息	开园前	官网、景区入口	（1）售票窗公示景区营业时间、项目检修、停运信息； （2）相关部门应周知的均应通知
团队人数预报、重要接待、重大节庆客流预报	提前一天	景区办公平台	（1）市场部提前一天将相关信息发送给运营中心； （2）运营中心统筹安排接待方案、支援配合方案

（二）特殊信息

如果有项目临时暂停或停运、活动时间调整、开闭园时间调整等特殊信息，责任部门须立即通知运营中心，由运营中心统一发布信息。景区特殊信息发布要求如表6-2所示。

表 6-2　景区特殊信息发布要求

信息内容	发布流程
项目暂停	（1）岗位工作人员或运营部门上报运营中心； （2）运营中心发布通知，重点通知票务接待、检票口等关键岗位，做好信息提醒； （3）各部门做好信息传达并做好游客提醒、解释工作
开闭园时间调整	（1）运营中心通知各部门； （2）各部门做好信息传达和工作安排
游客安全事件	（1）运营中心接报通知安全保卫部； （2）安全保卫部赶到现场处理
临时突发事件	（1）运营中心接报通知安全保卫部； （2）安全保卫部赶到现场处理
遭遇恶劣天气	（1）运营中心通知各部门； （2）各部门做好信息传达和工作安排

三、现场运营协调

景区运营管理的重点在于及时协调和解决现场问题的效率，景区运营水平是影响游客体验的关键，特别是在节假日等高峰期，提高接待效率、关注重点人群服务需求、提供人性化服务，快速有效地处理突发事件等，都是景区运营水平的重要体现。因此，景区运营中心应该提前部署高峰期运营接待方案，确保现场运营高效有序。

尤其是在黄金周、暑期、主题活动期，运营中心应组织相关部门召开运营协调会，提前部署运营工作。预判景区有可能出现的问题，比如客流高峰、游客分流、紧急疏散等，总结同期突发事件及预防方案，提前部署员工、硬件设施、安全管理等方面的工作，运营中心统一调度，做到有组织、有规划。

四、运营数据研究

运营数据研究是为了给运营方案的制定、优化和管理提供参考依据和建议，因此，景区运营应当建立智慧运营管理平台，构建自身的景区运营数据库，能够对景区数据进行实时分析和应用。

（一）运营数据平台

智慧化景区应通过运营数据平台，有效地整合游客的个人信息、购票信息、消费信息、游览信息及反馈信息，从而掌握景区的各项服务数据，聚焦游客需求，这有助于景区管理者及时灵活地调整景区运营方式，提高游客的游玩体验。目前景区使用的数据平台主要有以下几种。

1. 综合票务管理系统

综合票务管理系统可以整合门票预订、门票核验及退订等功能，开发自有电子商务系统,充分利用第三方电商资源,收集并利用准客户的信息资料及消费数据,为未来客户营销及景区运营提供参考,提高景区的内部运营管理的水平和效率。

2. 智能语音导游导览系统

智慧语音导游导览系统是借助互联网技术,将传统的线下导览信息(如宣传资料、纸质导览图、线路设计、项目介绍等),以及导航功能、营销功能、智能排队等功能嫁接于景区官方App平台,全方位实现导览功能,不仅方便游客游览,同时借助智慧平台的互动功能,进行游客关联信息的分析和精准营销,培养潜在客户。

3. 客流统计系统

客流统计系统是景区进行游客管理和管理景区的重要依据。景区利用辊闸、红外线、Wi-Fi探针技术等搭建客流统计系统,特别是在景区主出入口、重点区域节点等处进行客流统计,及时对工作人员的配置、人数进行预警,向公众发布景点实时客流,指导游客理性选择时段前往景区,提高景区的运营管理水平。

(二)运营数据分析应用

1. 预测游客接待量,合理分流游客

借助客流统计系统,根据入园量与入园量影响因素取值的函数关系,结合当日的天气、市场政策、经济状况、交通条件等因素的影响程度,通过收集景区各项目饱和状态、排队时长的数据和景区内游客总量、新入园游客量等数据,进行实时数据分析,作出当日游客接待量的最终预测。结合分析结果,合理分流游客,有效解决排队时间长、热门景点接待压力集中、资源破坏严重等问题。依据当日的预测数据,合理配置景区的人力、物力资源,如售票窗口、排队管理、热门景点服务等临时工作人员的安排。

2. 精确游客画像,提供精准服务

对进入景区的游客进行游客画像分析,利用大数据中心及云计算平台提供的实时数据,分析游客的偏好与需求,了解游客的消费习惯,如在餐饮、交通等方面的选择以及消费商品的喜好等,通过对游客数据的研究,匹配景区资源、环境、设施等,同时有针对性地对相关服务进行调整优化,针对特定对象,在特定时间与空间运用特定形式,选择特定内容,提供特定的精准服务。

3. 精准保护景区资源

充分发挥景区时空大数据的特点与优势,构建时空大数据获取、管理、处理、分析、应用的技术体系,特别是加强基于时空大数据的决策支持分析,识别景区资源的时空特征,以便在合适的时间和空间采取合理的保护行动,达到实时、快速、高效的资源保护目标。

运营数据研究

任务二　景区营销管理

景区营销和品牌意识是景区管理的重要内容,营销方式的创新发展,已经开始注重从传统营销方式向新媒体和体验营销转变;注重市场调研和分析,实施精准营销,尤其体验营销和网络营销,在互联网时代更加备受关注。

一、体验营销

体验营销是体验经济的产物。未来学家托夫勒在20世纪70年代预言人类的经济形态将在经历农业经济、工业经济和服务经济之后步入体验经济时代。美国经济学家约瑟夫·派恩二世和詹姆斯·吉尔摩于20世纪90年代撰写了《体验经济》一书,对体验经济的内涵、特点以及实施策略进行了深入的探讨,指出"体验就是企业以服务为舞台,以商品为道具,以消费者为中心,创造能够使消费者参与、值得消费者回忆的活动"。

体验营销是以创造、引导并满足消费者的体验需求为目标,以服务产品为舞台,以有形产品为载体,通过整合各种营销方式,营造消费者忠诚的动态过程。如今景区的很多沉浸式产品,其实就是一种体验经济,这种共同体验的运营模式,通过游客和景区的逐步贴近,实现景区自身品牌认知质量的提升,进而构筑更强的市场竞争力,获得更高的品牌溢价。旅游景区的体验营销是以满足游客的体验需求为目标,在景区景点开发参与性的活动,让游客在旅游景区体验中理性与感性并存,在参与过程中体现旅游景区产品的价值。

二、网络营销

网络营销是随着互联网进入商业应用而产生的,尤其是万维网(WWW)、电子邮件(E-mail)、搜索引擎、社交软件等得到广泛应用之后,网络营销的价值才越来越明显。网络营销是以现代营销理论为基础,借助网络、通信和数字媒体技术实现营销目标的商务活动,是由科技进步、消费者价值变革、市场竞争等综合因素促成的,是信息化社会的必然产物。随着网络时代的到来,景区营销与网络的结合将在营销方式、传播方式和技术手段上给景区插上新的"翅膀"。

(一)网络营销的概念

网络营销是基于互联网和社会关系网络,连接企业、用户及公众,向用户与公众传递有价值的信息和服务,为实现用户价值及企业营销目标所进行的规划、实施及运营管理活动。网络营销是一个以用户为核心的价值关系网络。

知识活页

20世纪90年代以来，信息技术尤其是互联网的飞速发展，给景区行业乃至整个旅游行业带来巨大影响。旅游网络广告、网上旅游、旅游网络交易、旅游网络预订和旅游网络结算等营销方式越来越普及。在此背景下，旅游企业只有改变传统经营管理理念、组织结构和经营方式，才能满足消费者不断变化的需求，一种全新的营销方式——网络营销应运而生。

网络营销是适应网络技术发展和信息技术发展的新生事物，已经成为21世纪旅游企业营销发展的必然趋势。21世纪是信息世纪、网络世纪，那么景区营销必将走向信息化与网络化。

（二）网络营销的渠道

1. 景区网站

网站是一种沟通工具，人们不仅可以通过网站来发布自己想要公开的资讯，或者利用网站来提供相关的网络服务，还可以通过网站获取自己需要的资讯或者享受网络服务。在目前景区网络营销活动中，景区网站是最基本、最重要的网络营销渠道。景区网站可以发布景区相关信息，帮助景区树立品牌形象，展示景区产品和服务，进行网上销售。

2. 搜索引擎营销

搜索引擎是方便使用者快速、简便和精确地寻找所需信息的技术工具。景区通过开通搜索引擎竞价，让用户搜索相关关键词，并点击搜索引擎上的关键词创意链接进入景区网站进一步了解所需要的信息，然后通过与在线客服沟通或直接提交页面上的表单等来实现自己的目的。景区应注意进行搜索引擎优化，在了解搜索引擎自然排名机制的基础上，使用网站内及网站外的优化手段，提高搜索引擎关键词中的网站排名，从而获得流量，进而产生直接销售或建立网络品牌。

3. 直播营销

直播是当前备受人们关注的一种营销模式。利用网红或达人来进行景区的直播，使游客能感受到现场的氛围和景区的资源，将景区美景、游乐设施、餐饮通过网络呈现出来，再加上网红或达人的现场分享，给潜在游客一种身临其境的感受。

4. 病毒式营销

病毒式营销是用户之间自发进行的、低成本的营销手段。病毒式营销并非真的以传播病毒的方式开展营销，而是通过用户的口碑宣传，信息像病毒一样传播和扩散，利用快速复制的方式传向数以千计、数以万计的受众。病毒式营销通过提供有价值的产品或服务，"让大家告诉大家"，实现"营销杠杆"的作用。病毒式营销已经成为网络营销最为独特的手段，被越来越多的商家和网站成功利用。

5. 社交平台营销

在社交平台(如小红书等),利用 UGC 功能、增强品牌认知度,利用直播功能、社区营销和小程序功能等手段来提高景区的知名度和吸引力。

6. 短视频营销

借助抖音、快手等短视频软件及微信视频号等,注册景区账号,不定期推送有关景区环境、游乐设施、节庆活动等内容,将景区展示在更多人面前。还可以邀请拥有大量粉丝、占据传播渠道优势的知名网红到景区体验游玩,将个人影响力转化为景区流量。

7. 软文营销

软文营销是指通过特定的概念诉求、以摆事实讲道理的方式使消费者走进企业设定的"思维圈",以强有力的针对性心理攻击迅速实现产品销售的文字模式和口头传播。软文广告,顾名思义,它是相对于硬性广告而言的,是由企业的市场策划人员或广告公司的文案人员负责撰写的文字广告。与硬性广告相比,软文广告的精妙之处就在于一个"软"字。等到浏览者发现正在阅读的是一篇软文广告时,已经不知不觉地掉入了被精心设计过的软文广告"陷阱"。软文营销追求的是一种春风化雨、润物无声的传播效果。

旅游景区的营销管理在景区管理中处于核心地位,通过营销策略的制定,可以发现和了解游客的需求和欲望,可以分析外部环境的动向,了解竞争者的现状和发展趋势,指导景区在产品、定价、分销、促销和服务等方面做出相应的、科学的决策。当然,除了本教材重点介绍的网络营销,还有传统的营销方式及节事活动营销方式等,景区应根据产品定位和市场细分进行精准营销。

他山之石
▼

IP 营销引爆流量时代

任务三　景区品牌管理

品牌是一种名称、术语、标记、符号或图案,或是它们的相互组合,用以识别某个销售者或某群销售者的产品或服务,并使之与竞争对手的产品或服务相区别。品牌由品牌名称和品牌标志两部分组成。品牌名称又称"品名",是品牌中可以用言语称谓的部分;品牌标志又称"品标",是品牌中可以被认出、易于记忆但不能用言语称谓的部分。

一、品牌意识的树立

"品牌"一词源于古挪威文,意为"烙印"。其最深层面就是能在消费者心中留下点什么,使商品或产品在消费者的心中占有一个特殊的位置。品牌意识亦称"品牌知名度",景区经营者必须树立品牌意识。

（一）品牌理念的树立有利于游客的识别

一个景区是否能在游客心中留下深刻的印象,对于游客来说,表现为其在不同情境下识别出该品牌的能力,包括品牌认知与品牌回忆;对于景区来说,表现为景区产品及服务能够给市场带来的反应与识别,比如,游客提及主题乐园时,会立刻想到迪士尼,想到迪士尼,就会立刻想到米老鼠和唐老鸭。品牌的识别性越强,游客在选择产品时越会想到该品牌,最终购买该品牌的可能性也越大。

(二)品牌理念的树立有利于景区产品价值的形成

品牌是一个集合概念,包括产品质量、形象、技术、功能、效用等诸多内容。品牌是产品的核心内容,在很多知名企业中,品牌被描述为"企业与消费者之间那种信任的价值资产化",品牌意识是其他营销手段所不及的,在很多发达国家市场,品牌识别已取代产品识别,成为市场选择的唯一要素。因此,景区可以将产品、服务、设施、景观等打造为品牌,成为景区产品的延伸价值。

旅游景区品牌管理的主要内容是景区品牌树立,景区品牌树立的核心是景区形象塑造。独特的旅游形象对广大游客具有强烈的亲和力,对旅游企业具有极大的震撼力和吸引力,能够给旅游景区带来巨大的经济效益和社会效益。旅游企业应突出旅游景区的形象塑造,将品牌的树立作为旅游市场开发的主要动力。

二、景区品牌的特性

景区品牌是指景区的名称、术语、标记、符号,或者是它们的组合,其目的是识别某个景区的产品或服务,并使其与竞争对手的产品和服务区别开来。旅游景区品牌具有整合性、独特性和可塑性的特点。

(一)整合性

与旅游景区的整体性相对应,旅游景区品牌是一个有机整体,是景区旅游资源、旅游产品、旅游形象等多种因素综合作用的结果,对旅游景区内多种资源的整合与提炼。

(二)独特性

旅游景区资源是不可复制、不易模仿的,这种独特性从根本上决定了旅游景区品牌的独特性。旅游景区品牌突出并强调其资源的特色和属性,通常是其景区资源属性和游览方式的直接指代,如西湖、长城、泰山、故宫、千岛湖、乐山大佛等。

(三)可塑性

与旅游景区资源的天然性相比,旅游景区品牌是人为地主动开发创造出来的。旅游景区资源是"先天"存在的,旅游景区品牌是"后天"培育得来的。旅游景区的经营管理者可以通过对旅游资源的规划与开发、对景区形象的宣传等,树立起旅游景区品牌。

品牌个性是品牌价值的集中表现,品牌核心价值是品牌定位的核心基础,成功的品牌定位可以充分体现品牌的独特个性、差异化优势,这正是品牌的核心价值所在。品牌核心价值是一个品牌的灵魂,是消费者喜欢乃至爱上一个品牌的主要力量。品牌核心价值是品牌定位中最重要的部分,它与品牌识别体系共同构成品牌的独特定位。所以品牌的定位就是为景区品牌在市场上树立一个明确的、识别性很强的、能够被认知的、有别于竞争对手的差异化标志。其目的就是在潜在游客心中占据有利的位置。

三、景区品牌的定位

品牌定位理论来源于全球顶级营销大师杰克·特劳特首创的战略定位。通过建立品牌形象,提供产品价值,建立一个与目标市场相关的品牌形象的过程和结果。因此,景区品牌定位的目的就是将产品转化为品牌,以利于潜在游客能正确认识,通过挖掘游客兴趣点,打造符合游客需求的景区形象,当游客一旦有需求时,就会想到该景区的品牌形象。

良好的品牌定位是品牌经营成功的前提,为景区企业进入市场、拓展市场起到导航的作用。如若不能有效地对景区品牌进行定位,以树立独特的、游客认同的品牌个性与形象,必然会使产品淹没在众多产品质量、性能及服务雷同的产品大潮中。品牌定位是品牌传播的客观基础,品牌传播依赖于品牌定位,没有品牌整体形象的预先设计(即品牌定位),那么,品牌传播就难免盲从而缺乏一致性。简言之,未来景区的商战将是定位战,品牌定位的胜利将是品牌制胜的法宝。

品牌的定位维度主要包括市场定位、价格定位、形象定位、地理定位、人群定位、渠道定位等,品牌定位是市场定位的核心,因此,品牌定位的过程也就是市场定位的过程,其核心是 STP,即细分(segmenting)市场,选择目标市场(targeting)和具体定位(positioning)。通过 SWOT 分析法和波特五力分析模型,我们可以对景区的资源和内外竞争环境进行调查、分析与评价,客观分析景区资源的竞合对象,从外部环境及自身的优势、劣势,以及外部的机会和威胁去评估企业目前所面临的大环境挤压,再通过市场、企业间供需竞争、产品结构关系去分析去评价。外部环境分析模型和市场供需分析模型分别如图6-1和图6-2所示。

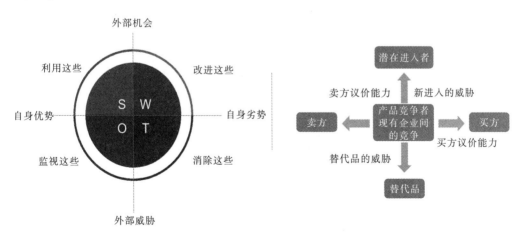

图6-1 外部环境分析模型　　　　图6-2 市场供需分析模型

只有充分了解景区资源的核心价值,全面、科学地进行资源调研与诊断,充分研究市场环境、行业特性、目标消费群、竞争者及目的地本身资源的情况,才能为品牌战略决策提供详细、准确的信息导向。

（一）定位方法

景区品牌定位是根据景区的竞争状况和产品优势确定景区产品在目标市场上的竞争优势，其目的在于创造鲜明的个性和树立独特的形象，最终赢得客源市场。准确的品牌定位是旅游景区品牌树立成功的一半。

1. 产品定位

景区品牌要立足于自身的资源优势，通过对景区资源的特色分析，从而确定景区的资源价值，由此可以提炼出景区产品的价值特色，从而确定品牌核心价值。以游客的需求为核心，不断开发能强化品牌形象、挖掘品牌潜力、表现景区品牌特色、受客源市场欢迎的产品。同时不断提高对客服务水平，立足于细微之处打造强势景区品牌。例如，成都龙泉花果山风景名胜区，利用自身"四季花不断，八节佳果香"的资源优势，推出了赏花、品果、采摘等一系列的旅游产品，颇受游客欢迎。

2. 价值定位

景区要明确游客购买其产品的核心价值诉求，了解游客购买其产品所期望获得的功能性利益和情感性利益，从中找到切中游客需求的品牌利益点，强化竞争优势，最终激发游客的购买行为。比如"不到长城非好汉"的宣传语广为流传，正是以游客的从众心理为卖点，吸引人们前往。

3. 文化定位

旅游文化是旅游景区的精髓。旅游景区要深入挖掘旅游景观的人文价值，将一种或多种文化现象作为载体，全面展示、诠释旅游景区的独特内涵。例如，成都龙泉驿区的洛带古镇，将其独特的广东会馆、江西会馆、潮广会馆和川北会馆等客家会馆作为客家文化的展示窗口，通过这里保存较好的客家方言、客家民俗和生活方式，推出了客家文化之旅。

4. 管理定位

管理定位要求旅游景区管理者从内部管理着手，建立品牌管理制度，构建品牌经营系统，对管理的每一个环节制定标准化管理制度，为游客提供完整的价值确定体系，培养游客对旅游景区品牌的忠诚度。例如，深圳华侨城在景区设施管理和景区人员管理方面取得的成果不仅为游客称道，更成为旅游业界人士研究的对象和学习的榜样。杭州宋城集团在景区品牌延伸方面取得的成功也为许多景区所借鉴。

（二）定位策略

品牌定位的重点不在于产品或企业本身，也不是去发明或发现什么了不起的事物，而是通过定位促使商品进入潜在消费者心目中。游客身处一个被众多景点品牌包围的境地，旧的印象已经很深刻，新的形象正在形成，这是进行景区品牌定位时应把握的基本特征。具体的定位策略有以下几种。

1. 领先定位

领先定位是最常用的一种定位方法,是正向思维的一种方式,即在某一方面或某一领域做到第一、最大、最强。这种定位方法对景区自身的自然资源和人文资源等条件要求较高。领先定位适用于资源或产品独特、知名度高、客流量大的景区,如泰山定位于"五岳之首",桂林定位于"山水甲天下"等。

2. 反衬定位

反衬定位就是以游客所熟知的品牌作为比照的对象,反衬出本景区品牌地位的做法。就其实质而言,是一种借势定位。运用反衬定位的景区通常具有较好的自然或人文景观,但与处于领先优势地位的第一品牌有一定差距,如我们熟知的银川定位为"塞上江南",苏州定位为"东方威尼斯"等。这种定位方式比较容易造势,能有效提高知名度。

3. 逆向定位

逆向定位这一策略,来自"逆向思维"的启发,即在定位时,一定要有反其道而思的能力。逆向定位策略可基于产品的外观、功用、价位、服务和情感等方面来展开。逆向定位强调并宣传定位对象是消费者心中第一位形象的对立面和相反面,同时开辟了一个新的易于接受的心理现象阶梯。比如,野生动物园宣称该园站在传统圈养动物方式的对立面而获得游客的青睐。

4. 空隙定位

反衬定位和逆向定位都与原有的形象存在关联,而空隙定位是从新角度出发进行立意,创造新的、鲜明的形象。旅游景区的形象定位较适合采用此种定位方式。例如,孟子的家乡——山东邹县,虽拥有众多与孟子有关的旅游资源,但该县并未按照寻常思路宣传亚圣文化,而是匠心独具地以"孟母三迁"和"断机教子"等历史文化资源大打"孟母牌",出奇制胜。

5. 重新定位

重新定位,又称再定位,指旅游景区采取重新定位的方法促使新形象替换旧形象,以在游客心中占据有利的位置。例如苏州园林,多少年来,一直以静态观赏园林的亭台楼阁、湖石古木为主,但是在新业态不断发展的今天,如果植入夜经济元素,让静态"盆景式"景观动起来,便是一种新的定位方法。

旅游景区无论选择哪种定位策略,都要把旅游业作为一种科学来对待,作为一种文化来发展,作为一种艺术来挖掘,精心谋划,确定鲜明的主题,树立新颖的形象,充分展示自身的独特性及吸引力。

(三)品牌维护

不少著名的旅游目的地其品牌一直都享誉全球,然而这并不意味着塑造强势品牌是一劳永逸的,品牌也需要不断地维护,保持品牌在游客心目中的位置,景区品牌塑造不易,因此,更应该注重品牌的维护与管理。

1. 品牌的动态管理

景区品牌构建是一个动态过程,这种动态性最大的体现就是游客的认知、态度和行动的变化。旅游景区品牌流行度曲线揭示了品牌发展不同阶段品牌沟通要求的差异,品牌构建者在品牌构建活动中应当依据各阶段游客品牌态度的不同,采取相应的品牌策略,推动品牌的发展。因此,景区品牌的生命周期通常会经历初创期、成长期、成熟期和衰退期四个阶段,不同的阶段要有不同的品牌维护策略(表6-3)。

表6-3 景区品牌的生命周期及其维护策略

阶段	游客感知	品牌维护策略
初创期	不了解	品牌定位和品牌概念的推广
成长期	对品牌的核心价值不确定	增加游客品牌感知力
成熟期	产生情感依赖,重复购买	品牌的维护与完善,延长品牌忠诚度
衰退期	影响力逐步降低	品牌更新,重新定位

景区生命周期理论

不同时期游客对旅游目的地的要求是不同的,因此,景区只有不断地为自己的品牌赋予新的内容和特色,才能常青。景区应对游客的品牌理解和态度进行检测和评估,随时掌握品牌的健康状况,定期追踪品牌的成长轨迹,以此成为品牌构建和维护重要依据,及时修正品牌的发展方向,调整品牌构建策略,促进品牌健康发展。

2. 品牌的危机管理

危机管理的实质就是品牌价值的维护与管理。旅游景区品牌自建设之初已经开始了价值的积累,随着市场变化与危机的出现,景区需要应对市场环境变更、不可抗力因素等多方面问题,使景区的品牌不至于出现严重的品牌价值扭曲、价值积累中断、行业竞争力下降甚至品牌严重缩水的不利后果。

3. 品牌扩张

(1)建立品牌结构体系。

当游客对一个景区的旅游品牌越来越熟悉,他们会主动寻找该景区更为详细的旅游信息,随着品牌在目标市场上反复出现并产生较大影响时,景区运营部就需要在保持品牌核心价值的前提下进行品牌扩张,建立子品牌,这样品牌层次就会变得越来越多元,才能保持对市场的吸引力。

(2)品牌延伸。

旅游景区品牌的理念、视觉形象等都需要其所在地的其他机构、企业和社区的支持,这样才能创造出统一的形象。景区品牌构建的目标就是要以一种同时包含目的地特征价值和可体验价值的统一方式,抓住目的地的精髓。在统一的品牌理念和视觉形象下,旅游景区品牌可以横向联合依靠旅游生存,以及构成旅游业产业边界的所有相关行业的产品和服务品牌的塑造。这样,可以极大地增强旅游景区的品牌效应,达到品牌延伸的目的。

教学互动

运用所学知识分析上海迪士尼乐园成功的原因。

任务四　景区游客体验管理

景区游客体验是指游客进入旅游景区与外部环境发生联系后所获得的各种知识、愉悦和满足感的总和。使游客获得良好的旅游体验是旅游景区游客管理的重要目标，也是旅游景区树立品牌、增加美誉度、提高游客回头率并最终获得较好经济效益的基础。

游客体验管理是指景区为了使游客在游览过程中能够获得美好体验感而采取的一系列管理方法。游客体验管理本质上是对游客行为进行管理和约束，一方面通过采取措施对游客进行有效管理、控制和引导，另一方面通过游客体验管理，达到保护景区旅游资源的目的。

游客是景区的"主角"，为游客提供好服务，使所有来景区的游客都有愉悦舒适的美好体验，是景区运营的重要内容，也是景区管理者的追求。因此，景区必须注重游客的体验管理。

一、景区客流调控

旅游景区客流简称景区客流，是指在旅游景区范围内游客的流动，是集体性的空间移动，主要包括游客的流动方向（流向）、流动速度（流速）、流动强度（流量）、流动质量（流质）。景区客流的形成是由于旅游需求的近似性，因为景区的游线限制和游客旅游需求的近似性和大众性，所以景区客流具有一定的时空特征及规律。景区客流的强度和大小及其波动程度、分布状况及其合理程度、组成结构的差异，直接关系到旅游景区运营方案的制定和游客的体验感。

（一）景区客流的时空特征

景区客流的时空特征是指景区游客接待量在时间和空间分布上是不均衡的。在时间方面，景区客流通常受季节、节假日的影响，如淡季游客较少，大量的设施设备闲置，旺季人满为患，景区资源环境承受较大的压力。即便在一天中，景区客流也会表现出明显的时段性，高峰时段会出现游客排队等待的现象，低谷时段则游客稀疏。在空间方面，景区内部游客在空间移动过程中，旅游景区出入口、高级别吸引物、主要游乐设施、表演场所、购物场所、就餐地点、游道交汇处等节点人流汇聚，特别是在旅游旺季的高峰期，这些节点会承受游客带来的超负荷压力，对于景区和游客来讲都会产生负面影响。因此，景区必须根据游客游览的时空特征，分时分段地制定相关运营方案，以便保证每一位游客良好的游览体验。

（二）景区客流管理

景区客流时空分布不平衡,给旅游景区资源环境、设施设备供给带来了压力,也给景区管理带来压力,同时也给景区埋下了一些安全隐患。景区客流管理是旅游景区现场运营管理的重要内容,景区旅游容量控制是景区运营管理的重要手段之一,可以通过景区游客总量控制、游览路线管理来进行客流管理。

1. 景区游客总量控制

在景区运营管理中,旅游容量通常体现为某一具体景区在特定经营时间段（通常为一个开放日）或者特定时间点（瞬时）所能承载的最大旅游活动规模,这通常以该时段或瞬间景区所能承载的最大游客数量来加以描述。基于此,景区游客总量控制是景区客流的定量管理。所谓定量管理是指通过限制进入时间、停留时间,控制旅游团人数、日游客接待量,或综合运用几种措施的方式限定游客数量和预停留时间,解决因过度拥挤、践踏、温湿度变化引起的旅游资源损耗。景区游客总量控制方法主要有以下几种。

（1）控制景区接待量。

凡资源导向型景区,如古迹、溶洞、森林等,可以尽可能多地通过限定合理的资源容量来限制景区日最高接待量,以减少客流过大对资源的破坏。

（2）以价格杠杆调节客流。

旅游活动时间特征,导致客流量的不均衡。在旅游淡旺季、公共假日和周末,游客量会出现变化,可以通过灵活的价格政策来调节客流,以保证景区保持较好的接待规模而不超载,如进行价格调控,旺季价格高、淡季价格低,热点价高、冷点价低,周末价高、平时价低,或者有的景区只有部分景点超载,可只针对可能超载的旅游景点进行收费,其他景点免费开放。

（3）旅游目的地联动。

旅游目的地联动,即目的地参与旅游接待的景区和其他接待单位,通过特定的组织和机制联合起来,共同应对本地区游客高峰时段的运营管理工作。通过旅游目的地联动,可以更好地整合配置区域内所有参与旅游接待单位的各类资源、设施设备和人力财力、通过搭建联动平台,各参与景区能够利用平台资源迅速补齐自身短板,更好地行使游客高峰时段的运营管理职能,在实现目的地旅游业最大效益的同时,更好地满足游客的需要,实现景区和游客共赢。

2. 游览路线管理

旅游景区游览路线设计是否科学直接影响游客的体验质量和旅游行为。科学的游览路线应该使游客付出最少的体力和经历的成本,获取最多的信息,获得最大的愉悦和满足感。

（1）降低游览成本。

为了保证游客得到高质量的旅游体验,在设计游览路线时应降低游览成本、提高体验丰富程度与质量。要降低游览成本,主要应缩短不能给游客带来太多收益的景点间转移的距离,提高游客游览收益主要应考虑增加游览路线流动中景观的差异性,为游客提供更好的观景位置和观景角度等。

（2）专业化路线设计。

根据景区的产品情况及游客的需求,设计不同的旅游路线,在满足不同游客需求的同时,有效地将游客进行分流。专业化路线的设计与丰富的市场业态结合,既符合游客的需求,又利于景区的管理。

游线设计与管理有利于调控景区内客流分布,分流热门景点的客流,减少旅游景区内的拥挤和环境压力,确保游客安全与体验质量。同时还可以满足不同游客需求,将景区内的旅游产品推广到极致。

视频

景区游客总量控制

请分享你熟悉的景区的最佳游线,并说明其设计的合理性。

二、游客体验管理

克里斯·瑞安在其著作《休闲旅游:社会科学的透视》中,将影响旅游体验的因素划分为先在因素、干涉变量、行为和结果几个因素。其中先在因素包括个性、社会等级、生活方式、家庭生命周期阶段、目的地营销和形象定位、过去的知识和经验、期望,以及动机;干涉变量包括旅游体验中的延误、舒适、便利,目的地的可进入性、性质,住宿的质量,景点的数目和活动内容的多少,以及目的地的种族特性;行为和结果要受到游客感知到的期望与实在的偏差的大小、游客与目的地居民以及同行的游客之间相互作用,游客辨别事件的真实性和虚幻性的能力,建立可以使自己获得归属感的人际关系的能力,以及游客的活动方式等因素的综合影响。

也就是说,影响游客体验质量的,不仅有景区自身景观质量的吸引力,景区设施的质量、数量及分布,景区的整洁程度,景区提供的服务水平等自身因素;也有一些难以预料的因素,如游客的期望、行为和态度,以及游客文化背景与素质等。所以景区可以通过一些科学的管理手段对游客进行行为引导、调节和控制。

（一）提升游客体验质量的措施

为了保证景区资源环境的可持续发展,保护游客人身安全、提升游客体验质量、正确引导游客行为尤其重要。景区可以通过不断提高自身的服务水平,同时提醒、管理和约束游客行为,对游客行为进行引导,使游客获得良好旅游体验。

1.提升景区服务质量

优质的旅游体验是每一位游客来景区游玩想要收获的,使游客获得良好的旅游体验是景区旅游管理的重要目标,也是景区树立品牌、扩大美誉度、提高游客的回头率并最终获得较好经济效益的基础。现代服务业特别重视服务情景中与游客面对面接触的管理，因此，景区要从内容管理和服务质量入手，通过高质量服务给游客一个愉快的体验。

2. 重点区域加强管理

影响游客旅游体验的主要因素有以下几个方面：第一，景区内游客流量过大、流速过慢等客流量引起的不适，使游客体验受到影响；第二，某些游客的不文明行为往往成为其他游客游览活动中的视觉污染，影响游兴，进而影响其他游客的体验质量。景区应对区域内的重点节点，如景区入口、网红打卡点、代表性建设景物等容易发生节点汇聚的地方加强管理。

3. 游客容量管理

游客的体验水平和对环境的负面影响程度与游客数量存在普遍的相关关系。景区应最大限度地把景区内游客数量、旅游活动强度等控制在景区生态系统的承载力范围之内。景区内的生态系统是景区可持续发展的保证，且有些景区的相当部分旅游资源具有珍稀性、不可再生性，景区自然环境具有脆弱性，一旦破坏，难以恢复，比如溶洞、石窟类景区等。因此，景区必须建立客流信息系统、预订系统，并通过价格策略调节控制游客数量。在一定程度上，这也是游客体验质量的保障。

（二）游客行为引导的必要性

游客在景区游览过程中因为追求新奇的心理、占有心理、从众心理和逆反心理等，在景区游览过程中往往会做出一些破坏景区环境、影响景观质量和影响游客身心愉悦的相关行为，统称为游客不文明旅游行为。

根据组织形式，游客可以分为散客和团队游客，游客的旅游行为不同，其引导和调控的侧重点也不同，每个游客的家庭背景、教育背景、旅行经验、个人认知度均不同，因此，只有了解游客的行为心理及行为特征，才能有针对性地进行行为引导。

1. 散客行为特征

散客旅游是人们突破团队的约束，追求个性化行为的表现，具有决策自主性、内容随机性和活动分散性的特点，散客的数量一般是10人以下，他们通常根据自己的兴趣和爱好，按照自己的意志自行决定旅游线路和内容，在景区内的活动不确定因素很多，其行为的调控与管理难度相对较大。

2. 团队游客行为特征

团队游客是由旅行社组织并安排的，按照既定的旅游线路、活动日程与内容，通常有导游带领进行一日或数日旅游，团队游客的人数一般在10人以上。团队游客的行为往往受到较多约束，旅游活动按既定路线和内容进行，游客行为在群体中相互约束、相互影响，因为有导游引导，其管理相对容易。

3. 游客不文明行为类型

游客不文明行为是指在游客在游览过程中不遵守景区有关规定的活动行为，如乱爬、乱涂、乱刻、乱画、违规拍照、违规采集、违章野炊、露营、随意给动物喂食、袭击动物、捕杀动物等。

游客在景区游览过程中随意丢弃各种废弃物、随地吐痰、在公共场所大声喧哗、插队等行为均是破坏环境、损害他人利益、妨碍他人的不文明行为，在任何文明社会里，这些行为均属违反社会公德的错误行为。另外，还应注意部分游客因对目的地的民俗禁忌不了解而出现失礼行为带来的纠纷。

十大旅游不文明行为

中央文明办、原国家旅游局公布了经归纳整理的、民众反映比较普遍的不文明行为表现具体如下。

（1）随处抛丢垃圾、废弃物，随地吐痰、擤鼻涕、吐口香糖，上厕所不冲水，不讲卫生留脏迹。

（2）无视禁烟标志，想吸就吸，污染公共空间，危害他人健康。

（3）乘坐公共交通工具时争抢拥挤，购物、参观时插队加塞，排队等候时跨越黄线。

（4）在车船、飞机、餐厅、宾馆、景点等公共场所高声接打电话、呼朋唤友、猜拳行令、扎堆吵闹。

（5）在教堂、寺庙等宗教场所嬉戏、玩笑，不尊重当地居民风俗。

（6）大庭广众之下脱去鞋袜、赤膊袒胸，把裤腿卷到膝盖以上、跷"二郎腿"，酒足饭饱后毫不掩饰地剔牙，卧室以外穿睡衣或衣冠不整，有碍观瞻。

（7）说话脏字连篇，举止粗鲁专横，遇到纠纷或不顺心的事大发脾气，恶语相向，缺乏基本社交修养。

（8）在不打折扣的店铺讨价还价，强行拉外国人拍照。

（9）涉足不良场所，参加赌博活动。

（10）不消费却长时间占据消费区域，吃自助餐时多拿浪费，离开宾馆饭店时带走非赠品，享受服务后不付小费，贪占小便宜。

（三）游客行为引导的方法

旅游景区在接待游客中，游客的不文明行为是景区引导管理的重要内容。

1.服务性引导方法

（1）设置标识提醒。

在景区内明显位置悬挂和摆放规范、美观、醒目的旅游标识——警示牌，如道路交叉口、河湖岸边、悬崖边以及有珍贵的文物、古迹等的区域，配置具有亲和力的标志性说明文字及提醒文字，达到游人自觉维护旅游秩序和环境的目的。在设计提醒警示建议的旅游标识时,建议少用命令式或指令性语气词语,如禁止吸烟、禁止乱扔废弃物、禁止投喂食品、禁止攀爬等,尽量用肯定句或祈使句来代替否定句,减少游客的对抗情绪,采用形象温馨的旅游图示引起游客注意,达到文明引领游览的目的。

(2)配置完善设施。

景区应提供各种设施、设备以防止游客不文明旅游行为的发生,如合理放置美观有趣的垃圾箱,使游客方便地处理废弃物。在自然景区内,为了提醒游客爱护环境,加强环保意识,可以给每位游客发一个垃圾袋,以便保护旅游景点的环境卫生。

(3)多渠道宣传普及。

景区通过宣传加强对游客的引导,向游客介绍景区活动类型、开放时间、场所等信息,经常性地向游客、旅游地居民公布环境质量信息及污染对健康、经济、环境的损害。

可以通过景区大屏幕实时向游客播报景区当地的温度、气象、游客在园数量、拥堵情况、景点景区开放情况、景区文明行为规范等,实时的信息可以让游客更准确地了解景区的情况;可以在官网、微博、抖音等新媒体上进行宣传,让游客了解自身的责任,以减少游客产生的投诉和对立,增强游客对景区的信任。

定期通过社会活动、社区参与等方式,加强游客的旅游法规教育,围绕旅游合同开展各种宣传教育活动。

(4)以身作则,言传身教。

景区工作人员、带队导游、志愿者等人员可对游客的行为进行引导。其一,景区可以在关键节点或区域内(如排队区域、道路节点、拥堵路段、游客不文明行为发生较多地段等)安排工作人员固定引导或巡逻监督,对游客进行引导服务。其二,景区也可以发动带队导游,对游客的行为进行引导、监督和制约。

(5)文明礼仪引导法。

景区员工在履行正常职责的过程中,要以身作则,以自己的实际行动引导游客保护景区资源和环境,遵守景区规章制度。如西安城墙景区创新文物保护、文化传承和文明引导方式,组建城墙礼仪方队"金甲武士"文明志愿服务队,将古代礼仪和传统文化融入文明劝导,加深受众印象与历史代入感,让独具历史韵味的西安文明之风以创意互动的形式体现,将文明旅游融入特色文化,让文明引导变得有趣而自然,营造了良好的文明氛围。

(6)增加参与体验旅游项目。

旅游景区在旅游活动项目的安排中可以有意识地增加与环境、景观保护有关的内容,使游客在生动有趣的活动中获得相关知识。如许多生态旅游地在游客进入景区中心部位之前,总是先通过种种形象生动的手段(如展览、讲解培训等),对游客进行生态知识、游览规范等的教育和引导,旨在唤醒游客的生态责任意识。景区通过种种措施和手段营造保护环境和景观、遵守游览规范的良好氛围,使游客时时意识到旅游景区对文明行为的倡导,从而能够约束自己的不文明旅游行为。

2. 控制性引导方法

(1)规章约束。

景区可以根据景区自身的资源特点编制游客规则,制定比较完备的规章制度,针对可能出现的各种不文明行为,尤其是对故意破坏行为加大制约力度,并配备现代智慧的监督设备如电子监控进行监督,或配备一定数量的管理人员约束游客的不文明行为,包括加强巡园、长期雇佣看护员等对违规行为实施罚款。

（2）封闭管理。

在某些人数限制的区域,可以采用封闭管理的措施,通过限制流量、规定时段开放等进行管理。限制流量是指以规定的人数进入景区,等有游客出来,其他游客再进入,限制流量达到保护景区资源的目的。规定时段开放是指根据景区资源的性质限制开放时间段。

不论是服务性引导,还是控制性引导,都是为了实现景区的可持续发展和游客的美好体验,在引导管理过程中,应以服务性引导为主、控制性引导为辅,同时景区游客引导服务必须要做好警示、示范、检查等工作,确保游客人身安全。游客来到景区游玩,最重要的是安全保障。引导游客、规范游客的旅游行为也是为了保护游客人身的安全,一旦发生安全事故,会对景区的形象产生很大的影响甚至是毁灭性的打击,也会大大降低其他游客的旅游体验质量。

知行合一
Zhixing Heyi

"你站在桥上看风景,看风景的人在楼上看你",景区里的每个人都是风景的一部分,作为旅游人,不仅自己要遵守公德,更要引导游客树立旅游公德的理念和意识。

任务五　景区的质量管理

随着经济的发展和人们闲暇时间的增多,旅游消费需求日益增多,旅游市场日趋红火。特别是国家实行新的节假日制度后,以假日旅游充当先锋的假日经济发展迅猛,有效地拉动了国民经济的增长,引起了国家和各级政府对发展旅游业的高度重视。一大批高质量、高品位、高水平的旅游景区成为中国旅游发展的生力军和国际旅游形象的重要组成部分。但是,由于旅游景区归口不一,经营管理、服务质量、设施要求没有统一的标准等,出现了许多的问题:旅游景区管理机制不适应当前形势的要求,服务意识弱,环境保护不力;资源和产品不匹配;市场定位泛化;管理不善,人员素质有待提高;可持续发展后劲不足等。这些问题不解决,将会直接影响旅游景区的市场竞争力。

一、标准化管理体系

标准是质量管理的基础,质量管理是执行标准的保证。标准化则是在实践活动中对于重复性事物与概念实施统一标准,以获得最佳秩序和效益的活动。

旅游标准化是提高旅游业整体效能，实现规范管理、科学管理的重要手段，标准化的实施，利于旅游企业的经营者和从业人员明确工作质量的标准，并能参照此标准执行和检验自己工作的完成程度。

旅游标准按照适用领域和有效范围可以分为国家标准、地方标准、行业标准和旅游标准四个级别。

国家标准是对需要在全国范围内统一的技术要求，由国务院标准化行政管理部门制定如通用术语、代号、文件格式、制图方法和互换配合等通用要求，保障人体健康和人身财产安全的技术要求，通用试验、检验方法和通用管理技术要求等。按约束力划分，国家标准可分为强制性标准、推荐性标准等。

地方标准是对没有国家标准和行业标准而又需要在某一地区范围内为满足地方自然条件、风俗习惯等特殊技术要求，由省（自治区、直辖市）标准化行政主管部门制定，并报国务院标准化行政主管部门和国务院有关行政部门备案。

行业标准是对没有国家标准又需要在全国某个行业范围内统一的技术要求，由国务院有关行政主管部门制定，并报国家标准化主管部门备案。旅游行业标准是对没有国家标准而又需要在全国旅游行业范围内统一的技术要求所制定的标准。

旅游标准是指导旅游生产、经营和服务行为的一系列规范化要求和技术规范，包括各类旅游产品的设计、制造、生产、经营和服务、维护、保养等规范。

二、旅游景区标准化管理体系

旅游景区的标准化是指以国家、地区、企业三者利益兼顾为目标，以有重复性特征的事物和概念为对象，以管理、技术和经验为依据，参照国际惯例和国际通行标准，制定和贯彻行业标准的一种有组织的活动。

服务业组织的标准体系由服务通用基础标准体系、服务保障标准体系、服务提供标准体系三大子体系组成。旅游业作为服务业的一个分支，其体系与服务业的标准体系是保持一致的。旅游业标准体系包括旅游服务通用基础标准体系、旅游服务保障标准体系、旅游服务提供标准体系。这三个子体系都不是独立的，它们之间有广泛的内在联系，缺一不可。

三、景区服务质量内部标准的制定

制定每一个项目的质量标准时都要根据实际情况，有些可以参照国家已颁发的标准以及地方上颁布的一些标准，有的需要进行反复推敲，经过实践检验才能确定。

（一）制定服务质量内部标准

旅游景区服务带有一定的规范性，因此制定服务的内部质量标准和基本流程是一件必不可少的工作。对于制定内部质量标准来说，首先必须根据旅游景区的实际情况，确定服务的主要内容，做到全面、系统，同时参照国家有关标准以及目前旅游景区服务的实际情况，制定出旅游交通、游览、卫生等硬件标准及服务态度、服务仪表、服务技巧、服务时效、综合服务等软件标准。

（二）制定服务质量标准应注意的问题

制定服务质量标准是个复杂的过程，管理者需要对客源市场进行全面而深入的调查，对旅游资源与景区环境进行客观的认识与评价，注意景区内各部门之间相互协调、与一线员工的充分沟通等，其中特别需要强调的有以下几个方面。

1. 重视市场对质量的看法

服务标准要反映市场的需要，这样才容易被游客所接受。加强对客源市场的调查，旅游景区应做好以下工作：第一，设立专门机构，配备专职人员来系统地从事客源市场的分析研究工作。第二，创建市场信息网络，收集各种市场信息。第三，把握市场对质量的看法，将收集到的各种信息及时加以分析，预测需求变化趋势，掌握游客的空间行为规律，制定符合市场需求的服务标准。第四，制定出质量标准，在小范围内进行试验，并逐步加以推进。使产品和服务能更好地满足游客的需求。第五，跟踪市场，调整服务标准。对旅游项目、服务流程、服务设施、旅游活动、人员服务等都要进行全面跟踪，对不合理的服务标准进行调整。目前，"5W2H"被人们广泛应用于服务质量管理之中，它为人们提供了工作的工具与程序，在旅游景区质量标准制定中也可将其作为市场研究的一种基本方法（图6-3）。

"5W2H"提供的研究思路如下。

What——他们感兴趣的游览活动与游乐项目是什么？他们的服务要求是什么？

Who——谁会来景区？

Why——为什么要来景区？

Where——他们在何地需要人员服务与设施服务？

When——他们在何时会产生服务需要？

How many——他们的服务需求量有多大？

How much——他们能接受的服务价格是多少？

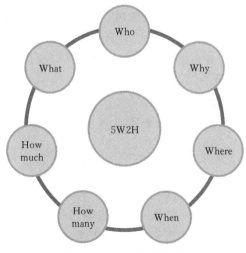

图6-3 "5W2H"研究思路

2. 信息沟通与收集，修正与完善标准

一个好的标准应该为员工所接受、能经受住市场的考验并可以及时修正。旅游景区可以通过建立内部服务质量信息管理系统，帮助管理者全面了解景区的服务质量、游客所关注的服务内容、游客对服务质量的满意度、服务人员对目前服务质量标准的态度、服务质量管理的成本与效益情况等，以促进服务质量的提高，同时保证旅游景区有关游览、服务等信息及时传递给游客。

3. 确定基本空间标准

任何一个旅游景区都应该有其适合的容量，只有在这一容量范围内，旅游景区服务的凭借——旅游资源才能得到较好的保护并被游客所观赏，景区内的游览环境才符合游客的消费需求，旅游景区服务质量才会得到认同。

4. 细化质量标准

为使服务质量标准切实可行，标准必须具体、具有可操作性。旅游景区管理者应该根据不同岗位制定出不同服务规范要求，尽量加以量化。目前许多景区对保洁人员清扫工作有明确的量化要求，一般提倡5分钟保洁法：环卫人员在自己的管辖范围必须在5分钟内将地上的垃圾清扫干净；深圳"世界之窗"首创对文艺演出进行量化考核，实行练功场、排练场、表演场"三场管理制"。当然，由于旅游景区服务产品与服务运作系统的特殊性，实行全面严格的规范化与量化存在一定的难度，但可在以下方面进行大胆尝试。

（1）服务界面的服务流程操作规范化。

在旅游景区中，通常能与游客面对面接触的服务有停车服务、票务服务、景区内交通服务、游乐项目服务、文艺演出服务、景区导游服务、购物与餐饮服务等，这些服务界面的每一个环节都需要制定规范的操作规程。

（2）服务工作内容量化测评。

每个岗位都应根据服务性质制定出可量化的测评标准。

（3）服务等候时间的量化限定。

每项服务从游客提出需求到提供服务都应该有一个时间限定，以保证服务的时效性。诸如，急救抢险服务人员应该在多长时间内到达出事地点，票务人员必须在几分钟内完成售票工作，茶座服务员必须在游客就座后几分钟内提供服务，游客投诉必须在多长时间以内予以答复等。

（4）服务人员基本素质的量化标准。

旅游景区应该对服务人员的基本素质有一个量化的要求，如学历、语言、动作、姿势、用语等。

5. 总体量化考核标准

对一些反映服务质量的主要指标进行量化。例如，武夷山风景名胜区管理委员认为"保护是前提，服务质量是生命，游客满意是根本"，在景区中导入ISO 9001质量管理体系和ISO 14001环境管理体系国际标准中，公开发布环境质量目标，比如游客满意率达90％以上、游客投诉率少于0.06％。

他山之石

呀诺达：金钥匙服务致力打造景区服务超级IP

四、我国景区标准化管理体系

在景区的标准化管理方面,我国借鉴国际标准化组织的ISO9000系列和ISO14000系列的标准,以及绿色环球21标准等国际标准,首创了《旅游景区质量等级的划分与评定》等国家标准。

(一)景区质量等级的划分与评定

根据《旅游景区质量等级管理办法》《旅游景区质量等级的划分与评定》(GB/T 17775—2003)评定细则中的有关要求,景区共分为AAAAA级、AAAA级、AAA级、AA级、A级5个质量等级,其中AAAAA级为最高等级。评选细则分为细则一"服务质量与环境质量评分细则",细则二"景观质量评分细则"和细则三"游客意见评分细则"。其中,细则一满分1000分,共分为8个大项,各大项分值为旅游交通130分、游览235分、旅游安全80分、卫生140分、邮电服务20分、旅游购物50分、综合管理200分、资源和环境的保护145分。细则二包括资源吸引力65分、市场影响力35分,满分100分。看起来复杂,但所有标准都是对旅游体验的评估,以为游客提供更优的服务而进行的分项评价。旅游景区质量等级划分与评定内容如表6-4所示。

表6-4 旅游景区质量等级划分与评定内容

细则	序号	内容项目	涉及内容
细则一	1	旅游交通	可进入性、交通设施状况、游览线路设计、交通工具等
	2	游览	游客中心设置、引导标识设计、公共信息的发放、导游员及导游词的安排、公共信息图形符号的规范、公共休息设施建设等
	3	旅游安全	应该符合相关安全标准和规定、安全设施的完备性、应急事件处置等
	4	卫生	景区环境、相关卫生标准、公共厕所的设计、垃圾箱的设置、食品卫生标准等
	5	邮电服务	有无邮政服务、通信设施的布置、通信信号强弱与便捷性
	6	旅游购物	购物场所的建设与管理、旅游商品销售从业人员素质、旅游商品丰富度等
	7	综合管理	管理机构的设立、管理制度的科学性与完整性、管理人员的综合素养、项目管理的合法性、服务管理的针对性等
	8	资源和环境的保护	空气质量、噪声环境、水环境、环境污染、景观保护、景区容量控制、设备设施的环保性能等
细则二	9	资源吸引力	观赏游憩价值、历史文化科学价值、资源数量与禀赋、资源保护状况等
	10	市场影响力	景区知名度、美誉度、辐射能力、品牌特征、接待规模等
细则三	11	游客满意度	游客满意度的抽样调查结果

自《旅游景区质量等级的划分与评定》实施以来，全国各地旅游景区积极参与国家A级旅游景区的创建工作，尤其是2003年新版标准出台后，景区管理和服务更加强调人性化，景区服务更加贴心、舒心和放心。该标准促进了我国旅游景区加快迈向保护、开发、建设、经营和管理的新高度。景区的质量等级评定工作得到了各级政府和各旅游景区的高度重视，取得了显著的成效。全国各地旅游景区在服务质量和环境质量方面都有了显著的提高，旅游景区的评定工作在一个积极的良性循环轨道上顺利进行。

（二）景区服务质量管理

1. 景区导入ISO质量管理体系

ISO9000质量标准的基本原则是以顾客为关注焦点、领导作用、全员参与、过程方法、管理的系统方法、持续改进、基于事实的决策方法、与供方的互利关系。借助ISO9000质量管理体系、卓越绩效管理体系，设定服务质量目标，控制和不断提高服务质量，有效保证质量目标的实现；提高景区的管理水平和核心竞争力，为游客提供人性化、个性化的服务；充分发挥员工能动性，创新服务措施，为游客打造良好的游乐环境；树立"游客至上、以质取胜"的服务理念，提高管理效率，有利于景区服务利润链的实现。

景区导入ISO9000的要求，和其他企业一样，必须具备以下基本条件。

第一，具备独立的法人资格或经独立的法人授权的组织。

第二，按照ISO9001的要求建立文件化的质量管理体系。

第三，已经按照文件化的管理体系运行3个月以上，并在进行认证审核前按照文件的要求进行了至少一次管理评审和内部质量体系审核。

具备以上条件的组织方可向经国家认可的认证机构申请认证。

2. "绿色环球21"标准体系

"绿色环球21"（Green Globe 21）标准体系于1992年在巴西举行的联合国环境与发展首脑会议获得通过，是涵盖旅游全球行业的全球性可持续发展标准体系，是目前全球唯一的旅游业世界性认证体系，我国于2002年10月15日签订了在中国推行"绿色环球21"可持续旅游标准体系的合作协议，其目标在于旅游景区的质量管理。

"绿色环球21"标准包括五大标准体系，即可持续旅游企业标准体系、可持续旅游社区标准体系、生态旅游标准体系、可持续设计建设标准体系和景区规划设计标准体系，这五大标准体系涵盖了旅游行业的所有对象，体系涵盖的对象可以分为四大类：旅游企业标准（针对旅行社、旅游公司、宾馆、饭店、度假村、别墅、农家乐、果园、主题公园、会展中心、科教娱乐中心、海陆空交通工具及枢纽、体育场馆）、旅游社区标准（针对旅游区、景区、市县乡镇等）、旅游设计和建设标准（针对建设中的旅游景区与设施）、生态旅游标准（针对生态旅游产品）。

知识活页

国际标准化组织

国际标准化组织(ISO)成立于1947年2月23日,其前身是国家标准化协会国际联合会和联合国标准协调委员会。1979年,国际标准化组织批准成立质量管理和质量保证技术委员会(ISO/TC176),负责制定质量管理和质量保证标准。

截至2020年8月,ISO共有165个成员国。其日常办事机构是中央秘书处,总部设在瑞士日内瓦。ISO的宗旨是在世界上促进标准化及其有关活动的发展,以便于国际物资交流和服务,并发展知识、科学、技术和经济领域中的合作。ISO通过它的2856个技术结构开展技术活动,其中技术委员会(简称SC)共611个、工作组(WG)2022个、特别工作组38个。中国国家标准化管理委员会于1978年加入ISO,在2008年10月第31届国际化标准组织大会上,中国正式成为ISO的常任理事国。

该组织自我定义为非政府组织,官方语言是英语、法语和俄语。

ISO9000是质量体系认证时依据的国际标准,该标准由国际标准化组织于1987年首次发布,根据标准的应用情况和管理技术的进步态势,1994年首次修订,2000年和2008年的再次修订,于2008年11月15日正式实施。迄今为止,已有一百多个国际标准化组织的成员国采用了ISO9000,其他的成员国和其他国家则可采取自愿的方式采用这些标准。

五、景区标准化建立与质量管理

很多景区目前缺乏有效的制度体系对服务质量进行控制,特别在旅游旺季,各种服务质量问题尤为突出,服务随意性较大,不能严格按照承诺提供,因此根据服务的质量特性,景区应通过加强标准化建设提升服务质量。

(一)优化服务质量管理制度

景区应设立专门的服务质量管理机构,专职负责日常调研、监督、测评,策划每年度的服务质量提升方案,制定服务质量检查方案,对服务质量进行现场监督与控制。

(二)建立符合景区特色的旅游服务标准体系

根据景区的自身特点和市场客群,针对服务理念、职业道德、服务态度、礼节礼貌、工作环境、知识技能等一般性的服务要求,同时根据岗位特点,制定岗位标准的服务指南。

(三)加强服务质量督导

景区应设立专门的督导机构,通过部门自检自查、督导员检查等方式,进行有效工作过程的质量控制,加强服务岗位员工对服务标准的认识,更加精准地执行服务标准,激发基层员工的工作效率和服务热情,促进景区"比学赶帮超"的良性循环机制的形成。

标准化的建立和常态化的督导,是景区基层服务管理工作的一个重要手段,通过标准化督促,指导景区所有工作人员在为游客提供服务这一完整流程中的每一环节的工作,包括软件服务及硬件品质,均达到高质量的服务水准,为各岗位之间的评价提供依据,促进景区的可持续发展。

视频
旅游景区服务质量

教学互动

针对当地的某一景区的质量管理举措,讨论景区应该如何在实践中进行服务质量管理。

项目小结

本项目主要介绍了标准化管理体系的背景及构成,重点阐述了景区标准化建设及景区质量等级的划分与评定,旅游标准化是提高旅游业整体效能,实现规范管理、科学管理的重要手段,景区必须树立标准化意识,加强质量管理体系的建立,才能高质量发展。

项目训练

知识训练
扫码答题

一、知识训练

请扫描边栏二维码答题。

二、能力训练

项目实训:九寨沟景区作为国内首家引入 ISO 管理体系的景区,于 2002 年获得 ISO9000 质量管理体系认证。2007 年,九寨沟管理局成立了标准化工作领导小组,先后编制、发布、实施了《九寨沟风景名胜区管理局标准化管理体系》(2008版),编制了《九寨沟风景名胜区管理局标准化管理体系》(2009版)。

2010 年 6 月,九寨沟管理局被国家旅游局确定为首批全国旅游标准化试点单位,《九寨沟管理局旅游标准体系》(2011版)于 2011 年 1 月 18 日正式发布,2 月 1 日起正式实施。2011 年 8 月标准化办公室正式经阿坝州机构编制委员会批准成立。

根据以上信息,查阅相关资料,试分析景区标准化建设的积极意义。

项目七
旅游景区产品管理

 项目概要

旅游景区产品是景区吸引游客、满足游客需求和愿望的最重要因素,是旅游景区的核心要素。对景区产品的开发与管理,能够让游客获得更为丰富和愉悦的旅游体验,提升景区的核心竞争力。本项目重点阐述了各类景区产品的开发,包括文创产品的开发、体验型产品的开发、非遗类产品的策划和节事活动产品的策划。

知识目标

1. 明确旅游景区产品的概念、特点及开发创新的原则;
2. 熟悉景区文创产品、体验型产品、非遗类产品、节事活动产品的特征,理解这些产品的开发对于景区发展的意义;
3. 掌握景区体验型产品、非遗类产品及节事活动产品的策划。

能力目标

1. 能够为景区开发一些体验型产品;
2. 具备一定的非遗类产品的策划能力;
3. 具备一定的景区节事活动策划与管理的能力。

素养目标

1. 培养学生的文化传承意识,树立文化自信;
2. 培养学生的创新意识和团队合作精神。

景区服务与管理

知识导图

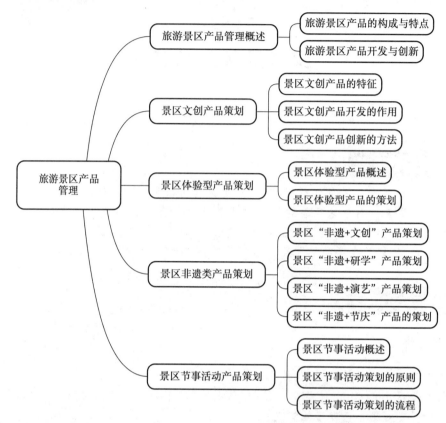

项目要点

旅游景区产品管理：旅游景区产品是指旅游景区为满足游客观光、游览、休闲、度假等需要而设计并提供的一系列有形产品和无形服务的组合。旅游景区产品管理是在熟悉产品的构成及特点的基础上进行开发与创新。

景区文创产品策划：景区文创产品作为旅游衍生品，不但是景区营收增长的重要方式，也是提升景区整体的品牌、价值和口碑的较好途径之一。开发景区文创产品时应注意重文化、有故事、顺应市场需求、新颖奇特并具有较强的体验性。

景区体验型产品策划：景区旅游体验的效果决定着游客整体旅游的质量，因此旅游产品开发必然要转向以体验为中心。景区体验型产品策划应坚持因地制宜、因人制宜、因景制宜、因时制宜的原则，从食、住、行、游、购、娱六个方面进行开发设计。

景区非遗类产品策划：非物质文化遗产是中华优秀传统文化的重要组成部分，是旅游的重要资源，有着丰富的文化内涵。景区非遗产品可以从"非遗＋文创""非遗＋

研学""非遗＋演艺""非遗＋节庆"等方面进行创新策划。

景区节事活动产品策划：旅游景区节事活动是指景区经营者依托景区内现有的资源、设施和服务，对节事资源进行精心策划、包装而产生的一种景区事件性资源产品。旅游景区举办各种类型节事活动对景区和游客都有着积极的意义。在策划节事活动时要充分做好市场调研分析、明确主题设计活动、加大营销宣传力度。

项目引入

千年皇家园林"燃"起国风潮 游客"沉浸式"体验传统文化

穿一袭汉服，游千年皇家林园，"穿越"时空与古人对话；赏一场话剧，听叔虞封唐传说，近距离感受历史文化魅力。2023年5月18日，中国最早皇家林园——晋祠游人如织，一场沉浸式的国风文化节在此上演。

当日，"国风当燃"——第四届晋祠国风文化节暨相约并州博物馆在太原晋祠博物馆开幕。与往届相比，本届文化节形式多样，内容更为丰富。为期4天的活动包括《晋韵千秋》文化表演、《唐晋之缘》话剧表演、"当燃要游园"主题国风游园、国风文化课堂、"醉"美晋祠国风打卡等。本次文化节以国风文化元素为核心，以博物馆为载体，通过精彩纷呈的展示展演和文化活动，为公众提供沉浸式的国风文化体验和国潮游乐享受。

现场，博物馆解说员化身"宋代侍女"，迈着婀娜多姿的舞步，上演《晋祠十二时辰》；数十名国风青年，身着华丽汉服，从晋祠圣母殿向观众徐徐走来，展示中华传统服饰之美；圣母殿前，50位国风青年，按照中华传统礼仪，展示晋祠礼仪文化……

"在晋祠，游客不仅能看到千年文化遗存，同时还能观赏文化表演。"太原市文物保护研究院公众服务部邱主任告诉记者，本届国风文化节亮点颇多。其中，《晋祠十二时辰》是根据圣母殿当中的侍女原型打造而成。而压轴节目汉服走秀，其服装创意来源于当地出土文物。"希望通过动静相结合的方式，全方位向游客展示中国传统文化，真正做到让文物'活'起来，让更多人能够走进博物馆。"邱主任说。

（资料来源：中国新闻网）

案例分析

任务一　旅游景区产品管理概述

旅游景区产品是指旅游景区为满足游客观光、游览、休闲、度假等需要而设计并提供的一系列有形产品和无形服务的组合。

一、旅游景区产品的构成与特点

（一）旅游景区产品的构成

旅游景区产品由旅游景区吸引物、旅游景区活动项目、旅游景区管理与服务三要素组成。

1. 旅游景区吸引物

旅游景区吸引物是景区产品的核心，是景区产品中最突出、最具有特色的部分，是景区赖以生存的对象，是景区产品开发的基础。景区吸引物可能是观赏物，如优美的自然风光、独特的人文景观等，也可能是需要游客体验和使用的设施，如游乐园中的各种游乐项目。

2. 旅游景区活动项目

旅游景区活动项目，即结合景区特色举办的常规或即时的大、中、小型盛事和游乐项目，供游客欣赏或参与。这些活动能够使游客的旅游经历更具有趣味性，有助于明确旅游服务的主题，提升景区的吸引力。

3. 旅游景区的管理与服务

景区管理与服务人员的素质、能力、工作态度、工作效率等都会影响游客对于景区的感受，在某些景区，特色服务本身已经成为一种旅游吸引物，是景区产品的重要组成部分。景区的服务体现在两方面：各种服务设施的完善程度，以及服务质量水平的高低。

（二）旅游景区产品的特性

与一般产品不同，景区产品具有如下特性。

1. 功能上的愉悦性

景区产品的使用价值表现在游客购买并消费这一产品之后，能够通过感官愉悦获得美好的感受，达到舒缓紧张、陶冶性情的目的。

2. 内容上的综合性

旅游景区产品内容的综合性首先表现为有形产品和无形服务的组合。它的形成受自然、经济、社会因素的影响，受多样化的旅游资源、旅游设施及服务的制约。景区产品是旅游景点、旅游接待设施、交通、服务等多方面的内容组合在一起来满足游客在旅游过程中的整体需求。

3. 空间上的不可转移性

景区产品固定在景区内，需要游客在旅游目的地现场消费，不能通过运输手段将其拿到游客所在地销售。由此，景区产品吸引力的大小就成为景区经营成败的关键。景区交通的方便程度、可进入性等方面都会对景区的吸引力产生影响，规范的路标、恰当的指示牌和宣传品都是景区营销的重要工具。

4. 时间上的不可储存性

同其他的旅游产品一样，景区产品不能被存储起来供未来销售。如果景区的产品没有在相应的时间内销售出去，其在这一时间内的价值就会消失，而且损失的价值永远也得不到补偿。

5. 所有权的不可转让性

景区在销售过程中，转让的仅仅是固定时间内景区产品的使用权。游客在购买景区产品时，不仅不能将产品的基本部分带走，还要承诺在使用期间保持产品的完好无损。

6. 生产与消费的同步性

景区员工直接参与产品的生产和销售，是产品的一部分。由于景区服务人员直接与游客接触，他们的态度和行为会直接影响游客对景区产品的看法与评价，同时，游客在消费过程中所提出的一些个性化要求也会影响产品的生产。

二、旅游景区产品开发与创新

（一）旅游景区产品的开发

随着旅游经济的不断发展，游客对于旅游体验的要求越来越高，旅游景区必须不断开发新的产品来应对市场需求。

景区产品开发应遵循以下原则。

1. 市场化原则

景区产品的开发要以市场需求为导向，开发产品前须进行充分的市场调查，准确预测市场的需求趋势和需求数量，设计出适销对路的旅游产品。

2. 差异化原则

差异化是产生旅游活动的根本，保持景区特色最大化是景区的生命力、竞争力所在。所以，旅游产品、旅游项目的开发应该尽量体现其唯一性、独有性，景区的各种服务设施和项目要具有自己的特色，尤其要规避小范围内资源同构，以及旅游产品的同质化。

3. 可持续性原则

景区产品的开发要以保护景区现有的旅游资源为前提，这是实现景区可持续发展的保证。如果不顾保护而盲目开发,势必会缩短景区的生命周期,这不仅会损害景区投资和经营者的利益,也会对景区周边的旅游企业和当地居民的经济利益产生影响。

4. 品牌化原则

随着旅游景区数量增多,买方市场的格局终将形成,景区竞争也会更加激烈。品牌具有强大的购买导向功能,不仅能够使潜在游客迅速地注意并记住景区,而且能够激发他们的购买欲望。因此,景区产品的开发与设计必须要注重品牌的塑造与管理。

(二)旅游景区产品的创新

旅游产品创新是指在原有旅游产品的基础上,根据市场需求变化,对资源进行创造性开发和对原有项目进行有效整合,通过变革旅游产品的形式、内容、主题、功能,达到提升景区吸引力和竞争力的目的。景区产品创新包括四种形式:开发全新的景区产品、景区产品升级、景区产品换代、景区产品改造。

景区产品创新应遵循以下原则。

1. 差异性原则

景区产品创新需要创意,创意需要追求差异,差异产生特色,特色产生吸引力,吸引力提升竞争力。景区产品的差异可以体现在功能差异化、服务差别化、价值差别化等方面。

2. 真实性原则

真实性原则要求景区产品(项目)开发设计尽量贴近景观、文化、历史的原貌。旅游的魅力在于"本土化"和"原汁原味",人造景观对创新、创意的要求更高,要规避随意的移植、盲目的模仿。

3. 协调性原则

协调性原则要求景区的旅游服务设施、景观风貌的设计,一定要强调与当地地理环境、人文历史的(地格、文脉)的协调,同时创新设计的旅游产品要与景区主题定位一致。

4. 体验性原则

体验性是体验旅游背景下旅游市场的需要。体验旅游产品强调游客的感受和体验,要求在传统观光旅游产品基础上,设计能使游客参与、体验、回忆的活动和项目。

5. 流行性原则

流行性原则要求景区在产品创新时要紧跟时代步伐,把握社会热点,符合当下市场需求,能够顺应市场需求的变化,及时调整产品主题定位,与时俱进,推陈出新。

他山之石
▼
长安十二时辰主题街区

任务二　景区文创产品策划

随着旅游的升级换代,从"食、住、行、游、购、娱"到"商、养、学、闲、情、奇",游客对于景区的文化内涵与文化体验需求不断提升。设计感十足、独具特色、承载了景区文化内涵的特色文创商品逐步走俏,在游客心中占据越来越重要的地位。文创旅游产品作为旅游衍生品,既能带动景区旅游业发展,也能扩大目的地知名度,成为一张"无声"的名片。因此,开发旅游创意商品,对景区起到了一定的积极作用。

一、景区文创产品的特征

(一)文化性

文化性是文创产品最基础、最坚实的部分,有文化内核的产品才是有灵魂的产品,只有文化底蕴深厚,才可以保持产品的竞争力。

(二)趣味性

趣味性是文化创意产品首先要体现的特点。新的游客群体具有理念超前、接受新观念迅速、思维活跃、善于打破常规等特点。因此,在文化创意产品上能够体现出有趣的特点,就能够首先吸引住消费群体的眼球,赢得市场。

(三)独特性

一件好的文化创意产品,是要通过精心设计完成的。在设计的过程中,除了要考虑实用性和趣味性,更要兼顾艺术性,既要做到构思巧妙、设计新颖独特,还要避免和其他景区的产品同质化。

(四)实用性

实用性是要让文化创意产品具备一定的实用功能。与传统的旅游纪念品不同的是,文化创意产品要具有一定的实用性。文化创意产品的意义在于它的纪念性,而纪念性主要通过观赏性和实用性体现。

二、景区文创产品开发的作用

文旅融合背景下,景区文创产品不但是景区营收增长的重要渠道,也是提升景区整体的品牌、价值和口碑的极佳途径之一。

(一)制造话题

以文化创意为核心举办的活动,不仅销售文化创意产品,也制造了足够的话题为景区吸引游客,产生口碑相传的效果。

（二）传播景区文化

各式各样的文化创意产品在设计时已将景区文化深深植入其品牌中，它们在吸引人们眼球的同时，也通过文化创意产品的销售将文化传播到全世界。

（三）带动旅游景区发展

景区文创产品具有品牌与经济双重价值与效应，不仅有利于提升景区的知名度及影响力，而且还能为景区创收。

三、景区文创产品创新的方法

（一）文创产品要重文化

一个好的景区离不开文化的植入，旅游文创产品也是如此，文化是文创产品的根本。例如，"故宫日历"曾连续多年登上文创界"爆款"榜单，既赢得了消费者和市场的广泛欢迎，创造出可观的经济效益，又对弘扬中华优秀传统文化起到了重要作用。如果景区是以历史人文风光取胜，那么旅游文创产品就应该打上这些景区特有的文化符号。

（二）文创产品要有文化故事

文化故事是文创产品最重要的"IP"，文化故事一定要与景区本身属性一致，这是一种文化内核的延展。景区文创产品的开发要挖掘景区的文化故事、特色卖点、地域特点，游客在体验景区后通过购买文创产品满足文化的归属感。不仅如此，还能把这种旅游乐趣通过文创产品带回家，分享给亲朋好友。

（三）文创产品要顺应市场

旅游的终极目的是让人心情愉悦，文创产品的设计应独具特色、创意美观，最重要的一点是要有具有亲和力，让人产生购买冲动。如故宫内养有200多只猫，每只猫都有名字，故宫文创团队针对儿童开发的栩栩如生的"故宫猫"系列玩具，售价仅十几元，非常受孩子们的喜爱。因此，在文创产品设计过程中，不仅要了解景区的游客属性与喜好，还要考虑文创产品的销量。

（四）文创产品要新颖奇特

不循老路，追求创新，不断探寻自我变革的道路，这才是文创产品立足市场的根本。文创的特质在于以"文"为根，以"创"为本。文创产品要赢得游客的喜爱，关键要靠"创"，用创意打动人、吸引人，更要用创意传播文化、传播审美价值、传播中国好声音，讲好中国故事。

（五）文创产品要系列化

因为景区文化是确定的，系列化的产品更能突出景区的主题文化。这些系列产品需要控制数量,太多运营成本太高,太少没有符号感。如北京故宫博物院将《胤禛美人图》开发成系列文创产品,有美人伞、美人帽、美人服饰、美人书签等,成为国内外游客的"抢手货"。

(六)文创产品要增强体验性

文创产品开发不能总是围绕传统零售模式运转,应注重游客体验过程,通过文创产品将游客与景区绑定,实现新用户向老用户的转变。可以设计一些能让游客深度参与体验的产品,还可以根据游客自身喜好,定制相关文创产品,让游客加深印象,愿意消费。

任务三 景区体验型产品策划

随着社会发展、人民生活水平提高,人们在消费过程中需要的不仅仅是物质上的享受,更追求精神上的满足。体验经济是一种新的经济形态并已表现出强劲的发展趋势。景区旅游体验的效果直接决定着游客整体旅游的质量。因此旅游产品开发必然要转向以体验为中心。

一、景区体验型产品概述

(一)景区体验型产品的内涵

景区体验型产品策划是指运用体验式设计这一理念,围绕游客身心体验和全方位感受,进一步完善景点、景区的建设,提升景区主题形象和吸引力,开发设计旅游产品,从而更好地满足体验经济时代游客的消费需求。

(二)景区体验型产品的特征

1. 个性化

景区体验型产品为了提升游客的体验质量,往往都是结合景区特有的自然和文化资源,力求创造符合景区特质的、独一无二的体验,以满足游客求新、求异的个性化需求。

2. 参与性

既然是体验型产品,那一定是以游客的参与为前提,让游客深度参与各类体验项目,更深层次地感受旅游消费的每一个环节,产生心灵上的共鸣,从而获得更高级更深刻的旅游体验。

3. 全过程

景区体验型产品和传统旅游产品不同,它注重的是游客在旅游全过程中的体验和享受,而不是一味追求"到此一游"的旅游结果。

二、景区体验型产品的策划

（一）景区体验型产品策划的原则

1. 因地制宜原则

体验型产品的设计要对景区地方特点进行深度勘查，根据游客的体验需求，合理利用景区资源，将民俗风情、特色文化有效融合创建场景空间，遵循场地环境的生态性和原生性，科学布置项目节点及业态，提升游客的体验。根据不同的地形地貌、资源条件，体验设计应突出当地的文化原真性、旅游趣味性、舒适性，将人工美与自然美高度统一，做到顺应自然、点染自然，带给游客异质体验和非凡感受。

2. 因人制宜原则

人与环境相互依存、相互作用的关系，是体验设计必须考虑的前提。根据不同人群在性别、心理、年龄、区域、文化等层面的差异，设计不同的体验项目和场景环境，让游客积极主动地参与其中，体会新鲜感、亲切感和满足感，这是体验旅游设计的价值所在。游客在游玩中产生情感上的共鸣，涌现出责任感、归属感和成就感，是体验设计的目的所在。从游客动机出发，满足游客游览中身体、精神上的需求，在体验中获得愉悦与满足。

3. 因景制宜原则

体验型景观游线设计的最大价值在于让游客可以不同角度发现、感受、提升景色的美，情景共振。按照美学和心理学的原理，通过科学设计和游道组织，将景区的不同的景点、景道、景面合理布局，富于变化，高低起伏，步移景异。通过设计做到有入景，入景要新奇，引人入胜；有展开，展开有惊喜，起景、前景、主景、后景亮点变换不断，惊喜不断；有高潮，高潮在兴致最浓之际有惊险、有刺激、有尖叫；有结尾，结尾应明快、响亮，留下深刻记忆，让人感到"余音绕梁，回味无穷"。

4. 因时制宜原则

立足景区全程总体游览时间，旅游服务设施也根据体验的时间间隔在游线上次序分布，以满足游客对游览舒适度的要求，游线设计中有效取舍景点，打造2小时精彩游览线，形成开始有震撼、10分钟有兴奋点、20分钟有惊喜点、30分钟有高潮点、60分钟有游憩点的精彩2小时游览。与此同时，需要根据不同季节、不同气候、白天和晚上的时效性设计打造不同的特色景观、特色体验，如夜旅游、夜景观、夜活动、夜表演等。

（二）景区体验型产品策划的步骤

1. 景区资源分析与景区环境分析

景区资源分析是体验型产品设计的首要步骤。旅游景区应对所拥有的自然资源和人文旅游资源进行全面的考察，了解主要资源类型、资源等级和资源优劣势，对重点资源和潜在优势资源进行有效、可持续的开发利用。对旅游资源的全面把握是旅游景区体验项目设计的前提。

景区环境分析主要包括区域经济环境分析、竞争环境分析、社会文化环境分析、政治环境分析等。通过对各类环境的分析,景区可结合自身的资源情况,制定SWOT(优势、劣势、机会、威胁)分析图谱,并在此基础上提出旅游景区发展的总体战略目标,从而为体验项目产品的设计提供指导思想。

2. 市场需求分析

一个成功的景区体验型产品一定是能够满足游客需求、受到游客欢迎的产品。因此,旅游景区在策划之初应充分了解游客究竟需要什么,他们为什么对这个旅游地感兴趣,策划什么样的产品才能提高他们的体验感等。对这些内容的把握正是市场需求分析所要解决的问题。

市场需求分析可以结合专家分析法和市场调查法进行。专家分析法即通过专家的评估对游客体验动力机制进行把握,全面了解游客的体验内驱力、体验需要、体验动机和体验偏好,进而总结出游客体验的一般性需求。市场调查法则形式多样,可通过游客问卷调查、旅行社访谈、网络调查等方式进行,通过相关问题的提出,把握游客的具体需求。

3. 体验主题的提炼

主题是旅游景区的灵魂和主线。鲜明的主题能够在游客参与体验时刺激他们的感官,发挥情景交融的作用,实现心灵的触动,给游客留下难忘的回忆。

景区体验型产品的主题首先必须新颖,凸显个性,避免雷同,这样才能对游客产生诱惑力。其次对于主题的思考和挖掘应更加注重人文内涵,追求风景与人文的有机结合,满足游客对自我价值的追求的愿望。最后主题必须将空间、时间和事物协调成一个不可分割的整体,并且能够在景区内进行多景点布局。

4. 活动项目的设计

景区体验型产品具有物化的体验性、习俗上的参与性和精神上的感知性,是人性化的产品,因此景区体验型产品或项目在设计时既要具有强烈的参与性,又要符合游客情趣化的需求,这样才能打动游客。景区体验型产品的开发应从广度和深度两个方面进行项目设计:景区体验型产品的广度设计是指根据不同类型游客偏好,设计不同体验项目,以满足游客的不同偏好;景区体验型产品的深度设计是根据游客参与程度策划不同的项目,引导游客通过视觉、味觉、听觉、触觉等角度感悟生活。同时,旅游景区因其自身资源类型、资源特色不同而游客参与程度也不同。观光型旅游景区进行体验项目设计时应注重视觉刺激,注重地域性和文化性;度假型景区体验项目设计应注重休闲性、舒适性和天然性;专项型旅游景区项目设计更应该突出主题性、专业性和探索性。

(三)景区体验型产品策划的方向

1. 吃

吃是人的本能,在旅行过程中,在吃上得到满足会极大地提升游客的旅行体验。美食分享与特色风景分享一样,是游客在微博、微信、点评网站分享的主要动力和内容,是口碑营销的主要传播点。特色美食一般包括特色小吃和可携带的特产,有条件的景区可以在景区周边或内部规划建设专门的以当地特色为主的美食区,没条件的也可以在旅游旺季通过举办美食文化节、民俗文化节等形式吸引游客。

2. 住

景区要为游客提供便利、舒适、有特色的住宿环境。便利是指住的地方必须是一个功能较为完备的区域,既有吃的又有玩的;舒适是基本的住宿需求;有特色是吸引游客留宿的重要因素。比如古镇的客栈,佛道文化景区的禅房、养生馆,少数民族风景区的特色民居,森林中或沙滩上的帐篷,草原的蒙古包等,结合景区或当地特色打造独特的住宿体验,让游客愿意住下来。

3. 行

景区的交通设施不局限于解决旅游的便利性,不同的交通体验本身就是景区是否"好玩"的重要评价指标。旅游景区的交通要在保证游客安全性和便捷性的同时,努力提升交通工具的体验性和趣味性。乘坐具有景区特色的观光火车、海上巴士、摇橹船、黄包车、毛驴车、滑索等,对于游客来说都是独特而新奇的体验。

4. 游

采用情景雕塑、景观故事化等手法来打造景观主题小品、内部氛围等,使之与服务内容相吻合,并使建筑物、街头小品、背景音乐、休闲旅游产品等与景区提供的旅游体验与服务结构相协调。通过策划和举办丰富多彩的节庆、会展、演艺、赛事等主题活动,增强游客的参与性与体验感,形成旅游吸引力,实现旅游景区的持续经营,增加收益。

5. 购

游客购买旅游纪念品,买的不是物质形态的商品,而是精神或情感层面的旅行体验。如果让游客参与到纪念品的设计、制作中来,纪念品对游客而言就超越了商品属性,给了游客"拥有"它的理由。比如将当地美食、酒、茶等特色产品制作过程拆分并展示出来,让游客了解特色产品的整个生产过程,并在可参与的部分让游客参与设计、制作,这种独特的旅行体验会成为珍贵的回忆,成为游客消费的理由。

6. 娱

对于旅游目的地而言,让游客住下来就意味着有更大的消费空间。那如何让游客留下来呢?除了上面提到的便利、舒适、有特色的住宿环境,还必须为游客着想,满足其娱乐休闲的需求,比如夏季的篝火晚会、文艺或民俗演出,景区周边或内部自带的温泉、养生馆、酒吧、夜市等休闲娱乐场所,让留下来的游客有丰富的娱乐生活。

任务四　景区非遗类产品策划

非物质文化遗产（intangible cultural heritage），简称非遗，是指各族人民世代相传，并视为其文化遗产组成部分的各种传统文化表现形式，以及与传统文化表现形式相关的实物和场所。非物质文化遗产是中华优秀传统文化的重要组成部分，是旅游的重要资源，丰富着旅游的文化内涵。旅游景区作为旅游的重要载体，为非遗提供了更多的应用场景，激发了非遗的生机和活力，同时非遗也能够丰富景区旅游产品，提升旅游文化内涵。

一、景区"非遗+文创"产品策划

景区"非遗+文创"产品策划主要是指旅游景区以当地的非物质文化遗产项目（技艺）为依托，以各种文创产品为形式的旅游产品策划。挖掘非物质文化遗产的创意价值，将其转化为创意资本，不仅提升了文化创意产业的竞争力，同时也赋予了非物质文化遗产新的活力。

（一）"非遗+文创"产品的类型

"非遗+文创"产品主要包括传统工艺品、文博文创产品、艺术衍生品类及影视动漫类文创。

（1）传统工艺品。这类非遗文创产品的开发就是依托传统技艺、传统美术类非遗项目，开发出具备文化性、知识性和实用性的文创商品。例如贵州丹寨锦绣谷，该景区以乡镇合作社、村寨工坊，以及系统的技能培训为途径，保护并提升苗族、侗族、瑶族、水族等民族的刺绣、蜡染、织布、造纸等传统工艺，并通过"实体店+电子商务"的方式，专注打造民族手工产品的品牌影响力，成为我国民族文创品牌的代表。图7-1、图7-2所示为苗族蜡染工艺作品。

图7-1　蜡染纹样（鸟纹）

图7-2　蜡染纹样（鱼纹）

（2）文博文创产品和艺术衍生品。这类大多是以博物馆中的经典展品为依据来开发文创产品。国内外众多博物馆都开发有自己的文创产品。例如故宫博物院的"宫廷御扇"文创系列、"千里江山"文创系列等。

（3）影视动漫类文创。非遗与影视动漫的融合是非遗普及、传播、传承及生产性保护的有效途径之一，非遗中有丰富的美术元素和设计元素，如剪纸、年画、传统雕刻等民间美术类非遗能够以动漫的形式进行表达，民间的舞蹈、传统戏剧、传统手工艺等也能够通过造型、场景、动作等动漫美术设计而呈现动漫语言。例如以国家级非遗项目《梁祝传说》为元素创作的皮影数字动画《梁祝化蝶》，以国家级非遗项目京剧为创作灵感的"戏宝萌"系列动漫文创产品等。

（二）"非遗+文创"产品的开发重点

"非遗＋文创"产品的开发可以重点关注传统图案的传承、文化内涵的延续、核心技术的保留等方面。

（1）传统图案的传承、文化内涵的延续适用于传统美术类非遗文创的开发。例如，被列入第一批国家级非物质文化遗产名录的山西中阳剪纸，以中阳当地民俗信仰、岁时节令、人生礼仪、神话传说为主要表现内容，极富传统文化内涵。这些传统图案可以被广泛应用于书签、笔记本、冰箱贴、台灯等的设计中。

（2）核心技术的保留适用于传统技艺类非遗文创的开发。例如，苗族蜡染技艺、白族扎染技艺等的文创产品开发，都可以很好地传承这些传统手工技艺。

（三）"非遗+文创"产品的开发途径

（1）使用传统的工艺材料再现作品。
（2）基于传统技艺，改进工艺及扩展功能。
（3）提炼传统图案与造型，进行功能性再造。
（4）保留核心工艺，创造不同用途的文创产品。
（5）在景区开设非遗数字化展示区，线上线下双学习渠道。

二、景区"非遗+研学"产品策划

（一）"非遗+研学"产品策划的内涵

景区"非遗＋研学"产品策划主要是筛选非遗项目中能够实现健身、健手、健脑、健心效果的项目，结合景区已有资源，打造主题性非遗研学产品。

（二）"非遗+研学"产品的主要类型

"非遗＋研学"产品的主要类型包括知识科普型、自然观赏型、体验考察型和文化康养型。

（1）知识科普型。这种类型适用于对博物馆、科技馆、主题展览、动物园、植物园、历史文化遗产等资源进行研学旅行产品开发。

(2)自然观赏型。这种类型适用于对各类江、河、湖、海、草原、沙漠等自然资源进行研学旅行产品开发。

(3)体验考察型。这种类型适用于对非遗主题馆、实践基地、夏令营营地或团队拓展基地等资源进行开发。

(4)文化康养型。这种类型适用于对各类主题公园、分散在区域内的非遗项目等资源进行产品开发。

(三)"非遗+研学"产品的开发途径

(1)借助多样化的手段,举办各类适合青少年参与的非遗项目体验活动,如传统技艺类、传统民俗类的非遗项目适用于这类开发途径。

(2)参观以传统技艺类为代表的非遗的制作过程,可以在景区内开展有地域特色的非遗项目的展示,同时进行非遗产品的售卖。

三、景区"非遗+演艺"产品策划

(一)"非遗+演艺"产品策划的内涵

"非遗+演艺"产品策划是指对非遗中以传统曲艺、传统舞蹈、传统音乐等为代表的项目,借助演艺、演出等手段进行开发和展示。

(二)"非遗+演艺"产品的主要类型

"非遗+演艺"产品策划的类型主要有山水实景类、主题剧场类、剧院类、巡游类。

(1)山水实景类演艺演出。这类演艺项目是以真实山水为演出舞台,以当地文化、民俗、民间传说为主要内容,由专业创作团队打造的演艺演出形式,适用于民间文学类、传统戏剧类、传统音乐类为代表的非遗项目。代表项目有桂林漓江景区的《印象·刘三姐》、福建武夷山景区的《印象大红袍》等。

(2)主题剧场类演艺演出。这类演艺项目是为某个演出项目建立一个主题剧场,上演由专业创作团队打造的主题性演出,适用于民间文学类、传统戏剧类、传统音乐类为代表的非遗项目。代表项目有杭州宋城景区的《宋城千古情》。

(3)剧院类演艺演出。这类演艺项目是以现有的剧院为演出场所,上演具有当地特色的演艺节目,适用于传统戏剧、传统音乐、传统体育、游艺与杂技为代表的非遗项目,如京剧、昆曲、京韵大鼓、皮影戏、吴桥杂技等。

(4)巡游类演艺演出。这类演艺项目是在景区内进行的以当地特色文化、特色民俗为内容的行进式演出,适用于传统舞蹈,传统音乐、传统体育、游艺与杂技为代表的非遗项目,如狮舞、胶州秧歌等。

(三)"非遗+演艺"产品的开发途径

(1)以传统文化元素为开发根基,结合现代化的艺术表现手段和技术,如青春版《牡丹亭》就是对古老昆曲艺术的现代化演绎。

（2）以非遗代表性项目和代表性传承人为依托组建团队，同时结合商业化的运作团队共同开发。

（3）深入发掘地方文化因子，凸显地方文化特色，如《最忆是杭州》《宋城千古情》《印象大红袍》都采用了这样的开发途径。

四、景区"非遗+节庆"产品的策划

（一）"非遗+节庆"产品策划的内涵

旅游景区以节庆活动为平台，依托当地现有的非遗文化资源，举办形式多样、内容丰富的非遗展示体验活动，通过举办大型节庆活动，不仅增加更多元化的旅游体验、全龄段的有趣玩法，让更多游客沉浸式体验非遗文化的同时，还能提高旅游景区的收入。

（二）"非遗+节庆"产品的主要类型

（1）"非遗+传统节庆"。这种类型是利用现有的传统民俗节庆，结合当地特有的非遗项目，举办各类型的非遗展示和体验活动。例如，在春节、元宵节、端午节、重阳节、中秋节、"藏历年"及"彝族年"等传统节日，各地都会举办丰富多彩的民俗节庆活动，其中大量的非遗技艺展示和体验活动成为吸引游客的亮点。

（2）"非遗+创新节庆"。这种类型是依据当地非遗项目资源类型，开发和设计新的节庆产品。例如，各地举办的非遗潮玩节、非遗文化节等，将非遗项目展示、体验及市集等内容融入节庆活动中，助力非遗文化创新"出圈"。

（三）"非遗+节庆"产品的开发途径

（1）以非遗为料，为节庆添色彩。非遗是传统节庆中的"调味剂"，传统节庆是非遗的重要展示平台。在传统节庆中加入唱大戏、耍社火、赶庙会、赛龙舟等非遗活动，能够为节日增添文化氛围，让节日充满浓厚的民俗气息。同时利用传统节庆的有利时机，举办非遗展演展示活动，努力推广普及非遗相关知识，弘扬传统文化技艺，实现非遗活态传承。

（2）以非遗为因，开创节庆新体验。旅游景区深入挖掘当地的非遗项目，依托非遗资源，开发以非遗为主要内容的节庆活动，如"非遗文化节""非遗年货节""非遗集市""非遗民俗节"等一系列的节庆产品，丰富景区旅游产品类型，吸引游客参与体验，增加景区的旅游收入。

通过不断挖掘非遗文化，全方面保护传承优秀文化，强化非遗营销，赋能旅游转型升级，实现资源竞争向文化竞争转变，通过各类"非遗+旅游"模式探索为景区产品注入全新灵魂，推动文旅融合大发展。

他山之石
▼

"非遗+旅游"案例剖析

任务五　景区节事活动产品策划

随着旅游经济的快速发展,旅游景区之间的竞争日益激烈,很多旅游资源丰富的景区开始依托自身的特色策划及创新节事活动来整合旅游资源,将节事活动与旅游资源充分结合起来,促进和推动景区的进一步发展。节事活动与旅游资源的结合有利于提高节事活动的参与性,增强游客的体验感。同时,节事活动也可以缓解景区淡旺季差距、人流分布差异、缓解部分景点压力。景区举办节事活动可以让静态的旅游变成动态性的体验式旅游,游客不仅观美景、吃美食,更多地能参与其中,更加深层次地了解景区,增强景区品牌效应。

一、景区节事活动概述

(一)景区节事活动的含义

"节事"一词来自英文的"event",有"事件、活动、节庆"等多方面的含义。节事活动是一种特殊的旅游形式,是指以各种节日、盛事的庆祝和举办为内容的专项旅游产品。节事包括各类旅游节日、庆典、各种特色文化、各类文体赛事等。

景区节事活动是指景区经营者依托景区内现有的资源、设施和服务,对节事资源进行精心策划、包装而产生的一种景区事件性资源产品。也可以理解为旅游景区以节日和特殊事件为依托,吸引游客关注和消费的一种旅游品牌传播活动。景区节事活动包含了对节庆、赛事、特殊事件以及各类有意义的旅游活动的调研、策划、推广、实施以及组织和管理。

(二)景区节事活动的类型

旅游景区常见的节事活动类型主要有以下五种。

1. 以自然景观展示为主题的节事活动

这类节事活动是指景区依托富有特色的、能体现景区形象的自然旅游资源开展的节事活动。这类节事活动一般要求景区拥有具有特色的或知名度、美誉度较高的自然景观资源,如中国国际钱塘江观潮节、北京香山红叶节、哈尔滨国际冰雪节等。

2. 以文化艺术为主题的节事活动

这类节事活动是指景区依托当地的历史文化、地域文化、名人文化、典型艺术文化、艺术事件等展开策划的节事活动,如九色甘南香巴拉旅游艺术节作为甘南州最盛大的民俗节庆,其美轮美奂的文艺汇演和声势浩大的马队表演等,不仅吸引着周边群众每年如期赴约,而且也吸引着全国各地的旅游者前来此地参观体验。

3. 以体育比赛为主题的节事活动

这类节事活动要求景区要有一定的适合开发体育赛事的资源,如山东泰山的登山比赛、贵州大明边城中国传统龙舟大赛及各景区举办的马拉松比赛、骑行比赛、登山比赛等。

4. 以地方特色物产为主题的节事活动

这类节事活动主要依托地方特色商品和著名土特产的展示、交流而展开。例如,世界文化与自然双重遗产地武夷山是中国乌龙茶的故乡,当地武夷岩茶历史悠久,其中尤以大红袍最为名贵,武夷山依托"武夷岩茶"这个特色地方产品,举办了以"世界遗产地、万古山水茶"为主题的武夷山茶文化节。

5. 以宗教仪式或庆典为主题的节事活动

这类节事活动要求景区要有独具特色的宗教旅游资源或深厚的文化底蕴。例如,福建湄洲岛的"妈祖文化"在国内外均有较高的认同度,湄洲岛景区适宜举办"妈祖文化旅游节"等活动。再如,山西洪洞大槐树景区举办的寻根祭祖大典,是洪洞大槐树寻根祭祖园旅游景区在每年清明节前后举办的大型文化活动,来自全国十多个省市的大槐树移民后裔代表及社会各界人士近万人齐聚一堂,共同祭奠大槐树移民先祖。

(三)景区节事活动的意义

下面分别从旅游景区和游客两个角度来分析节事活动的意义。

1. 从旅游景区角度

(1)树立景区形象,迅速提升景区知名度。旅游景区节事活动是景区创新策划、包装、推广的旅游产品,成功的节事活动主题或口号,甚至能成为景区形象的代名词。借助景区节事活动的宣传和推广,可以加深公众对景区的了解,树立景区的形象,提升旅游景区的吸引力和知名度。

(2)开发景区新产品,创造新卖点。景区旅游吸引物有静态与动态之分。景区之间静态吸引物往往大同小异,要想有特色,更多地需要在动态吸引物上下功夫,节事活动就属于动态吸引物的范畴。景区经营者可通过优化资源组合,打造出符合景区特征的节事旅游产品,创造出新的旅游卖点,从而实现景区新产品的开发及市场的拓展。

(3)削弱季节差异,平衡景区淡旺季销售。旅游业具有明显的季节性特征,旅游景区因其所处的地理位置和资源特色等不同,存在明显的淡季和旺季。而节事活动的举办受季节的影响较小,旅游景区可以在恰当的时间通过精心策划的节事活动来开发新的卖点,利用节事活动积聚大量游客,从而在一定程度上缓解淡季和旺季的落差,平衡景区销售的时间分布。

2. 从游客的角度

(1)节事活动为游客提供形式多样、内容丰富的特色活动,能使游客全方位地了解景区的旅游资源,同时游客可亲自参与到活动之中,感受节庆活动的氛围,形成独特的感受,从而增加体验感和互动感。

（2）节事活动是景区的增值服务之一，可以满足游客更高的旅游需求。对于旅游景区而言，其拥有的自然资源对消费者的吸引力是存在上限的，这个极限值很容易达到，而景区的特色节事活动符合现代游客对新时代旅游的更高要求，能够满足游客追求独特新颖、追求与众不同、追求小众的旅游动机，满足游客本身的个性化需求。

（3）相对于旅游景区的自然风光及其他传统吸引要素，游客从节事活动中所感受到的感官记忆是无极限的、是不易甚至是不会达到饱和的，不同的游客由于角度不同、自我生活经历不同，或是在参加节事活动时的状态不同，都会在节事活动中获取不同的信息，产生不同的感觉，所留下的记忆感受也是不同的。

知行合一
Zhixing Heyi

通过多样化的节事活动产品策划，满足游客日益增长的美好生活需要，提升游客的参与感、获得感和幸福感。

二、景区节事活动策划的原则

景区节事活动策划是指在把握市场需求和动机，掌握相关产品开发状况和竞争态势的基础上，整合系列节事活动、旅游吸引物、旅游设施和旅游服务，按照一定的原则和方法，深度开发、主题提炼、整体运作，进行系统而全面的构思，以达到预期目的的综合性创新活动。旅游节事策划，特别是大型旅游节事策划，是一项涉及面广、全方位、多角度的系统工程。

（一）文化性原则

节事是一种文化的表达方式，既有娱乐或休闲的成分，又昭示当地特有的生活方式与文化取向。文化是旅游节事策划的核心和灵魂，旅游节事策划必须依据文化要素进行，具有明确的文化主题和浓郁的文化色彩。

（二）市场化原则

旅游节事策划的市场化原则包含了两层含义：一方面，市场需要什么，策划提供什么，即以现有市场需求为导向，策划适应市场需求的旅游节事产品；另一方面，策划提供什么，市场就需要什么，即在准确调查分析现有市场需求及其发展趋势的基础上，挖掘消费亮点，引导潜在需求转化为现实需要，创造出引领市场潮流的旅游节事活动。

（三）大众化原则

吸引大众参与，聚集人气，使节事活动成为长久的旅游吸引物，促进旅游业的发展，是举办旅游节事活动的重要目的，这要求旅游节事活动策划遵循大众化原则。要实现旅游节事活动的大众化，首先要明确游客在节事活动中扮演的角色。按游客参与活动的程度可分为三类：被动参与者、中间类型者、主动参与者。旅游节事活动的大众化,就是通过设计更多、更好的活动项目,来扩大中间类型者、主动参与者的数量,增加被动参与者、中间类型者向主动参与者的转变。

(四)特色化原则

要扩大旅游节事活动的影响力,吸引更多的游客让其成为旅游节事的忠实拥护者、参与者,必须突出节事活动的区域特殊性和个体性,明确特色。旅游节事活动特色来源于以下两个方面。

1. 个性

节事活动策划应利用景区的特殊资源,开发出具有个性和特色的节事活动,突出本景区的鲜明个性与魅力。

2. 创新

节事活动策划的创新,要做到求新、求异、求变,既可以是节事活动概念、节庆主题、活动理念、活动内容、活动形式、举办体制的创新;也可以是标新立异、异想天开,找到或创造与众不同的新内容。

(五)系统化原则

旅游节事活动策划是一项涉及面广、全方位、多角度的系统工程。旅游节事活动中各个环节的策划都涉及一系列旅游吸引物、旅游设施、旅游服务等资源的整合安排,牵涉政府、企业、景区、社区等多个部门的参与和合作。因此,旅游节事活动必须遵循系统化原则,即围绕节事主题,统筹安排旅游节事活动的各项活动和服务,确保各个环节、各部门之间既有独立的分工,又能相互协作。

(六)可行性原则

旅游节事活动策划是一个综合性的活动,涉及的范围非常广,因此在考虑策划方案时,必须考虑可行性。在旅游节事活动策划的最初阶段,可以大胆想象,但在策划成型的阶段,需要小心求证,对策划能否实施这一问题进行详尽的分析。从实际情况出发,具体活动、举办时间、范围规模等内容的确定都要符合景区实际,在确保活动的内容和形式具有前瞻性和吸引力的同时,要充分考虑旅游景区的实力与承受能力。

(七)可持续性原则

资源和环境是旅游节事活动可持续性发展的重要条件。旅游节事活动策划应兼顾社会效益、经济效益、文化效益和生态效益,既有利于旅游节事活动发展成连续的或周期性的系列活动,又有利于旅游景区的可持续发展。

三、景区节事活动策划的流程

(一)市场调研分析

旅游节事活动能否成功举办,以及能否持续成功举办,需要节事活动策划者深入市场调查,确定目标受众,了解目标受众的需求,结合自身条件和可创造的条件,从主题、内容、节庆活动设计、消费水平等方面进行有针对性的策划,以确保节事活动受到游客的喜爱,以实现预期的经济效益,并获得良好的口碑。

在市场调研的过程中,首先,要分析景区现有的各类旅游资源,找出活动举办区域的优势和劣势,然后避重就轻、扬长避短地利用现有的旅游资源;其次,要对目标受众进行分析,研究目标受众的真正需求,景区营销人员可以通过问卷调查、电话咨询等方式,了解游客的真正需求,分析细分市场的购买意愿,并依此进行活动的策划。最后,要顺应时代发展需要,把握市场脉搏,调查分析市场需求及发展趋势,策划设计出能适应、引导、创造消费需求的旅游节事活动主题。

(二)节事活动策划

1. 确立主题,统筹策划

明确主题是旅游节事活动策划的核心,而其是否具有特色则是产生吸引力的关键。主题的确立首先要结合自身现有资源,如风光特色,产品特色,文化特色等确定主题。有了主题,节事活动的策划才会目的明确,层次分明。围绕主题进行统筹策划,展开一系列的相关活动,从各个方面加深游客对主题的感受,能让节事活动长远发展。其中标志性活动的设计要紧扣主题,具有眼球刺激性和体验性,以此树立活动的品牌效应,成为景区节事活动的领头羊,而系列活动作为标志性活动的补充和辅佐,要注意彼此之间的连贯性和一致性,真正起到突出主题、相辅相成的作用。

2. 重视体验,调动情绪

体验经济时代的到来使得"体验"观念深入人心,旅游产品所具有的体验价值已成为游客所关注的焦点,对于不同的感知主体,客观事物的价值存在着较大的差异性,客观存在和主观感知构成了价值研究的核心问题。因此,节事活动策划要结合这一特点,满足人们的求新、求异、求奇、求知的体验。旅游节事活动主要满足人们的娱乐体验,除了营造轻松祥和的氛围,还要植入可以带动游客兴奋的因素,增添一些惊险和刺激项目,增设一些竞争环节。

3. 树立形象,打造品牌

旅游节事活动的形象是指游客及其他旅游节事活动参与者对节事活动整体的印象与评价。树立鲜明的节事活动旅游形象应注意以下几点。

(1)特色突出、个性鲜明、通俗易懂的节事活动名称是树立形象的第一步。

(2)标识是用符号、图案、颜色等视觉方式来表达品牌形象的重要载体。

(3)主题口号能够为旅游节事活动造势。

(4)细节决定成败,旅游节事活动整体形象的塑造离不开对细节的关注和打造。

旅游节事活动品牌是指那些知名度高,具有广泛客源市场、完善的经营管理体制,活动内容丰富多彩,规模较大,举办日期较为固定,有持续办节的传统和旅游吸引力,并能产生一定的经济、社会、文化效益的旅游节事活动。旅游景区要在结合当地的文化内涵的基础上,打造属于自己的品牌形象。品牌是唯一的、独特的,节事活动的影响

他山之石
▶

哈尔滨冰雪节推出七大主题产品百项活动邀您乐享"冰雪趣"

力能将一般产品提升为品牌产品,即节事产品化、节事品牌化,景区知名度也自然大大提高了。

(三)节事活动营销

旅游景区节事活动要覆盖目标受众,就必须通过一定的传播和推广方式将信息传递给目标受众。

1. 公关+新闻

在适当的时间、地点举办公关活动和宣传推广活动,利用广播电台和电视台的现场报道、报纸新闻报道等扩大覆盖面,加强影响力。

2. 广告+人员

利用电视广告、纸媒广告或新媒体广告,同时配合销售人员的直接销售,对节事活动信息进行传播和推广。

3. 整合传播

整合传播是景区综合运用多种手段进行传播和推广,全方位刺激游客的各种感官和体验,力求达到最好、最快的传播效果。

如何全方位地推进旅游景区节事活动的营销呢?

(1)从时间轴上讲,旅游节事活动宣传应该是事前、事中、事后的全过程宣传,所以要制订全过程的旅游宣传计划。

(2)旅游节事活动宣传具有技巧性,应针对目标市场,选择有效的媒体,而且要要注意宣传的频度。

(3)旅游节事活动宣传要注意挖掘活动期间的亮点。

(4)旅游节事活动宣传要结合时事、事件做技巧性宣传。

(5)要建立自己的宣传阵地,比如自己的官网、App、微信公众号等。

(6)召开新闻发布会,旅游节事活动可以通过召开新闻发布会的形式拉开宣传的序幕。

游客通过体验和参与节事活动,加深其对景区的体验和感受,形成唯一的不可替代的记忆与认识。通过对节事活动策划的创新研究,策划发掘新的节事活动主题,紧跟需求发展,不断丰富活动形式和内容,能够使游客在景区达到更高旅游满意度,这不仅可以增强景区的可持续性发展,而且对景区的长远发展也具有重要意义。

因时而变、因势而变、因需而变是旅游景区永葆活力的前提。只有抓住主体客群、聚焦主题产品、坚持创新引领、加快迭代发展,旅游景区才能在旅游供给与旅游需求动态适配过程中达到更高水平的平衡,在日益激烈的竞争中立于不败之地。

他山之石

共祭移民先祖 延续血脉亲情——山西洪洞举行第三十三届大槐树寻根祭祖大典

视频

景区文化旅游产品的设计(上)

视频

景区文化旅游产品的设计(下)

教学互动

结合本项目的学习内容,针对自己家乡的某一景区,分析其相关旅游产品的开发情况。

项目小结

旅游景区产品是景区提供给游客的有形产品和无形服务的总和,是游客在景区旅游获得的体验,是评价景区质量的重要指标。本项目介绍了旅游景区产品管理的主要内容,重点阐述了景区文创产品、景区体验型产品、景区非遗类产品和景区节事活动产品的开发与策划;帮助学生理解景区产品的丰富内容,通过实训掌握相关产品的开发与策划,鼓励学生运用所学知识开发设计景区产品,达到学以致用的教学目的。

项目训练

一、知识训练

请扫描边栏二维码答题。

二、能力训练

中国传统佳节中秋节即将来临,请为你家乡的某旅游景区或旅游度假区策划一场中秋节主题的节庆活动。

知识训练

扫码答题

项目八
旅游景区安全管理

 项目概要

安全管理是旅游景区正常运营的基本保障,是景区每一位工作人员的岗位职责。本项目重点讲述了发生在旅游景区的自然灾害、消防事故、游览设备故障、意外伤害事故、公共卫生事件及治安事件的专项安全管理和应急处置,解释了景区基础设施的安全设计与管理、景区安全保障体系的构建。

 学习目标

知识目标

1. 知晓旅游景区安全管理的概念及特点;
2. 了解旅游景区常见安全事故的类型及表现形态;
3. 熟悉旅游景区安全保障体系的组成部分。

能力目标

1. 掌握旅游景区安全管理体系的构建方法;
2. 具备旅游景区安全管理的能力;
3. 具备旅游景区突发事故的预防与处置能力。

素养目标

1. 树立"安全第一,预防为主"的意识,提高对突发事故的高度敏感性和预警性;
2. 树立岗位安全意识,明确制度建设的重要性;
3. 养成因地制宜的灵活思维,切实落实安全管理理念。

项目八 旅游景区安全管理

 知识导图

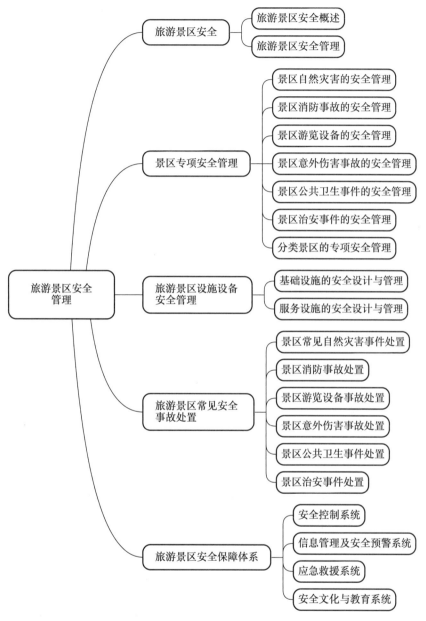

 项目要点

旅游景区安全管理与事故处置：主要包括自然灾害、消防事故、游览设备故障、意外伤害事故、公共卫生事件及治安事件的安全管理和应急处置。

旅游景区安全保障体系：景区安全管理的内在要求，由安全控制系统、信息管理及安全预警系统、应急救援系统、安全文化与教育系统组成。

项目引入

台骀山滑世界农林生态游乐园重大火灾事故

2020年10月1日,太原台骀山滑世界农林生态游乐园有限公司冰雕馆发生重大火灾事故,造成13人死亡、15人受伤,过火面积约2258平方米,直接经济损失1789.97万元。

（一）事故发生经过

2020年10月1日7时34分35秒,台骀山游乐园10千伏线路发生故障,为保证正常营业,8时50分许,景区水电部工作人员开启了4台自备发电机供电。故障排除后,12时51分44秒,该工作人员在未将低压用电设备及发电机断开的情况下,直接将单刀双掷隔离开关从自备发电机端切换至市电端;12时57分49秒,火车通道内装饰灯具熄灭;12时59分22秒,火车通道西口开始冒烟;12时59分38秒,西南侧开始冒烟。事故发生时,冰雕游览区内共有28名游客被困。

（二）抢险救援情况

1. 自救互救情况

12时59分许,该工作人员得知情况,随即到配电室断电;13时01分许,景区儿童游乐小火车兼职司机拨打"119"报警;冰雕馆负责人与赶到现场的十余名员工用灭火器在火车通道西口灭火;13时05分许,绿化部总监安排景区洒水车灭火;13时10分许,景区北门保安赶到迎泽区林业局东山森防灭火救援大队报警;公司车辆管理部经理立即驱车携带约60具干粉灭火器于13时30分许到达冰雕馆西侧支援灭火。

冰雕游览区内多名游客发现情况不对立即沿原路返回,但入口门无法打开,游客随即用力敲打、踹门,检票员听到后开门,15名被困游客由此逃生,游客于13时07分许报警。

2. 应急救援情况

13时01分31秒,太原市消防救援支队指挥中心接到报警后,省、市、区三级立即启动应急响应,各级主要负责人率领工作组赶赴现场指挥抢险救援,先后有应急队伍、消防救援站、消防救援支队投入救援,18时30分,现场救援结束。事故共造成13人遇难、15人受伤。

（三）医疗救治和善后处置情况

事故发生后,立即成立了善后处置组,全力做好伤员救治和遇难者家属安抚工作。在善后处置上,"一对一"组建工作专班,安抚遇难者家属,协商赔偿等事宜。

（资料来源:人民网）

任务一 旅游景区安全

安全是旅游的生命线。近些年,在文旅融合进程中,传统项目转型发展,旅游新业态层出不穷,景区安全事故时有发生,一些景区在安全防范、隐患排查、规范经营、应急救援等方面仍存在诸多不足。面对新形势、新市场和新条件,旅游景区应科学认识旅游安全面临的新挑战,牢牢把握安全生产"底线",时刻不能逾越安全"红线",强化安全意识、治理风险隐患、做好应急预案、形成安全能力,为旅游业高质量发展提供全面支撑。

一、旅游景区安全概述

(一)旅游景区安全的概念

旅游景区安全是景区在管理运营中的一种状态,消除可能导致的人员伤亡、财产损失、旅游资源或设施破坏的隐患,是对旅游活动处于平衡、稳定、正常发展的一种统称。

(二)旅游景区安全事故的分类

根据事故产生的原因和性质,旅游景区安全事故可以分为以下类别。

1. 景区自然灾害

(1)地质灾害事件。

地质灾害事件是指在自然或人为因素的作用下,对景区的生命财产、环境造成破坏和损失的地质现象,如地震、山体滑坡、落石、泥石流、地面塌陷、火山喷发等。

(2)气候灾害事件。

气候灾害事件是指气候反常对景区生活和生产所造成的灾害,包括台风、暴雨、暴风雪、沙尘暴、高温等。

景区自然灾害往往难以预见,不可控制,具有极大的毁灭性。

2. 景区事故灾难

景区事故灾难是指发生在景区内的各类安全事故、交通事故、设施设备事故、生态破坏等。其中,消防事故、设施设备事故、溺水、意外伤害、拥挤踩踏等是多发事故类型。这类事故突发性强,发生原因复杂,但可以预见,可以控制。

3. 景区公共卫生事件

景区公共卫生事件是指在景区内发生的传染性疾病、群体性不明原因疾病、食品安全和职业危害、动物疫情及其他严重影响公众健康和生命安全的事件。其中,突发性疾病是常见的卫生事件类型,主要包括中暑、食物中毒、其他突发性疾病等。这类事件如果发现早,采取措施及时得当,影响的范围就不会扩大。

4. 景区治安事件

景区治安事件是指发生在旅游景区的违反治安管理法律法规,依法应当受到治安行政处罚,由公安机关依法立案查处的违反治安管理的行为。其中,刑事治安事件是景区中多发的安全事件之一,主要表现为偷窃、欺诈等。此类事件针对性强,会产生恶劣的社会影响。

（三）旅游景区安全事故的发生特点

1. 差异性

各旅游景区的资源和特色不同,存在的安全隐患与常发安全事故类型也是不同的。如涉水景区易发溺水、海洋生物伤害事故;山岳型景区多发摔伤、骨折、迷路、地质灾害等事故;人文景观和宗教景区多发拥挤踩踏、欺诈等。这样的差异性可为景区日常安全管理工作提供方向,有针对性地进行安全隐患排查,构建应急预案和防御体系。

2. 潜在性

旅游景区的安全事故是有潜在性的,具有潜在风险的安全风险源在一定的触发因素作用下可转化为事故。安全风险源是景区安全事故发生的条件,但不是唯一的条件,景区应给予高度重视,认真辨识和排查安全隐患,实现安全运营。但是,景区存在安全隐患是一个动态过程,它受景区自然条件、技术条件和经济条件的综合影响,有效地辨识和排查安全隐患,以及科学开展安全管理工作是非常关键的。

3. 节假日安全事故集中多发

景区安全事件集中发生3月、5月、6月、7月、9月、10月,这一现象的出现与踏青、劳动节假期、暑假和国庆节假期是密不可分的,景区节假日的安全管理工作依然任重道远。

二、旅游景区安全管理

（一）旅游景区安全管理的概念

景区安全管理是指景区为保障游客安全和景区安全生产,对景区危险状态或风险所进行的计划、组织、指挥、协调和控制的系列活动。利用安全管理机构、安全制度、安全法规等手段,对人、财、物、时间、信息等进行科学管理,清除不安全因素,保障景区旅游活动顺利展开。景区安全管理是一项复杂、责任重大的工作,需要多方共同配合才能完成。

（二）旅游景区安全管理的特点

1. 广泛性

景区的安全管理既包括对游客人身财产的安全管理，也包括对景区自身的安全管理，涉及食、住、行、游、购、娱各个环节，安全状况会受到自然因素、人为操作因素、设施设备因素的影响。加之景区人流量大、流动性强、逗留时间短、涉及面积广等特点，使得安全管理工作全过程、全方位渗透，体现出极大的广泛性。

2. 复杂性

景区安全事故具有多种表现形态，不同形态的安全事故造成的损失与影响不同，其处理方式也不尽相同，而且要及时有效、公开透明。引起事故的原因又具有复杂性、隐蔽性，需要专业人员现场调查。同时，自媒体时代还要做好传播和回应工作，最大限度地减少负面影响。这些都体现了景区安全管理工作的复杂性。

3. 重要性

旅游景区是游客比较集中的地方，也是一个地区、一个国家对外宣传的窗口，景区安全问题控制与管理的好坏，不仅直接影响游客的生命财产安全、旅游企业的健康发展，而且还会影响景区的形象，以及旅游地的经济、政治安全，甚至形成舆论效应，影响国家声誉。所以，旅游景区安全管理极其重要。

（三）旅游景区安全管理的原则

旅游景区安全问题受空间、时间、地域、自然因素、社会因素等影响，表现复杂、多样，景区安全管理是一项任务复杂、责任重大的系统工作。主要需要遵循以下几项原则。

1. 认清形势，高度重视

景区安全管理是维护景区声誉，提高服务质量，保证游客在景区的各项活动正常展开的重要条件。景区必须保障游客的人身财产安全，执行充分的安全保障义务。

2. 安全第一，预防为主

景区应建立以预防为导向的安全管理体系，保证安全管理资金投入，配置安全设施设备，及时消除安全隐患。

3. 确保重点，兼顾一般

景区应进行安全管理规划，统筹安全管理工作。建立规模合适的安全防护队伍，合理分配防护力量。确保重点场所、重点区域、重点时段的防护，同时兼顾其他安全工作，力求万无一失。

4. 主管负责，群策群力

景区安全管理工作要坚持"谁主管，谁负责"的原则。建立健全安全防范管理制度，推进安全岗位责任制，明确安全任务，责任落实到人，建立融入安全考核指标的绩效管理体系。

在全球一体化、信息高速化的今天,许多危机已不是一国之力可以化解的,如环境污染、疾病传播等。景区安全管理也必须重新思考和构建新模式,选择更加合理、完善、符合人性的发展范式,以期实现人类健康、文明的美好愿景。

知识活页

为贯彻落实习近平总书记关于安全生产工作的重要指示和系列重要讲话精神,坚持人民至上、生命至上,筑牢旅游景区安全生产防线,保障旅游景区安全有序运行,现提出旅游景区安全管理"九必须"要求,供各地指导旅游景区结合实际推进落实。

① 工作制度必须健全。必须按照国家和地方有关法律法规要求,完善安全工作机制,建立健全安全管理各项制度,确保安全管理各个环节有人负责,有章可循,安全管理责任落实到位。

② 隐患排查必须到位。必须按照安全生产法规要求,构建安全风险分级管控和隐患排查治理双重预防机制,健全风险防范化解机制,定期排查安全隐患,及时做好隐患治理,做到隐患排查不留死角,安全防控不留盲区。

③ 安全设施必须完备。必须规范配备防灭火、人员防护、应急疏散等设施,完善安全警示提示等各类标识,做好日常检查和维护。要强化旅游安全教育,指导游客正确使用救生衣、安全带等安全设施。

④ 安全巡查必须严格。必须建立安全巡查机制,严格做好重点时段和重点区域安全检查,压紧压实旅游景区各环节安全管理链条。要建立安全巡查记录,对重点环节安全管理状况进行跟踪管理。

⑤ 人员培训必须全覆盖。必须建立安全培训制度,开展全员安全培训。针对不同岗位要求,科学设置安全培训课程。员工未经安全培训不上岗,未经培训不得转新岗,未经安全培训不复岗。

⑥ 项目管理必须全过程。各类游乐设施、索道、车船等交通设施,高空、涉水等风险项目必须经过检验检测,并规范运行,提醒游客谨慎参与。必须建立项目安全管理制度,定期检测,及时养修。项目停运后,必须经过安全评估后方可恢复运行。

⑦ 流量管理必须常态化。必须科学核定并公布景区最大承载量,根据实际建立流量管控机制。贯彻落实《旅游景区假日高峰期防拥堵工作措施》,科学引导,有效疏导,防止游客拥堵。

⑧ 灾害防范必须无盲区。必须根据景区资源类型和项目特点,加强与相关部门对接,全方位开展灾害风险监测与巡查,针对可能出现的气象灾害、地质灾害等,制定防范措施。及时做好极端天气等风险提示与防范。

⑨应急处置必须及时有效。必须构建反应迅速、协调有序、运转高效的应急管理机制，常态化开展应急演练，强化应急准备和监测预警，确保出现问题第一时间妥善处置。

（资料来源：文化和旅游部官网）

任务二　景区专项安全管理

景区是一个地域综合体，面临着很多自然灾害和安全事故的威胁，不同景区要根据所处地域、景区类型和特征，辨识存在的安全隐患，制定专项安全管理办法。

一、景区自然灾害的安全管理

景区面临的自然灾害通常包括如地震、台风、雪崩、暴雨、岩石崩塌、山火、海啸等地质灾害、气象水文灾害和海洋灾害等。由于自然灾害具有突发性与永久性、频繁性与不确定性、周期性与不重复性、广泛性与区域性等特征，景区发生自然灾害会给游客、旅游企业、旅游从业人员的生命财产及景区资源带来巨大危害，因此景区要做好自然灾害安全管理工作。

（一）建立景区自然灾害管理部门

有必要且有条件的景区可以专门设立自然灾害管理部门，因地制宜地制定应急预案，理顺事前、事中、事后的运作机制；通过培训和演练使相关人员熟悉预案；储备应急物资，保障救援中的各种供应。在实际工作中实现预防与应急相结合、常态与非常态相结合。

（二）健全景区安全管理和警示系统

不同的景区面对的自然灾害是不同的，防范重点也应有所不同。暴雨多发的景区要防止山洪、泥石流，根据实际情况及时采取有效措施，如关闭景区、转移人员等。大雾多发地要加强与气象部门合作，及时发布信息，做好管控。日常配置专业疏导人员，能够胜任紧急疏散工作。

景区内也要根据多发风险设置警示标志、安全提示牌等，引导游客正确避险。景区公众号要显示景区地图和救援电话。

（三）提高景区自然灾害风险防范意识

景区管理者是防范景区自然灾害的主要实施者，他们的意识、知识、技能关乎着景区整体安全状况。景区要组织从业人员多渠道学习相关常识，开展避灾基本技能训练，增强忧患意识和社会责任意识。编制自然灾害防御宣传资料，广泛发放普及，提高从业人员和游客的防灾减灾意识和灾后避灾能力。

（四）加强对重点自然灾害的监测预警

落实"预防为主"的防灾原则,就要高度重视监测预警工作,在景区设立气象观测点,采用先进的监测预警技术,开展气温、降水、风力等的观测项目,及时接收重大气象预报信息。景区要熟知各类预警信息含义,进行积极有效的应对,利用网络通信等媒介,第一时间将信息传达给游客,最终为旅游安全提供气象保障。

（五）建立完善应急救援体系

景区要和气象、地质、环境、消防、林草、公安等部门紧密协作,把景区安全管理纳入各级政府的公共服务体系,建立应急联动机制,实现快速响应,协同应对。景区配备专属卫生所、救护员,同时加强以属地管理为主的应急队伍建设,发挥社会团体、社区、志愿者的作用,依靠公众力量,形成规范、高效的灾害管理工作流程。

（六）落实灾害风险评估和旅游保险

景区自然灾害风险评估可以分析未来发生灾害的可能性,包括灾情监测与识别、确定灾害分级和评定标准、建立灾害信息系统和评估模式、实施灾害风险评价与对策。鼓励游客购买旅游保险,以分担可能遇到的灾害带来的损失。

二、景区消防事故的安全管理

旅游景区的消防管理无小事,一旦发生,破坏和影响是巨大的。例如,2022年8月6日,福建省宁德市屏南县万安桥着火,桥体坍塌焚毁。这座始建于宋朝,至今已有900多年历史的木拱廊桥毁于一旦。2021年2月14日,云南省临沧市翁丁古寨发生严重火灾,大火迅速蔓延烧毁所有房屋,这个被《中国国家地理》杂志称为"中国最后一个原始部落"的古寨永久消失。由此可见,水火无情,一旦发生火灾事故,无论是旅游资源还是游客生命安全,其损失是无法弥补的。

（一）建立景区消防安全管理机构

成立景区消防安全委员会总揽景区防火工作,明确消防责任制,制定科学合理的消防应急预案,推行消防责任目标管理制,落实自我管理、自我检查、自我整改。根据景区规模建立专职或义务消防队,负责紧急救援任务。

（二）健全消防安全机制

1.教育培训制度

消防安全培训要常态化开展,以创办消防知识宣传栏、开展知识竞赛、学习消防法规和各项规章制度、实地演示等多种形式,传授消防常识、消防管理知识、消防器材操作知识、应急救援知识等,切实提高景区全员的消防素质和实战能力。在景区核心地带竖立消防宣传牌,在重点部位设置消防警示牌,加强提高游客的消防安全意识。

2. 巡查、检查制度

组织专人全程或分区段巡查露天景点,巡查工作主要在午后和傍晚两个时段开展。博物馆、纪念堂、寺庙等室内景点要开展早、中、晚三次巡查,重点关注用火用电情况、游客吸烟扔烟头情况。

定期进行内部检查和外部检查。内部检查为景区内部自上而下逐级检查消防工作开展情况、消防器材的配备使用情况等,外部检查主要是对景区各类摆摊设点区域进行严格管理和规制。

(三)重视消防安全保障

1. 物资

景区应确保消防水源充足,设置合理。消防器材、设施配置符合国家规定,定期检修维护,确保在使用有效期限内,标签标志粘贴完好清晰,并登记在册。

2. 消防安全标志

消防安全标志要符合国家标准的规定。报警装置标志、紧急疏散逃生标志、灭火设备标志、禁止和警告标志、方向辅助标志、文字辅助标志等都要设置在对应明显区域。

3. 消防通道

景区应保持疏散通道、安全出口畅通,按规定配备消防器材和疏散设施,保持防火门、消防安全疏散指示标志、应急照明、火灾事故广播等设施处于正常状态,并定期组织检查、测试、维护和保养。严禁占用疏散通道,严禁在安全出口或疏散通道安装栅栏、门锁等影响疏散的障碍物。

三、景区游览设备的安全管理

景区内的游览设备指供游客游览、娱乐、体验的观览车、滑行车,以及低空飞行类、水上游乐类设备等。近些年,随着新业态的兴起,各类新型网红游乐设施层出不穷,安全事故也屡见不鲜。例如:2021年4月17日,一游客在铜源峡景区游玩"铜源飞仙"项目时,因操作人员处置失当发生事故,导致额头裂伤以及腿部撞伤;2021年10月16日,河南林州一景区索道滑行项目的滑索钢丝绳断裂,致一女子不幸坠入湖中溺亡。景区应本着游客生命至上的态度,重视游览设施设备的安全管理工作。

(一)制度建设

在"安全第一、预防为主"的指导思想下,严格按照国家有关法规标准制定系列制度,保证游览设备的安全使用。这些制度主要包括人员岗位责任制、设施设备安全操作规范、设施设备安全检查制度、设施设备运营应急管理制度、维护保养制度、检查保修制度、计划修理制度、事故分析制度、资产管理制度、值班制度、交接班制度、设施设备服务流程等。

同时，要建立高效的安全组织体系，严格执行安全管理保证体系，严格按照安全管理制度和程序定期开展安全检查，建立安全工作档案，做到"安全无盲区，责任有人担"。

（二）设备管理

首先，定期检查设施设备，保证设施设备处于良好的工作状态；其次，合理安排设施设备的负荷率，根据设施设备的技术条件和负荷限度来安排服务接待，避免超负荷运转，如景区内载客的快艇、缆车、电瓶车等都不能超载运行；再次，创造良好的工作环境，保持设施设备工作环境的整洁和正常的生产秩序，安装必要的防护、防潮、防腐、降温、保暖、安保等装置，这样可以保持设施设备的良好性能和工作状态。各个部门对设施设备都要做到"三好"，即管好设施设备、用好设施设备、保养好设施设备。

1. 管好设施设备

管好设施设备的原则是谁使用谁负责。每个部门都有责任管理好本部门所使用的设施设备，做到设施设备台账齐全，设施设备账卡清楚，设施设备使用规范和维护制度完善，不得违反规定随意使用设施设备。

2. 用好设施设备

用好设施设备是指所有使用设施设备的员工都必须严格按照规程进行操作和维护，不得超负荷使用，禁止不按规范操作，未经培训的员工不得单独操作设施设备。

3. 保养好设施设备

每日在设施设备使用完毕后，必须进行保养。对于一般设施设备，除了清洁、除灰、去污等日常保养，还包括由工程部专业人员进行的定期保养，各部门要配合工程部实施定期保养计划。

（三）人员安全管理

1. 游览设备作业人员安全管理

工作人员的技术素质、工作责任心、安全知识和意识是设备良好运转的重要保证。操作、管理、维修人员上岗前应进行专业培训，经考核合格后持证上岗。员工作业时必须佩戴安全帽、安全绳等安全设备，工作过程中应严格按照安全操作规程作业，保证做到"四会"和"五律"。"四会"是指会使用、会维护、会检查、会排障。"五律"是指严格遵守安全技术操作规范，保持设施设备的清洁，认真执行交接班制度，管理好工具、附件，不准在设施设备运行时离开岗位。

2. 游客安全管理

在游乐设施及其附近区域的醒目位置张贴游客须知、指示和警示标志等。在游乐活动开始之前，对游客进行安全知识讲解和安全事项说明，确保游客掌握游乐活动的安全要领，指导游客正确使用游乐设施。对有健康条件要求或不适合某种疾病患者参与的游乐活动，应谢绝不符合游玩条件的游客参与。在游乐过程中，应密切观察游客动态，适时提醒游客注意安全,及时纠正游客不符合安全要求的行为举止,排除安全隐患。如果发生意外事故,应按规定程序采取救援措施,认真、负责地做好善后处理工作。

（四）安全措施与监察

对存在风险的设施设备应按照国家规范设置安全标志和警示语,用以提醒游客注意安全。如"禁止吸烟""禁止烟火""禁止攀爬""禁止触摸"等标志。在必要的情况下,可以设置安全栏、安全网、照明灯等防护设施保障设备设施的安全。配备值班员、设立监视台,维护安全秩序。

按照设计、制造、安装、使用、检验、修理、改造等环节,对游览设施进行全过程一体化的安全监督检查,实施行政许可制度、监督检查制度,完善事故处置机制。

四、景区意外伤害事故的安全管理

发生在景区的意外伤害事故主要有坠崖事故、山石坠落、探险事故、溺水事故等。例如：2020年11月20日,四川泸州市纳溪区大渡口镇"梦里水乡"景区,一公司组织员工进行拓展训练时发生事故,造成3人落水溺亡,1人受伤;2020年12月13日,3名驴友在五台山户外徒步时,因天寒风大雪深迷失了方向,救援人员发现时,1人冻伤,2人已失去生命体征。

做好景区意外伤害事故安全管理工作,最重要的是要建立景区易发的突发意外事件专项应急预案。此外,要加强对景区的安全巡查,对游步道、观景台、悬索桥、水域环境和游客可能抵达的悬崖峭壁等进行定期的安全排查,消灭安全隐患。对存在较高风险的区域实施封闭管理或设置安全围栏进行隔离,避免意外事故的发生。景区应加强事故易发区域的安全警示,通过安全标志、标语等方式提醒游客注意游览安全,防范安全事故。对存在动物伤人风险的景区,应对动物伤人风险进行专项安全提示。另外,提示游客购买旅游保险,分担旅游意外风险。

五、景区公共卫生事件的安全管理

根据《中华人民共和国食品安全法》,加强对景区卫生环境和景区内旅游要素企业的卫生检查,重点加强餐厅、食堂、摊贩和商店的饮食卫生检查;在旅游旺季进行饮食卫生专项检查,以预防群体性食物中毒;有条件的景区应建立卫生站,储备基础性药品,并与地方医院建立医疗合作关系,能通过互联网获得紧急医疗指导;对景区内身体不适或突发疾病状况的游客,应立即进行适当的医疗救助,严重者应尽快送往医院,避免延误病情;景区内较常发生的公共卫生事件类型,应进行专项安全警示,并应该储备医疗救助方案和必要的医疗资源,避免同样事件的重复发生。

此外,要优化顶层设计,提升应对公共卫生事件的应变力;强化合作意识,锻造应对公共卫生事件的凝聚力;细化组织协调,构筑应对公共卫生事件的协同力;深化宣传教育,形成应对公共卫生事件的自觉力。

六、景区治安事件的安全管理

治安事件是指违反治安管理法律、法规,依法应当受到治安行政处罚,由公安机关依法立案查处的违反治安管理的行为。景区治安事件主要有以下几类:在景区、交通工具及住宿、餐饮、购物场所发生的偷盗和抢劫事件;因强买强卖引发的言语争执、肢体冲突甚至人身伤害事件;以模糊标价误导消费者的价格欺诈事件等。

针对治安事件,景区要做好以下常规管理工作。

景区安保机构或属地公安部门要加强对重点空间、重点时间、重点人群、重要物资和设备的安全保卫,依法采取有效管制措施控制事态,维护社会秩序。重点空间主要包括景区大门口、景区内游客密集的空间;重点时间包括旅游景区旺季、景区举办大型活动期间。

建立安全保卫制度,建立训练有素的保安队伍,加强安全巡逻。在景区主要区域、地段、路口安装监视器,一旦发现有治安事件发生,要第一时间赶到事故现场进行处理。加强情报信息收集,掌握滋事苗头信息。景区要与政府机关、公安机关建立密切联系,通过情报网络获取信息,及时了解可能发生的事端隐患,提前做好预防。

做好应对景区突发治安事件的人力、物力、财力准备,为处置人员和事件参与人员的生活必需、医疗救助、通信等提供后勤保障。加强游客安全意识和责任意识,树立自我保护意识,提高防范能力。

七、分类景区的专项安全管理

(一)涉水景区的安全管理

以河流、湖泊等水文景观为主体的景区,开展游船、漂流旅游项目较多,这些项目受船械和自然气象影响,存在较高的不安全性,安全管理工作尤为重要。

1. 游船项目的安全管理

游船须有公安机关指定检验单位核发的船只检验合格证,船只上应标明载重线、船只编号、载乘定员,不准超载;定期对游船进行维修、保养和安全检查,加强安全技术管理;游船活动水域须建有游船码头,码头高出船舷40厘米的,应设置稳固的台阶板;驾驶人员须经公安机关指定的机构考核合格后取得驾驶执照,禁止无照驾驶和酒后驾驶;按要求设置相应的救护器材和救护人员;遇四级以上大风或暴雨时,游船停止活动。

2. 漂流项目的安全管理

经营漂流项目必须具备主管机关出具的漂流航道评估报告,漂流艇筏必须具备船舶检验机构核发的产品合格证,严格遵守有关水上交通安全管理的法律、法规和规章制度,建立安全管理制度,制订应急反应计划,设置专门的安全管理机构或确定专职的安全管理人员。

漂流航道宽度一般不小于橡皮艇筏宽度的2倍;漂流航道曲率半径不得小于橡皮艇筏长度的4倍;单个陡坎落差不宜过大且不能连续;纵比降不得超过15米/千米;漂流起止点应当远离暗河入口和大坝,其间距不得小于1000米。漂流艇筏具有船用产品证书,按核定乘员定额进行装载,并配备救生、防护等安全设备,配足经考核合格的漂流工。漂流始发点设立游客须知告示牌,危险地段标明有效的安全警示标志、设置安全救生点,保证通信联络畅通有效。

（二）山岳型景区的安全管理

山岳型景区地貌复杂,容易发生泥石流等自然灾害,也容易发生森林火灾、设施故障、游客个人意外等事故。因此,山岳型景区需要加强综合性安全防范管理。

山岳型景区空间大,线路复杂,游客迷路后容易进入高风险的未开发区域。因此,要加强道路指示系统和安全标志系统建设,给游客明确的安全提示,防范事故发生。同时,游步道是旅游的主道,使用率高,加之环境复杂,发生山石坠落、路滑坠崖等意外的可能性大,所以景区要加强对游步道的隐患排查,及时维护。景区应建立日常巡查机制,确立巡查范围、巡查路线、巡查重点,重点区域安排专人看守,险要地段加强安保力量。密切监控客流动态,及时进行客流调控。

要加强山岳型景区消防工作,完善和落实森林火灾责任制,加强火源管理和防护宣传,提高防火意识。

（三）冰雪类景区的安全管理

冰雪类景区应有切实可行的、健全的人身伤害保险、伤害预防救护及治安保卫、环境监护、卫生检查、设备维修、人员服务岗位责任等制度,配有救护器材设备和医务人员,设立醒目的滑雪者须知等告示,在能见度低、天气恶劣及突发事件发生时关闭部分或全部索道与雪道。

滑雪场所的滑雪指导员、安全巡查人员、机械设备管理者须持证上岗,要有高度的安全意识,严格按照《中国滑雪运动安全规范》执行工作。

（四）文物古迹类景区的安全管理

文物古迹类景区的消防安全是管理工作的重点。须严格管理火源、电源和各种易燃、易爆物品,禁止在古建筑保护范围内堆存可燃易燃物品,禁止在古建筑的主要殿屋使用生产、生活用火。在重点要害场所,应设置"禁止烟火"的明显标志。如果要在指定为宗教活动场所的古建筑点灯、焚香,必须在指定地点且具有防火设施,并有专人看管或采取值班巡查措施。古建筑保护区的通道、出入口必须保持畅通,不得堵塞和侵占。古建筑需要修缮时,应由古建筑的管理与使用单位和施工单位共同制定消防安全措施,严格管理制度,明确责任,并报上级管理部门审批后,才能开工。在修缮过程中,应有防火人员值班巡逻检查,遇有情况及时处理。

任务三　旅游景区设施设备安全管理

旅游景区设施设备是指构成景区固定资产的各种物资设施设备，是景区从事经营活动以及为游客提供服务的必要条件，良好的设施设备管理是景区有序、安全运营的基本保障。根据2024年国务院印发的《推动大规模设备更新和消费品以旧换新行动方案》的通知，景区要抓住机遇，推进索道缆车、游乐设备、演艺设备等设备更新提升，促进节能降碳、减少安全隐患。

景区设施设备的类别涉及面广，由多种要素构成，根据景区设施设备的用途，可以划分为公共基础设施设备、服务设施设备、康体娱乐设施设备三个类别（表8-1）。

表8-1　旅游景区设施设备

类别	设施设备内容
公共基础设施设备	道路交通设施：旅游交通工具、道路配套设施、特种交通设施等
	给排水及排污设施：水源与取水工程、水处理工程、给水管网工程；排水管网、污水处理厂、公厕污水处理设施、地埋式小型污水处理设施、人工湿地污水处理设施等
	景观环境卫生设施：垃圾箱、公厕、垃圾处理厂等
	电力及通信设施：外部发电厂、小型发电机；信息传输网络、信息传输建筑物（或场地）、信息传输设备、"数字景区"、智慧景区中心等
	风险防治设施：防洪设施、泥石流治理设施、滑坡防治设施、防火设施、防雷电设施、防盗设施、安全护栏、紧急救援设施等
服务设施设备	食宿设施：星级酒店、廉价旅馆、特色民宿、露营地、房车营地、独立餐饮设施、农家乐设施等
	购物设施：大型购物商场、特许旅游纪念品商店、土特产商店、商亭、小卖部等
	导识设施：交通导识设施、景点导识设施、服务导识设施、无障碍导识设施等
	环境景观设施：景区休闲设施、景观照明设施、景观植被、景观水体、景观雕塑等
康体娱乐设施设备	水体设施：游泳馆、水上乐园、温泉水疗、洗浴中心、观光潜水艇等
	陆地设施：健身房、高尔夫球场、滑雪场、滑冰场、歌舞厅、游乐场、电影院、剧场、露天演艺中心等
	空中设施：热气球、小型飞机、滑翔伞、索道等

一、基础设施的安全设计与管理

景区的基础设施是景区正常运营的关键,是完成旅游活动的基础保障,主要包括道路交通设施、电力通信设施、给排水设施、绿化环卫设施、安全救护设施。

(一)道路交通设施

道路交通设施是指游客出入景区以及在景区内完成游览、体验服务时所利用的各类道路网络、交通工具及配套设施是保证游客在景区正常合理流动的基本设施,主要包括车行道、停车场、步行道和交通运输设施等。道路设计首先要求安全第一、合理顺畅,在此基础上,结合景区的具体景观,融入自然和文化元素,突出个性特征,同时兼顾游客需求,设计游憩设施,营造轻松休闲氛围。

景区道路交通设施除了基本的交通功能,还具有分散、疏导、引导游客、划分景观层次等功能,它在景区中起着贯穿全局的作用,良好的景区道路交通设施设备,有利于创造"旅速游慢、旅短游长、旅中有游、游旅结合"的旅游交通环境。

1. 车行道

车行道是景区内的主要干道,主要用于各景点间的游客运输和供应运输。车行道要求路面平整,可进入性好,标识标牌清晰,在涵洞、桥梁、护坡等地有完善的防护设施,符合安全行车要求。景区内的车行道按照等级可以分为主行道和次行道:主行道以车辆行驶为主,并且为车辆的快行道,因此要实现人车分流,以免发生危险;次行道由于车辆较少且车速较慢,一般都是人车共用车道,尽可能使用电瓶车、电动汽车、氢能源汽车等利于环保的交通工具,各换乘转乘站点应根据景区的具体情况设立交通标识。

2. 停车场

停车场一般位于景区出入口的外围,景区要根据游客日流量、游客到景区所乘坐交通工具的方式、旅游旺季的停车位需求,综合考虑停车场的规模。停车场要求平整、坚实,一般应设置应急停车场和分流停车场,有明晰的停车线、回车线及停车分区(图8-1、图8-2),分别设立出口和入口,且不过于邻近。停车场应有专人值守和巡查,有健全的安全管理制度,职责明晰。

3. 步行道

步行道是游客参观游览的主要游线,其设计的便利性、美感度和清洁卫生等对游客的体验产生重要影响。步行道上的亭、台、廊是供游客休息的节点,椅子、凳子和垃圾桶等是步行道的必备设施。步行道的管理主要是日常保洁、路面维护、配套设备维护更新等,如九寨沟景区的部分步道铺设了木板和铁网,针对木板断裂和铁网上翘的情况,景区需要安排专人进行检查和维护。景区特色步行道示例如图8-3所示。

图 8-1　景区生态停车场

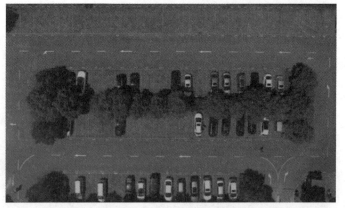

图 8-2　景区停车场回车线

图 8-3　景区特色步行道

4. 交通运输设施

景区的交通工具主要有电瓶车、索道、缆车、云梯、轿子、马匹、游船、漂流竹排、空中交通工具等。这些特色交通设施增加了游览乐趣，成为景区重要的吸引力所在。要特别注意采用清洁能源和环保动力的交通工具,重点做好日常维护与检查、更新与改造、规范运营管理等安全工作。

(二)电力通信设施

电力设施能为景区其他设施提供动力能源和夜间照明能源,通信设施是景区内游客和管理者与外界联系的基本保证。因此,景区内拥有安全可靠的供电、输电网以及方便、快捷的通信设施,才能确保整个景区正常运营。

1. 电力设施

景区电力负荷分为照明和动力两部分,配电系统必须满足用电负荷要求,安全可靠。一是要保证供电的可靠性和持续性。景区根据用电负荷需求设计供电能力,维护好供电设施,还应配备应急发电设备,一旦线路发生故障,立即采取应急措施,保证整个景区不断电。二要是注意供电网线的隐蔽性。管线应尽量埋设在地下管道中,以保持景观的完整性、美观性,也有利于电力线路的保护。

2. 通信设施

景区主要的通信设施包括电信、网络、邮政等设施。景区电信设施和网络设施要能为游客提供国际、国内直拨电话服务,移动电信号覆盖和宽带信息网络服务等。为此,景区内要建设专用的电信线路、光缆光纤和移动信号基站。景区的邮政设施要能为游客提供信函、电报、邮寄、特快专递等服务等。

(三)给排水设施

游客在景区内的活动离不开水,景区应具备水源、储水、水净化处理、输水等供水系统和排水管道(图8-4、图8-5)及污水处理等排水系统。给排水设施要能满足景区旅游旺季游客供水和排水的需要;要选择水量充沛、水质良好、取水方便、能全年正常供应的水源;供水要符合国家供水水质标准和生活饮用水卫生标准,通过水质净化处理来保证需求;经污水处理设施处理过的水要能达到国家要求的排放标准。

图8-4 暗式排水管道

图 8-5　混合排水管道

（四）绿化环卫设施

景区的绿化设施主要就是各种花草树木，绿化设施可观赏，也可隐蔽、遮掩有碍景观的建筑，同时还可起到平衡生态和改善景区环境的作用。景区的绿化要体现自然环境特色，以本地的物种为主，根据季节合理搭配品种，使景区四季景异。

环卫设施主要包括厕所、垃圾箱等，起到保持景区环境整洁、卫生的作用。厕所应依据《旅游厕所质量要求与评定》（GB/T 18973—2022）进行建设，隐蔽但易于寻找，方便到达、通风良好、排污方便、设施齐备。景区垃圾桶应造型美观，与环境相协调，并随时保洁。

（五）安全救护设施

为了保证景区游客安全，需要按规定建设防护、消防、救护和安全监控设施等。危险地带应配置安全防护设施，如防护栏、岸边警戒线等，配备消防栓等消防设施，设立医务室，配置医疗救护设施。

二、服务设施的安全设计与管理

旅游景区服务设施的便利性、完备性和品质等直接影响景区产品的价值和效用，同时，服务设施的档次是景区定价的主要依据之一。景区的服务设施主要包括接待服务设施、导游服务设施、商业服务设施。

（一）接待服务设施

接待服务设施是指景区为了帮助游客顺利完成旅游行程，在食、住、行、游、购、娱等方面为游客提供服务的有形设施载体。接待服务设施主要是指景区入口的接待设施，包括自助售票设施、智能闸机设施，以及游客中心内的触摸屏、电子显示屏、休息设施等。管理的重点在于日常的运行、维护、功能升级等。

（二）导游服务设施

第一类是游客引导设施，是指对游客行为具有提示、引导性的文字、符号或图案，主要包括公共信息标识和空间位置标识两种类型。公共信息标识在景区公共场合为游客提供信息,如"禁止吸烟""请勿攀登"等,公共信息标识的设置应符合国家标准《公共信息图形符号》的要求。空间位置标识主要是为游客提供空间导向和位置指向,如周边景点指示、游客所处位置等。空间位置标识一般设置于步道、车行道、岔路口等,要求信息准确无误、指示文字和图示简介醒目、中英文对照。

第二类是解说设施,主要包括图文解说系统和智慧解说系统。图文解说系统包括导游全景图、导览图、景物介绍牌、标识牌等,特别是国家安全标志(如禁止、警告、指令、提示等)要严格按照相关标准设计。智慧解说系统依托现代信息技术进行景区解说,如二维码、蓝牙等触发系统、触摸屏互动式解说以及影视动画解说等服务设施。

(三)商业服务设施

商业服务设施是指为游客提供住宿、餐饮、商品购买的商业设施。购物服务设施包括景区内分散的商业网点和购物中心,餐饮服务设施主要指景区内为游客提供食品、酒水饮料的快餐店、中餐厅、西餐厅、风味餐厅、咖啡厅和酒吧等设施,住宿服务设施主要指景区内为游客提供住宿服务的宾馆、酒店、疗养院、度假村、民宿、野营地等设施。商业服务设施要规范、有序运营,为了能给游客提供高品质、便利的服务,应保证定期检查和维护,保证正常运营。

任务四 旅游景区常见安全事故处置

一、景区常见自然灾害事件处置

(一)地质灾害事件的安全处置

景区常见的地质灾害主要包括泥石流、滑坡、崩塌、地面塌陷等,应急避险的主要方法包括事前预防、主动躲避、被动撤离和灾害治理等环节。

景区在举办各类活动时,应选择平整的高地作为活动区域,尽量避开有滚石和大量堆积物的山坡下面,更不要选择在山谷和河沟底部。当发生滑坡和泥石流灾害后,景区工作人员应根据景区应急预案,及时向领导、上级主管部门汇报,请求支援。同时立即组织游客撤离和避险,向与泥石流成垂直方向的山坡两边奔跑,视情况可向斜上方攀爬。及时划定地质灾害危险区,设立明显的警示标志,确定预警信号和游客撤离转移路线。事后出具调查报告,第一时间发布信息,减少负面影响。

(二)暴雨洪涝灾害的安全处置

暴雨是强降水过程,容易引起山洪、泥石流、崩塌滑坡,但暴雨是可以预测的,因此景区的安全管理应该具有预见性。景区要注意天气预报，根据天气的具体情况灵活调控游客规模和景区开放时间，在接报暴雨洪水资讯后，应该立即封闭景区、疏散游客，避免灾难性后果，并根据应急预案机制做出应对措施。

（三）冰雪灾害事件的安全处置

暴雪结冰可能导致交通、通信、输电线路等生命线破坏，景区道路结冰直接影响游客的出行安全，很容易导致交通安全事故。景区要建立预报预警机制，防患于未然，在灾害多发季节前，应该准备好相关救灾物资和设施设备，完善景区基础设施，包括道路、防护栏、安全标识等，加强对游客的现场管理和安全教育，增强安全防范意识。

（四）高温中暑应急处理

夏季天气炎热，容易导致中暑等现象发生，严重者有生命危险。2023年7月2日，北京一位导游员在高温下工作2小时，因热射病去世。景区要根据天气预报做好预警工作，建立高温安全应急机制和应急方案，配置降温设施设备，设置医疗点，以备游客和工作人员不时之需。

二、景区消防事故处置

（一）组织灭火

景区发生火灾时，要立即向景区负责人和消防部门报警，讲清失火的准确位置、火势情况。景区负责人和景区消防部门立即组织人员灭火，第一负责人应立即赶赴火灾现场指挥救援。火灾现场工作人员应迅速疏散现场游客，稳定游客情绪，并将游客引导至安全区域，组织和配合医务人员和相关人员积极抢救伤员。

（二）保护现场

清理残余火苗时，尽量保护起火点，不要拆除和移动物体，以便调查起火原因。火灾被扑灭后，工作人员要划出警戒范围，设置警卫，禁止无关人员进入现场，只有经公安部门同意后才能进行火场清理和勘察。勘查人员进入现场后，不可以随便走动。

（三）调查起因

调查起火原因需要使用调查访问、现场勘察和技术鉴定等方法。景区火灾事故的原因一般有违规操作起火、自然原因起火、人为纵火三类。

（四）善后措施

对事故人员伤亡、财产损失进行统计。严肃处理有关责任人，追究其法律责任。对员工进行防火安全再教育。安抚受害游客及其亲属，作出相应的补偿。

三、景区游览设备事故处置

景区工作人员要根据游览设施安全故障原因，启动相应应急预案与流程，迅速通

他山之石

新疆多处发生雪崩滞留游客情况如何？

知景区负责人和相关管理部门,并疏散游客。事故发生后现场人员应立即按下设备紧急停止按钮,切断电源。

若有游客受伤,应立即组织人员抢救伤员,尽快解除重物压迫,减少伤者挤压,并将伤者转移至安全的地方。若伤者的挤压部位有开放性创伤及出血,医护人员应及时为其止血。若有骨折人员,应及时为其进行骨折伤处理,并迅速转往医院。

景区工作人员注意保护好事故现场,事后调查分析事故原因,做好事故报告。及时主动地向公众及媒体发布事故应急救援信息,正确引导媒体和公众舆论。

四、景区意外伤害事故处置

(一)游客坠崖事故的应急处置

景区安全机构人员在接到游客坠崖事故应急救援处理的消息后,立即报告景区负责人和地方旅游行政管理部门,并组织救援。一般情况下公安消防为救援的主要力量,必要时可邀请民间志愿者救援队参与救援。

坠崖游客易出现骨折伤、缺氧、失血过多、昏迷等情况,救援人员在降到崖底营救时要携带心肺复苏器、氧气瓶、担架、止血带等工具,对游客进行简单的应急救护。将游客抬至平地后,要迅速采取心肺复苏、骨折包扎等急救措施,然后送至医院进行全面的检查与救治。

写出事故报告,包括事故的原因和经过、抢救经过、治疗情况、事故责任的影响处理、游客的情绪和反映等。报告力求详尽、准确。

(二)山石坠落事故的应急处置

当有游客被山石砸伤后,景区工作人员要用担架将游客转移到安全区域,检查游客受伤情况。山石坠落造成游客失血、骨折等伤害时,救援人员要先为受伤游客止血。不能随意移动骨折游客,移动时应使其保持平卧位,4人同时搬运,最好把骨折游客放在木板担架上,以保护其头、颈、胸、腰椎。切记不能搬头搬脚,防止加重伤害。对受伤游客进行基础急救后,立即送当地医院进一步救护。

立即封锁山石坠落区域,以免其他游客受伤。写出事后报告。

(三)探险事故的应急处置

景区工作人员接到求救电话或信号以后,要尽可能地确定求救者的位置、伤情,稳定他们的情绪,教给他们自救的方法,并尽量与他们保持联系。报告景区负责人和地方旅游行政管理部门,必要时报当地人民政府,根据预案迅速组织救援队伍,准备好救援工具,展开搜救行动。找到受伤者后,救援人员要根据其伤情立即进行急救,等伤员稳定后迅速将其送至当地医院进行救治。写出事故报告。

(四)溺水事故的应急处置

一旦发现游客溺水,景区工作人员要立即呼救,组织人员营救溺水游客,尽一切办

他山之石

南昌一过山车突发故障,18人被困空中

视频

游乐项目现场服务典型案例:发生故障的应急救援处理

法搜寻溺水者。将溺水游客抬出水面后,要保持其呼吸道通畅,并进行倒水。应立即对呼吸停止者进行人工呼吸,心跳停止者应先进行胸外按压,直到心跳恢复。尽快将伤者送往医院,并写出事故报告。

五、景区公共卫生事件处置

(一)突发性传染病的应急处置

突发性传染病具有较大的危害性,它既会影响游客的生命安全,也会造成景区经营活动秩序的破坏,还会对景区的社会形象造成负面影响,降低景区的吸引力。

景区工作人员发现游客存在疑似传染病疫情时,应立即向景区负责人和当地卫生部门报告,服从安排。同时向当地旅游行政管理部门报告,并提供游客的详细情况。要积极主动配合当地卫生部门做好游客在景区和住宿等场所的消毒防疫工作,同时做好游客的安抚工作。如果卫生部门做出就地隔离观察的决定后,景区管理部门要积极安排好食宿等后勤保障工作。经卫生部门正式确诊为传染病病例后,游客所在景区管理部门要积极配合,做好消毒防疫工作,并监督景区内的相关经营单位按照国家有关规定采取消毒防疫措施。

当发现疑似重大传染病疫情时,景区向旅游地旅游行政管理部门报告时,同时向当地政府报告。省级旅游行政管理部门接到报告后,应按照团队的行程线路,在本省范围内督促该团队所经过地区的旅游行政管理部门做好相关的消毒防疫工作。同时,应及时上报国家相关部门。

(二)食物中毒事件的应急处置

食物中毒事件会引发呕吐、腹痛、腹泻等症状。当景区饮食场所发现疑似食物中毒游客时,景区应立即采取催吐、导泻和解毒等救治措施,避免病情延误。紧急措施处理完毕后,应立即将游客送往医院进行救治。

六、景区治安事件处置

景区发生偷盗、绑架等治安事件时,安保人员接到报案后,应报告当地警方,并火速赶赴现场,组织人员对伤员进行抢救;保护现场,收集整理遗留物和可疑物品;及时组织力量,力争当场抓获犯罪分子,发现重大嫌疑人时,应安排专人秘密监控;警方到来后,应协助警方破案;险情排除后,配合公安部门处理善后事宜。

任务五　旅游景区安全保障体系

智慧景区是旅游景区发展趋势,保障景区安全是一项系统工作,需要一套合理的

他山之石

张家界遭遇疫情风暴,魅力湘西剧场回应质疑

视频

景区安全事故的成因

系统进行规范,更需要提升系统的数字化、智慧化程度,至少包括安全控制系统、信息管理及安全预警系统、应急救援系统、安全文化与教育系统,旨在辨识和消除安全隐患,减少事故损失,保障景区正常运营。

一、安全控制系统

安全控制系统是对景区安全管理体系的控制,主要包括安全管理机构、安全管理制度等内部管理控制协调以及安全法规体系、旅游保险体系等外部管理体系保障。

(一)安全管理机构

从广义上说,依据"一岗双责",景区内所有管理机构均承担安全管理的相应责任,全体员工都应该在其工作岗位上做好景区安全工作。在此基础上,结合景区的实际情况,成立专门的安全管理机构,该机构是景区管理委员会或管理局的直接下属机构,是景区负责安全管理的全职机构,具有景区安全管理的权威性,负责景区安全事故防范、控制、管理与指挥工作。

为更好地应对突发事故,景区应设立景区应急管理机构,其建立应遵守统一指挥、分工协作的原则,要顺应应急管理专业化发展的趋势。根据其成立的时间属性,景区应急管理机构可以分为常设应急管理机构、临时应急管理机构、景区结合应急管理机构三类,以应对景区突发事故的监测与预警、处置与救援系统、影响消除与恢复。

视频

景区安全管理机构的设立

(二)安全管理制度

景区的安全管理制度是在国家相关法律条例的指导下,为保证景区员工和游客人身财产安全所制定的符合景区安全管理实际情况的章程、办法和措施,是景区安全管理必须遵守的规范和准则。景区安全管理制度包括以下五个方面。

1. 岗位安全责任制

岗位安全责任制规定了景区员工在工作岗位上所担负的安全工作范围、内容、任务和责任,把安全工作的具体任务和责任明确到每个人身上,以达到全员安全管理的目的。

2. 领导责任制

安全管理实行"谁主管,谁负责"的总原则。领导的责任制规定了领导的安全管理具体职责和标准,便于对领导的考核,以及发生重大安全问题时的法律责任追究。

3. 重要岗位安全责任制

对于容易发生安全问题或者安全问题一旦发生影响巨大的部门,应该为安全管理岗位配备专门的安全管理人员,制定重要岗位安全责任制。

4. 安全管理工作制

安全管理工作制是按照景区安全管理的客观要求,规定安全管理的范围、内容、程序和方法,是整个景区安全管理的制度,也是指导景区开展各项安全活动的准则和规范。安全管理工作制具体可以分为安全设施管理制度、危险物品使用管理制度、消防安全管理制度、隐患排查和治理制度、交通安全管理制度、预报预警管理制度、事故调查报告处理制度、应急管理制度、安全奖惩制度等。各景区应该根据各自的实际情况制定相关安全管理制度。

5. 经济责任制

经济责任制按照责、权、利对等的原则,将工作成效与员工经济利益挂钩,从而调动全体员工做好安全工作的积极性,保证各项安全制度的贯彻落实。

景区安全救援管理制度

(1) 景区工作人员指引或护送需急诊的伤病游客就医,病情较严重或行动不便者,由现场工作人员及时通知医生到现场救护,或由工作人员联系景区内的车辆送伤病游客。

(2) 对就诊的伤病游客,医务人员进行耐心、细致的检查、诊断、治疗,并做好诊断记录。

(3) 景区医护人员须持执业资格证上岗,并接受卫生管理部门对医务室进行的有关检查。

(4) 在医务室就诊或现场救治的伤病游客,如病情危重,医务室不能处理者,经景区医护人员初步处理后,由景区车辆及时送就近的医院治疗,转送时由景区医护人员或指定的其他人员陪同前往。

(5) 对所有危重伤病游客所做的处理,均应做好有关记录,包括病情经过、初步检查诊断结果、所采取的措施等,以便进一步治疗及处理。

(6) 需转诊的伤病游客由医护人员直接通知车辆管理部门派车转诊。

(7) 如遇重大伤病或有生命危险的游客,医护人员应及时向景区有关领导报告,协调有关各方及时、妥善地进行救治。

(三) 安全法规体系

安全法律法规的权威性和强制性可以规范和控制从业人员的行业行为,强化和提高从业人员的安全意识和防控意识,唤起和提高游客的安全意识,约束旅游行为;唤起和提高广大社会公众对旅游安全问题的关注,为景区创建安全的旅游环境提供保障。安全法规体系是旅游景区安全保障体系中的基础,有三大类别:一是涉及景区安全管理的综合类法律法规,如《中华人民共和国安全生产法》《中华人民共和国突发事件应对法》;二是涉及景区安全管理的事故灾难、卫生与社会安全类法律法规,如《中华人民共和国消防法》《中华人民共和国食品安全法》《中华人民共和国治安管理处罚法》等;

三是专门面向景区管理的相关法律法规,如《风景名胜区条例》《游艇安全管理规定》等,形成一个完整的、有效的、操作性强并能规范指导旅游活动安全有序进行的旅游安全管理政策法规系统,使景区安全管理工作有法可依。

(四)旅游保险体系

旅游保险是旅游活动各种保险项目的总称,是保障旅游活动中相关利益主体正当权益的重要途径,也是提高旅游服务质量的有力后盾。目前,我国基本形成了具有旅行社游客责任险、旅游人身伤害险、旅游意外保险、旅行社责任险、旅游救助保险等多险种的旅游保险体系。游客也可自行投保旅游保险,如旅游救助保险、旅游救援保险、旅游意外伤害保险、旅游人身意外伤害保险等。

保险是良好的风险管理手段,除了加大保险宣传力度,增强游客的保险意识之外,鼓励保险机构开发更多符合需求的旅游保险产品,构建多层次的游客风险保险保障,与有关职能部门、救援机构和医院的交互和协同,实现综合旅游风险保障对游客的全覆盖。坚持以人民为中心,建立对重大事故案件快速反应机制,切实履行理赔服务承诺,高效、高质地完成理赔工作。

二、信息管理及安全预警系统

(一)信息管理系统

信息管理系统是收集和加工景区安全信息的系统,是保证景区安全预警准确、及时和高效的前提条件。虚拟技术、数字技术、空间技术和网络技术的出现使信息的传递、处理更加方便快捷,提高了安全管理的效率。信息管理系统的正常运行为景区安全管理系统中各项功能的实现提供了必要保障。信息管理系统主要由天气信息、交通信息、游览环境信息和景区容量信息四个子系统组成,每个子系统都要有旅游安全信息搜集、信息分析、对策制定和信息发布四个功能,及时消除潜在的隐患和风险,提升景区安全防控和预警效果。

(二)安全预警系统

《"十四五"国家应急体系规划》对"十四五"时期安全生产、防灾减灾救灾等工作进行了全面部署。景区要在国家统一规划下,充分利用物联网、工业互联网、遥感、视频识别、移动通信等技术提高预警感知能力,制定旅游安全对策和发布旅游安全信息,达到防患于未然、减少事故损失、保护游客人身财产安全的目的。安全预警信息应在景区主要出入口、客流主要集散地、核心景点等通过公告牌、电子屏发布信息,同时,通过移动智能终端向游客实时推送相关信息,方便游客做出相应调整。

1. 自然灾害预警

景区安全预警系统在自然灾害风险普查成果基础上,与气象、环境、地质、交通、海上救助等部门联网,实时监测地质、潮汐、天气、海水水质等指标数据进行对比分析,预测可能引发的各种严重危及旅游安全的灾难与事故,并根据可能产生的危害程度,发出不同级别的警报,精准预报和滚动更新技术强化了预警指向性。

2. 环境污染预警

环境是开展旅游活动的载体,但旅游资源的开发、景区的建设生产、游客的旅游行为会对环境产生影响甚至是破坏。兼顾旅游发展和环境保护,是新时代旅游业高质量发展的体现。通过射频识别、红外感应器、全球定位系统、激光扫描等智能监控技术,实现对景区资源和环境的监控。通过实时监测景区的气象要素、空气质量、水文变化、地质信息、雷电危害等,对污染物超标、可能发生污染事故的景区功能区域发出预警信息,确保景区的可持续发展,为游客和居民提供健康舒适的宜游宜居环境。强化旅游绿色发展监管,落实生态环境分区管控,严禁不符合要求的旅游项目开发,严格限制生态敏感区和生态脆弱区旅游开发类型、发展空间和开发强度。

3. 环境容量预警

景区环境容量是指景区环境各要素在特定时期内所能承受的游客人数和旅游活动强度,一般有最佳容量和最大容量两个阈值。环境容量预警旨在提醒游客合理选择出行时间和游览区域,避免因景区客流过大、人满为患而造成对游客、旅游地生态环境和人文环境的损害与破坏。

近年来一些景区的热点区域及网红打卡地经常存在"瞬时客流高峰"情况,很容易发生拥挤踩踏事故。国家层面对资源消耗和环境容量达到最大承载力的旅游景区,建立景区游客流量控制与环境容量联动机制,实行预警提醒和限制性措施。景区需要通过门票预约制度、丰富供给特色鲜明旅游产品等措施,做好导流、截流、分流工作,加强客流疏导和秩序维护;通过旅游高峰期游客时空分流导航管理实现游客均衡分布,降低安全事故发生概率,提高游客满意度。

4. 交通安全预警

通过加强现代电子信息技术在交通体系中的全面应用,完善智慧旅游交通体系,是建设智慧景区的任务之一,同时也是解决旅游交通安全的有效途径。景区充分利用物联网技术监测交通工具、交通基础设施,通过摄像头、感应器、传感器等获取大量交通数据,如全球定位系统数据、道路的传感器数据、天气数据、拥堵数据等,预测道路通行能力、提醒避开已出现拥堵或发生交通事故的路段,提高景区对旅游交通的监控能力,保障游客的交通出行质量。

三、应急救援系统

景区各种安全事故时有发生,存在智能化手段不完善、危险源数据缺失、风险点预警不足、应急响应联动慢等问题,需要景区提高应急事件管理处置能力,强化应急指挥联动,保障安全运营。

数智化已成为推动文旅产业供给侧结构性改革的重要力量,通过数智化技术手段构建景区应急救援系统,通过安装智能监控设备,设置高音喇叭示警、景区内网警报、电子沙盘声光示警等装置,实现安全监控的全面可视化、可控化管理。一旦启动应急预案,系统会以短信或直通电话方式通知公安、交警、武警、医疗等相关部门人员参与救援,并联动预警和管制,形成统一指挥、功能齐全、协调有力、科学高效的应急指挥中心及应急管理系统。

四、安全文化与教育系统

景区安全文化是指景区为了维护安全生产和保障游客安全所创造的企业文化,它是景区安全价值观和安全行为准则的总和,体现为景区和景区员工对安全的态度、思维程度及采取的行动方式,可分安全观念文化、安全行为文化、安全制度文化和安全物态文化四个层次。

景区要坚持以人为本,营造浓厚的安全文化氛围,加强景区员工的职业规范培训教育,建立健全景区安全文化评价体系,提高景区管理层和员工的安全文化素质,建立以政府旅游行政部门为主体的旅游安全逐级培训制度,确保各级管理人员和一线从业人员都能参与相应层级的培训,熟悉有关的安全生产规章制度和安全操作规程,掌握相应的安全知识和安全技能,夯实安全文化与教育系统的保障。

教学互动
Jiaoxue Hudong

通过以上内容的学习,在网上搜索了解一处新形态旅游景区(点),特别是网红打卡处,分析其可能存在的安全隐患,根据所学的景区安全管理知识,讨论并有针对性地提出安全管理措施。

项目小结

本模块包括旅游安全管理的概念及特点、旅游景区专项安全管理、旅游景区设施设备安全管理、景区常见安全事故的处置及景区安全保障体系五个任务。其中,重点讲述了自然灾害、消防事故、游览设备故障、意外伤害事故、公共卫生事件及治安事件的专项安全管理和应急处置。特别讲述了景区基础设施和服务设施的安全设计与管理,并通过安全控制系统、信息管理及安全预警系统、应急救援系统、安全文化与教育系统讲清了景区安全保障体系的构建。

项目训练

一、知识训练
请扫描边栏二维码答题。
二、能力训练
项目实训:选择一个旅游景区,实地调研,辨识其存在的安全隐患,讨论分析如何做好安全管理工作,避免事故发生,写出工作方案。

扫码答题

项目九
旅游景区环境资源管理

项目概要

　　景区环境质量直接关系到景区的生存发展,是景区发展的生命线。景区想取得长效发展,首先要树立环境资源保护的意识。除了自然环境的保护,游客数量和景区容量的关系,也是景区环境保护的重要内容。本项目重点介绍了景区的容量管理,阐明了各种环境容量的概念和特征,分别就景区容量管理、景区公共设施设备的创意建设、景区公共设施过程管理及景区自然环境和人文环境的保护和管理进行了分析。

知识目标

1. 了解景区环境容量的概念和特征;
2. 了解景区公共设施设备的内容;
3. 掌握景区自然和人文环境保护的策略。

能力目标

1. 针对高峰时段的游客管理制定合理的景区最大承载量管控方案;
2. 能够正确使用不同类型的景区设施设备为游客提供相关服务;
3. 具备景区环境遭受突发状况的应对措施和管理的能力;
4. 能够自觉维护景区自然环境、人文环境,使其免遭破坏。

素养目标

1. 培养学生爱护和保护旅游景区资源和环境的职业意识;
2. 培养学生尊重自然、热爱自然、树立环境保护的公德意识。

项目九　旅游景区环境资源管理

知识导图

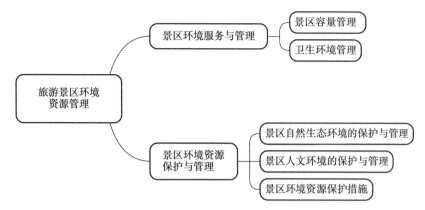

项目要点

旅游景区环境：景区的周围空间及其周围空间中存在的事物和条件的总和，是景区游览价值的重要组成部分，景区的环境服务与管理通常包括景区本身的资源环境、游客所处的游览环境，以及景区的社会环境。

景区的容量管理：单位利用者所需占的空间规模或设施量的物理意义，即每单位空间上所能容纳的合理人数。

景区环境资源管理：旅游景区资源是旅游业得以存在、发展的核心载体。景区内的各项景观资源、自然环境和各项服务设施，应当根据可持续发展原则，严格保护，不得破坏或随意改变，只有不断加强景区环境的保护，提升景区环境服务，落实管理工作才能实现旅游开发和景区可持续发展的双赢。

项目引入

五岳归来不看山，黄山归来不看岳。2023年春节，一场大雪给五百里黄山披上了银色的盛装。美丽的雪景吸引了大批游客赏景观光。黄山景区官网显示，1月24日（正月初三），黄山风景区接待游客34385人，创2018年以来春节假期单日接待量新高。此外，1月24日，黄山风景区公告称，1月25日黄山风景区门票预约数量已满，停止预约。

但是24日有游客反映下山时因人流量大，在零下15℃的环境中，滞留5个半小时。景区工作人员回应，23日和24日由于接连下雪，山上确实出现排队情况，但没有游客滞留。

1月25日，"黄山"词条冲上微博热搜榜。有网友表示，由于景区里人太多，自己从中午12点开始下山，一直堵到晚上7点多。还有网友称，从光明顶到玉屏索道，日常40分钟的路程走了7个小时。鉴于客流量较大，而黄山风景区光明顶前往玉屏楼迎客松方向有效游览空间狭窄、客流容量较小,1月25日早间,黄山风景区再发公告称,决定于25日下午2点左右开始在光明顶处实施截流分流管控措施,请广大游客自觉服从景区管理,调整游览线路,不要选择从光明顶往玉屏楼迎客松方向下山(耗时较长)。建议到北海景区游览后改乘云谷索道下山。

（案例来源：中国黄山官网，有删改）

任务一　景区环境服务与管理

景区环境是指景区的周围空间及其周围空间中存在的事物和条件的总和,是景区游览价值的重要组成部分。景区管理者必须协调好景区经营活动与环境保护之间的关系,才能实现景区经济效益、环境效益和社会效益的统一。

一个拥有良好旅游环境的景区,一定是具有较大旅游价值及对游客具有较大吸引力的,景区环境服务与管理通常包括景区本身的资源环境、游客所处的游览环境及景区的社会环境,因此,景区环境的服务与管理,重点从景区的容量管理和环境卫生管理两个角度分析。

一、景区容量管理

景区的人文环境是景区社会环境的重要组成部分,要有良好的景区环境,其容量管理至关重要。

（一）景区容量管理的定义

旅游景区是具有一定经济结构和形态的旅游对象的地域组合,即可理解为一定范围的地域,单位利用者所需占的空间规模或设施量的物理意义,即每单位空间上所能容纳的合理人数,即景区的容量管理。

（二）景区容量管理的影响因素

一是环境容量大小,环境容量是一个概念体系,包含了自然、社会、经济环境在内的复合环境系统,这个系统是对游客感受景区质量等方面带来无法接受的不利影响的旅游最高限度。

二是交通的快速发展为景区游客的到访提供了便捷的条件。交通越发达越能带动游客的出访量,为此也会给景区的基本空间带来考验。

三是景区质量与吸引力往往是吸引游客来访的关键因素。良好的景区在吸引游客的同时,也应该能为其愉悦游览提供基本空间的保障。因此,景区应该根据游客的到访情况合理规划其单位空间,以确保游客的舒适体验。

四是旅游资源的丰富性大大增加了游客兴趣,从而会加大游客前往目的地的可能性。越是资源丰富的景区越是会对游客形成极大的吸引,这对景区的容量是个极大的考验。

所以,景区在进行环境管理时必须考虑到景区的空间容量、资源容量、生态容量、设施容量、心理容量、资源容量、经济发展容量等因素。

(三)景区最大承载量

旅游景区的承载量一直是游客与旅游景区十分关注的问题,是游客满意度和安全度的有力支撑,因此也得到了旅游主管部门的高度重视。旅游行业标准《景区最大承载量核定导则》自2015年4月1日实施以来,不仅游客的满意度得到了提高,同时安全事故的发生率也大大降低。

旅游的核心价值在于游客在旅游活动过程中获得的体验及其关于体验的满意度。游客体验的满意度与许多影响因子相关,其中旅游吸引物、旅游景区或旅游目的地的拥挤状况就是一个重要影响因子。但并非景区越不拥挤游客的体验性越好,有些景区人均占有面积越大体验的质量越高,而有些类型景区如果没有人头攒动的热闹景象,就达不到令人流连忘返的效果。这一情况说明了旅游景区容量在需求方面的复杂性。

基于景区人文环境的管理和游客安全管理的视角,《景区最大承载量核定导则》制定了不同类型旅游地的最大旅游承载量标准,界定了最大承载量、空间承载量、设施承载量、生态承载量、心理承载量、社会承载量、瞬时承载量和日承载量。其中,最大承载量是指在一定时间条件下,在保障景区内每个景点游客人身安全和旅游资源环境安全的前提下,景区能够容纳的最大游客数量。

景区最大承载量的核定原则如下:测算出空间承载量和设施承载量,并根据实际情况确定景区最大承载量的基本值,在此基础上,以生态承载量、心理承载量、社会承载量等方面的指标或经验值作为参考。

景区旅游承载量标准如表9-1所示。

他山之石

庐山三叠泉景区实行容量管控和限时措施

表9-1 景区旅游承载量标准

承载量	说明
最大承载量	在一定时间条件下,在保障景区内每个景点游客人身安全和旅游资源环境安全的前提下,景区能够容纳的最大游客数量
空间承载量	在一定时间条件下,旅游资源依存的游憩用地、游览空间等有效物理环境空间能够容纳的最大游客数量
设施承载量	在一定时间条件下,景区内各项旅游服务设施在正常工作状态下,能够服务的最大游客数量
生态承载量	在一定时间条件下,景区在生态环境不会恶化的前提下能够容纳的最大游客数量

续表

承载量	说明
心理承载量	在一定时间条件下,游客在进行旅游活动时无不良心理感受的前提下,景区能够容纳的最大游客数量
社会承载量	在一定时间条件下,景区周边公共设施能够同时满足游客和当地居民需要,旅游活动对旅游地人文环境的冲击在可接受范围内的前提下,景区能够容纳的最大游客数量
瞬时承载量	在某一时间点,在保障景区内每个景点游客人身安全和旅游资源环境安全的前提下,景区能够容纳的最大游客数量
日承载量	指在景区的日开放时间内,在保障景区内每个景点游客人身安全和旅游资源环境安全的前提下,景区能够容纳的最大游客数量

（四）游客流量管理的措施

1. 错峰与预售

景区可以实行旅游淡旺季票价调节或预先支付享受折扣等方式,通过错峰游控制游客流量;景区也可以在特定时段,如"黄金周"期间,采取有效的门票预约和现场限售相结合的措施,实现景区对游客量的客观预测和掌控,制定相关保障措施。

2. 监测与分流

景区进行流量监测可通过一定的技术手段,如门禁票务系统、景区一卡通联动系统、景点实时监控系统等,实现景区流量监测的点、线、面全面监测。

实践表明,超过景区最大容量的旅游活动一定会或多或少地对景区自身和游客利益造成某种伤害,景区进行容量管理,可以更好地保护旅游资源,使游客有更好的旅游体验,因此,容量控制一直以来都是景区环境管理工作的重中之重。

二、卫生环境管理

景区卫生环境管理是景区环境管理的组成部分,由于卫生状况是整个环境状况中的一个变量,因此卫生管理就成为旅游景区环境管理的一个特殊内容,景区卫生环境管理问题已不仅仅是清洁和管理问题,更是景区的旅游环境和旅游形象问题,同时也反映景区和游客的现代文明程度。

（一）景区卫生环境管理的重要性

没有一种废弃物的处理方法是完全天然、安全的,而且部分污染防治设备会产生二次污染,加重环境污染,甚至损害大众健康。由此可见,保护与管理比处理更重要。

1. 卫生环境是景区环境质量的直接表现

卫生环境会自始至终影响游客的整个游览过程。清洁的路面、干净且分布有序的各种设施设备、服务人员的整洁仪表等都能给游客舒适、美好的感受,同时能增加游客的游览兴趣,提高精神享受。因此,卫生环境是旅游景区环境质量最直接的表现,直接影响游客的消费体验和消费质量。

2. 卫生环境是景区管理水平的直接反映

卫生环境管理是景区服务与管理活动中的基础管理工作,看似简单,在景区管理中却起着小中见大的作用,直接反映了景区服务与管理的水平,也是旅游地整体形象的重要表现之一。因此,要提高景区和旅游地在游客心中的形象、增强景区的吸引力,提高景区卫生服务与管理质量是必不可少的手段之一。

3. 卫生环境对游客的游览体验有着直接的影响

景区内的卫生状况是景区环境质量最重要的外在表现。景区的环境卫生状况直接影响着游客的游览质量及游客对景区的整体印象。良好的卫生环境会给游客带来美好的感受,增加游客的游览乐趣。

视频

景区卫生服务管理的重要性

(二)景区卫生环境管理的重要内容

景区卫生管理的内容与景区的类型、性质、规模等都有直接的关系,诸如食品卫生、酒店住宿、饮水卫生、能源卫生、医疗急救、流行病学等,凡是与游客身体健康和生命安全相关的内容都是景区必须认真对待的。《旅游景区质量等级的划分与评定》(GB/T 17775—2003)中对景区内餐饮场所、文化娱乐场所、垃圾箱、公共厕所的卫生状况都有明确要求。

1. 景区卫生环境管理的要求

《旅游景区质量等级的划分与评定》(GB/T 17775—2003)中按照景区等级评定导向,对不同等级的旅游景区应达到的卫生标准作出了详细规定。下面以5A级旅游景区为例,标准中规定其卫生应达到以下要求。

(1)环境整洁,无污水、污物,无乱建、乱堆、乱放现象,建筑物及各种设施设备无剥落、无污垢,空气清新、无异味。

(2)各类场所全部达到GB 9664规定的要求,餐饮场所达到GB 16153规定的要求,游泳场所达到GB 9667规定的要求。

(3)食品卫生符合国家规定,餐饮服务配备消毒设施,不应使用对环境造成污染的一次性餐具。

一般而言,旅游景区的卫生服务与管理应达到以下标准。

(1)景区内环境卫生面貌良好,无游人乱丢弃的各种垃圾和其他废弃物。

(2)各类自然景物、人文景物保存完好,无破败荒芜现象。周围环境整洁、清新,无损伤景物和影响观瞻现象。

(3)景区内供游人游览、休息的设施、建筑物完好、整洁,无残墙断壁。景点的山石、树木以及各处墙壁上无乱写、乱画及任意钉凿涂抹现象。

(4)景区的河、湖等各种水域水流畅通、水面清洁。

(5)景区内有为游客准备的垃圾箱、果皮箱等公共设施,且完好美观,定期清理。

(6)景区有垃圾集中收集或处置设施,垃圾收集、处理措施有效合理。

(7) 景区内的游览设施定期维修、油饰，保持图文清晰、清洁美观。

(8) 有专人负责景区内的清扫保洁工作，并能及时清除垃圾。

(9) 各类餐饮场所环境清洁卫生，设有垃圾存放容器，加盖，不遗漏，使用规范。餐具进行消毒处理，有完善的防蝇防鼠设施。

(10) 客房环境清洁卫生，床上用品、茶具等规范清洗、消毒。

(11) 景区员工个人卫生符合景区规定要求。

2. 旅游厕所卫生环境要求

旅游厕所虽然只是景区的局部或细节，然而却直接影响景区的形象和档次。旅游厕所的位置应设置在隐蔽但易于寻找、方便到达并适于通风排污的地方，其外观、色彩、造型应与周边景观的环境相协调。

针对旅游景区厕所脏、乱、差的现象，自2015年旅游厕所革命开展以来，文化和旅游部先后制定并实施了《全国旅游厕所建设管理三年行动计划（2015—2017）》和《全国旅游厕所建设管理新三年行动计划（2018—2020）》，各地探索出很多富于创造性的成功经验，有效提升了景区旅游厕所建设与管理水平。

《旅游厕所质量要求与评定》（GB/T 18973—2022）规定了旅游厕所质量的总体要求、分布与数量、通用要求及类别与评定。旅游厕所按质量要求分为两个类别，由高到低依次为Ⅰ类和Ⅱ类。

公共厕所布局合理，数量能满足需要，标识醒目美观，建筑造型景观化。所有厕所具备水冲、盥洗、通风设备，并保持完好或使用免水冲生态厕所；厕所设专人服务，洁具洁净、无污垢、无堵塞。室内整洁，有文化气息；景区厕所环境整洁，厕所内部保持"六面光"，做到无蛛网、无积土、无烟头、无纸屑、无杂物、无积水；内部干净，便池无污迹、无尿碱、无便垢，不堵塞；全日保洁，多次冲洗，做到无异味；定期药物消杀，做到无蚊蝇。景区智慧公厕管理系统、旅游景区厕所示例分别如图9-1、图9-2所示。

图9-1　景区智慧公厕管理系统

图9-2 旅游景区厕所

3. 垃圾箱

旅游景区是人流集中的公共场所,每天都有垃圾产生。垃圾的收集与处理,直接反映出旅游景区的管理水平和文明程度。垃圾箱是一种使用频繁的公共设施,设置应本着方便、实用和美观、协调的原则,合理安排数量和布点。《旅游景区质量等级的划分与评定》(GB/T 17775—2003)的规定,垃圾箱布局合理,标识明显,造型美观独特,与环境相协调。垃圾箱分类设置,垃圾清扫及时,流动清扫,日产日清。

例如,湖北随州大洪山风景名胜区自开展全域垃圾分类工作以来,景区管理局全力完善餐厨垃圾分类收运体系,相继建成大洪山垃圾分类分拣中心、餐厨垃圾降解处理中心、大件垃圾破解中心、有害垃圾暂存间等垃圾分类综合处置配套设施建设。2021年8月又建成随州首个餐厨垃圾处理中心,内设餐厨垃圾预处理系统、高温厌氧发酵系统、油污处理系统、除臭系统等,额定处理能力1000千克/天。

针对景区内环境卫生管理可以参考国家制定的相关环境卫生管理方面的法律法规,并依据法规严格执行。

知识活页

世界各地垃圾处理创意

世界各个国家和地区都在积极努力创新,采用不同的方法,将垃圾变废为宝,赋予垃圾新的生命。例如:印度北部德昌迪加尔兴建了一座"垃圾公园",园内的所有游乐设备都是以垃圾为原料制成的;在比利时首都布鲁塞尔的一座公园里,摆设着许多会说话的垃圾桶,这种垃圾桶做成胖木偶形状,木偶张着大嘴,当游客把垃圾丢进它的口中时,它就会大声说"谢谢"。也有些景区规定,本城市男女老幼到此景区游览时,交纳一定数量的垃圾,可不用购买门票。

任务二　景区环境资源保护与管理

他山之石

海南东寨港红树林景区生态环境治理

《旅游规划通则》(GB/T 18971—2003)中给旅游资源这样下定义：自然界和人类社会凡能对游客产生吸引力，可以为旅游业开发利用，并可产生经济效益、社会效益和环境效益的各种事物和因素，均称为旅游资源。旅游资源是景区的核心，能对游客产生吸引力，并且带来效益。因此景区旅游资源的保护是景区生存和发展的物质基础，是景区可持续发展的保障。

旅游景区资源，就是指景区内具有旅游开发价值，能够吸引游客并能满足旅游需要的自然和人文景观以及旅游服务设施的总和。旅游景区资源是旅游业得以存在、发展的核心载体。景区内的各项景观资源、自然环境和各项服务设施，应当根据可持续发展原则，严格保护，不得破坏或随意改变。

随着社会文明的发展、人们环保意识的增强，良好的旅游景区环境开始成为景区吸引游客的重要因素之一。景区环境系统是复杂的系统，包括影响景区条件和状况的各种环境因素，如自然环境、人文与社会环境、卫生环境等，各方面因素相互作用、互相影响。在景区的开发建设中需要对景区环境进行深入的调研与规划，而对于已投入使用的景区，其日常的经营管理工作主要从景区自然环境、人文环境、接待氛围和卫生环境等方面开展管理工作。只有不断加强景区环境的保护、提升景区环境服务、落实管理工作才能实现旅游开发和景区可持续发展的双赢。

一、景区自然生态环境的保护与管理

(一)景区自然生态环境基本概念

景区自然生态环境是包括景区大气、土壤、地表水、动植物等生物资源多样性及地质、地貌、噪声状况等组成的综合体。对游客而言，它并不是直接的旅游对象或旅游吸引物，而只是起承载作用的外在环境或基础环境，因此往往不被旅游开发者所重视，但这些自然状况直接影响景区的吸引力、规模和实现可持续发展的能力，构成了景区生存、发展的基础，关系到旅游景区的成败兴衰。

(二)景区自然生态环境标准要求

《旅游景区质量等级的划分与评定》(GB/T 17775—2003)对不同等级的旅游景区应达到的环境质量标准进行了规定，具体如表9-2所示。

表9-2　不同等级旅游景区环境质量标准

环境质量标准	空气质量 (GB 3095—1996)	噪声质量 (GB 3096—2008)	地表水环境质量 (GB 3838)	污水排放 (GB 8978)
AAAAA级景区	一级标准	一类标准	达到规定	达到规定

续表

环境质量标准	空气质量 (GB 3095—1996)	噪声质量 (GB 3096—2008)	地表水环境质量 (GB 3838)	污水排放 (GB 8978)
AAAA级景区	一级标准	一类标准	达到规定	达到规定
AAA级景区	一级标准	一类标准	达到规定	达到规定
AA级景区	一级标准	一类标准	达到规定	达到规定
A级景区	一级标准	一类标准	达到规定	达到规定

(三) 景区自然生态环境管理基本目标

1. 生态管理目标

(1) 景区内空气清新，水质清澈，环境幽静，生态宜人，提供良好的游赏体验。

(2) 清除可能影响景区环境的污染源，如污染源实在不能清除，应该做到有效控制。

2. 绿化管理目标

(1) 景区植物生长健壮、旺盛，观叶植物颜色鲜艳，草坪保持青绿茂盛无杂草。

(2) 无病虫害、无死树、无枯枝、无残花、无败叶、无野生藤萝缠生、无缺株、无杂草。

(3) 枯萎和倒伏的乔木、灌木及时处理，无黄土裸露，边缘草要修剪整齐、美观。

3. 预案管理目标

(1) 做好突发环境事件的应急预案，保障游客人身安全。

(2) 做好严寒、酷暑、台风等极端天气的预防工作。

(3) 提前预设并及时处理游客关于环境方面的投诉。

(四) 景区自然生态环境现存问题

1. 大气污染

随着大量游客和机动车辆的涌入及旅游设施的兴建，燃煤锅炉、汽车尾气等使空气中的有害气体增加，导致景区大气污染。如敦煌莫高窟，随着游客的不断增多，呼出的大量二氧化碳气体及有害气体使莫高窟壁画、彩塑褪色、起甲、空鼓，严重影响壁画的生命。在一些宗教景区，大量香客点燃的香火，也会使大气受到污染。

2. 水土流失

游客取景拍照、寻找"野趣"或走捷径、自辟道路，使得景区植被和土壤被践踏破坏，游径变宽。景区内特殊的交通工具也会使得植被和土壤破坏加深，使游道两旁的土壤板结或松散，增加地表径流，容易造成水土流失，地表土壤的有机质、水分和营养元素的含量降低，水体的时空分布被改变，径流的含沙量增加。水土流失会导致山体滑坡，如受极端天气影响，2021年7月10日，五台山风景区突降大雨引发了山体滑坡(图9-3)。

图 9-3　五台山景区山体滑坡

3. 水体污染

景区内的生产、生活用水没有经过处理,或仅经过初级处理,就排放到水环境中,由此会把病原体带入水中,污水排入使得水体富氧化加速,以湖泊、水库、池塘等水体为基础的景区,受到的影响更为突出。比如,近年来很多景区内出现了许多农家乐饭庄和烧烤店,污水直排入湖,黑烟遮住蓝天。有些不文明游客将带来的食品包装袋、饮料瓶和食品残渣随意抛弃在水库中,水库的水体浑浊,杂草丛生,垃圾漂浮,面临沼泽化。

4. 噪声污染

根据《旅游景区质量等级的划分与评定》(GB/T 17775—2003)要求,景区噪声指标达到《声环境质量标准》(GB 3096—2008)中的一类标准,相比其他污染,景区噪声污染往往被忽视。茅山风景名胜区位于江苏省镇江市句容市,风景区内植被茂密,风景秀丽,是中国道教名山和国家4A级旅游景区。而位于茅山风景区辖区内西侧上杆村的林山山下的石子厂被群众投诉,因其在几年间尘土飞扬,污染严重,尤其在夜里卸石头、机器敲石头、破碎石头的声音不断,严重影响周围居民的睡眠,居民多次向有关部门举报。

5. 生物资源负面影响

游客采集景区花朵、树枝、菌类或带来外来物种,会改变物种的组成或结构。游客的踩踏使路面上植物的根部裸露,威胁到植物生长。比如,有些游客盗挖天山雪莲,引发人们关注,纷纷谴责这一不良行为,野生雪莲靠种子繁育,如果这种现象得不到遏制,雪莲这种珍贵的物种将会锐减甚至消失。

另外旅游活动会影响动物的正常觅食和繁殖,易受惊吓的动物还会远离景区。游客乱丢吃剩的食物,还会改变某些动物的饮食结构。还有些游客在海埂大坝拍摄海鸥时,抓住海鸥自拍留影,全然不顾被抓海鸥的挣扎和其他海鸥的呼救鸣叫。

（五）景区自然生态环境管理

1. 景区自然生态环境管理原则

（1）资源整合原则。

景区内的资源由于地貌分异规律的影响表现出一定的地域差异性和地域特色性，为了合理利用和开发景区内的旅游资源，必须对其进行整合。景区资源整合包括旅游资源的类型、等级整合，空间结构的整合等。从整体的角度出发，对景区内的旅游资源进行调查，评价其价值以及构建层次分明的资源等级体系。

（2）可持续发展原则。

景区的可持续发展必须在发展过程中遵循三条基本原则：生态可持续性、社会和文化的可持续性、经济可持续性。景区的生态化管理是景区旅游可持续发展的具体化。

知识活页

普陀山景区编制生态规划

普陀山是我国佛教四大名山之一，素有"海天佛国""南海圣境""海上植物园"之称，同时，也是我国著名的岛屿型风景名胜旅游胜地。普陀山本岛总面积为12.5平方公里（不包括朱家尖部分），每年接待的香客近400万人次。香客的增加在带动当地旅游经济发展的同时，对当地保存良好的生态环境也产生了一定的影响。"发展旅游很重要，但保护生态环境更重要，作为一个风景旅游区，生态环境是我们最宝贵的资源。"普陀山园林管理处有关负责人认为，普陀山之所以每年能够吸引那么多的香客，一方面靠的是普陀山是观音道场，其在海内外具有很高的知名度，另一方面就是岛上有保护良好的生态环境，成为不可多得的旅游资源。要让旅游经济实现可持续发展，必须更好地规范普陀山的生态发展。

普陀山管委会和国林部门曾多次进行过森林保护、园林绿化等方面的规划，从而促进了景区生态环境的恢复和保护。随着舟山大桥的通车，游客流量的日益增加，生态环境也承受着很大的压力。要实现可持续发展，对现在的生态环境状况进行系统调查并进行长远规划，是十分重要的举措。

2. 景区自然生态环境管理策略

首先，应对景区的旅游景观进行功能分区，通过游客分流，避免旅游活动时对景区资源造成破坏。根据景区内旅游资源的不同特色，景区可划分为核心保护区、缓冲区和旅游服务区等不同层次。其次，合理规划旅游路线和各种线性设施建设，如游道、索道、电线网等，避免穿越生态敏感区，开辟方便的休息点及观景点，控制游客数量，设计合理的道路宽度。最后，要从结构和功能上对旅游区进行景观生态规划，构建不同的功能单元,从整体上协调和优化利用出发,确定景观单元及组合方式,选择合理的利用方式。

3. 环保理念管理

(1) 对游客的管理。

首先,要正确引导游客的行为,通过各种生动活泼的方式教育引导游客,规范其行为,使游客尊重自然及乡土文化,爱护生态环境。其次,对游客进行管理,这里的管理分为直接管理和间接管理,具体方式包括限制游客数量、进行分时分区的客流量调度、限制活动、罚款收费、宣传教育等。

(2) 当地居民的参与。

当地居民参与旅游的根本目的是获得利益,所以生态化管理必须与当地居民融为一体,让当地居民参与制定发展旅游的规划和决策是影响旅游业长期稳定发展的重要因素。

(3) 对旅游企业的管理。

景区内旅游企业生态化的管理主要体现在企业应与自然环境、社会生态环境及经济生态环境保持平衡,建立保护环境的理念,并尽可能地采取措施降低环境成本。

二、景区人文环境的保护与管理

景区人文环境除了包括景区的区域文化,也包含景区的社会治安状况、配套的各项服务、所在地居民对外来游客的态度及当地社会发展程度等。其中社会治安情况是指当地社区的社会风气、犯罪率情况等;当地居民对外来游客的态度受当地居民文化水平、职业年龄构成、收入水平、风俗习惯、宗教信仰等多种要素的影响。

(一) 景区人文环境认知

景区的人文环境可以从旅游景区的安全性、文明程度、友好程度、开放程度、对外来文化的接受程度等多角度进行衡量。景区的人文特点是通过历史文化与社会环境积淀而成的文化精髓,就像人所处的环境与经历会慢慢形成固有的性格与气质。想要挖掘景区的核心引力,必然要重视景区人文环境塑造。

湖南衡山寿岳

2021年11月湖南省国际文化旅游节以"锦绣潇湘·独秀衡阳·天下南岳"为主题,在衡阳市南岳区举行。围绕"寿岳+敬老"的传统元素和"登山+健身"的时尚元素,组织中国南岳衡山登山节;开展"圣火南岳·祈福世界"活动,取祝融峰顶之圣火,为世界祈福。南岳衡山茂林修竹,终年翠绿,奇花异草,四时飘香,自然景色非常秀丽,还有大量名胜古迹和神话传说,形成别处难以比拟的文化沉积,就像一个辽阔的人文与山水文化彼此和谐统一、水乳交融的巨型公园(图9-4)。

1982年,衡山作为我国重点自然景观和人文景观,以湖南衡山风景名胜区的名义,被国务院正式批准列入第一批的国家级风景名胜区名单,2007年,南岳衡山经国务院批准列为国家级自然保护区。

图9-4　衡山万寿大鼎与寿字题字

湖南衡山也称"寿岳",也是我们常说的"寿比南山"中的"南山",景区就围绕"寿"字做文章,不仅铸造了著名的"中华万寿大鼎",建设南岳寿文化苑,举办寿文化旅游节,推出南岳寿饼等系列旅游产品,景区景点命名也多与寿有关,当地民众也颇多以"寿"字为名,而且每年都开发出一系列与寿相关的旅游产品项目,可谓提起寿就能想到衡山。除此之外,提到宋文化想到开封清明上河园,提到大唐文化想到大唐芙蓉园,这些景区也凭借独有的人文特点,将人文名片深深印入游客的心里。

(资料来源:作者根据相关资料整理)

教学互动

假如景区也有朋友圈,提到某景区,你能想到的好友印象是什么?

(二)影响景区人文环境管理的因素

1. 经济原因

一些景区在开发前,当地居民主要依靠伐木采集等获取经济收入,其经济收入来自景区的森林草场等资源。旅游开发后如果社区居民预期收入未能兑现,无法补偿社区的经济损失,就会出现各种社会矛盾,这些矛盾通过各种渠道释放出来从而影响社会稳定。

2. 文化原因

随着游客大量来访,游客所负载的异域文化、外来文化不断对景区社区原有的相对古朴原始的文化造成影响。游客的行为举止、着装、习惯、生活方式无一不对当地居民构成影响,产生所谓的"示范效应",这在推动景区周边社区现代化的同时,必然会冲击社区的传统文化。社区居民对旅游的态度在景区发展的不同阶段也会经历"欣喜—冷静—漠视—愤怒"的演变。特别是在社区受益程度低的景区,很多社会问题的产生在深层次上都可以归结为文化的原因。

3. 其他原因

社区与景区游客之间的社会文化冲突是多方面的。例如,随着景区开发获得成功,景区内外相应的旅游设施不断增加,旅游活动所产生的污水如果不经处理而直接排放,会污染周边居民的水源,影响周边居民的正常生活和生产。同时外来人员不断增加,一些人乱扔乱丢、损坏庄稼和偷盗等行为也会恶化双方关系,外来旅游服务项目经营者与当地旅游服务项目经营者的冲突增加使社会治安状况变差,增加了乡镇协调解决纠纷的工作难度。景区开展保护后野生动物增多,可能会破坏村民的庄稼等。

(三)景区社会人文环境管理

旅游景区在旅游开发时,不能只注重商业价值的挖掘,而忽视对原有人文环境民俗风情的保护,只有通过管理机构调节、去商业化等方式恢复景区的人文环境,才能留住人文景区的"魂",使人文环境成为景区吸引游客的重要因素。

1. 加强地域文化开发与保护

旅游景区为了增强吸引力,烘托旅游氛围,凸显地域特色,增强竞争力,往往要大力开发地域文化。景区在地域文化旅游开发的过程中,要妥善保护文化古迹等有形文化资源,无形文化资源(如民俗民风、传统表演艺术等)的开发,要避免舞台化、商业化对传统文化价值的贬低。开发形成的文化旅游产品要既能雅俗共赏,又不失去民族文化的本真性。景区在鼓励社区保留传统文化的同时,也要教育游客尊重社区的文化和习俗,如民族礼节、传统禁忌等,以减少文化冲突。

2. 鼓励社区参与共建景区文化

旅游景区往往曾经是社区居民世代居住的家园,无论是景区资源还是社区居民,都承载了景区的历史文脉与记忆,社区居民及其所负载的文化是景区的重要吸引力元素。景区在经营中须照顾社区的利益,鼓励社区居民参与到旅游活动中来,从旅游业中获利,在保护和传承文化同时解决就业问题,走可持续发展的道路。贵州郎德上寨每天举办苗族风情表演,表演者均为本村的村民。除此之外,村民还可以根据游客的要求为他们举办有苗族特色的民俗活动,所有参与旅游活动的村民都可以获得旅游收入。

这些鼓励社区参与和回馈社区的行为不但有利于社区发展,同时也是景区自身发展的需要。景区和社区的良性互动不但提高了社区居民生活水平,推动社区各项事业的进步,同时也为景区创造了良好的经营环境,赢得了居民对旅游的良好支持态度,促进了景区和谐、快速、持续发展。

三、景区环境资源保护措施

(一)加强规划的科学性和约束性

制定可持续发展的景区总体规划,加强规划制定的科学性,对接待容量进行科学

视频

景区环境管理的方法

确定及合理功能分区等,使得景区内的生态环境、社会经济效益达到最优化,同时加强规划的约束力,定期检查规划的实施情况,对于擅自修改或不按规划建设的行为给予严厉的惩罚,加强旅游规划的科学性和约束性是景区环境资源可持续健康发展的重要保证,最终实现景区的持续发展。

(二)不断健全法律法规

目前,旅游资源保护的法律仅能依据散见于各环境与资源单行要素保护法及行政法规、部门规章中,如《中华人民共和国文物保护法》《风景区名胜条例》《中华人民共和国森林法》《中华人民共和国水法》《中华人民共和国野生动物保护法》《中华人民共和国环境保护法》等。就旅游资源的保护与开发专门进行立法的,以及有关旅游资源保护和开发管理方面的专项政策均较少,因此需要进一步健全旅游资源保护的法律法规建设。

针对景区的具体情况,可以在现行立法的基础上,与现行的自然保护区条例、森林公园管理办法及风景名胜区管理条例等特别区域保护法等进行衔接协调,并以之为依据,建立、完善、协调、充实有关国家森林公园、风景名胜区、自然保护区、国家重点文物保护单位等的保护管理条例、标准和规范,修改完善地方的旅游法规,并注意根据旅游资源环境的地区差别性突出地方特色及可操作性,同时重视维护法制的统一。

教学互动

通过本项目的学习,你有什么更好的方法可以对景区的环境进行保护?

项目小结

本项目主要从景区的环境服务管理和资源保护与管理两个方面进行阐述,主要讲述了旅游景区的容量管理、设施管理,并且从景区自然和人文景观两个角度对环境资源保护与管理的概念、影响因素及措施进行分析。景区环境资源保护与管理是景区管理的重要组成部分,更是一个庞大的管理体系,在学习和实践中应多加关注,加深理解。

项目训练

一、知识训练

请扫描边栏二维码答题。

二、能力训练

项目实训:调研一个自然类或人文类景区,运用所学知识,为其设计一个环境保护及管理方案。

项目十
旅游景区智慧化管理

 项目概要

随着科技的不断发展,智慧化管理已经成为现代景区管理的趋势。本项目介绍了景区智慧化管理的概念、原理、应用和挑战。解析了景区智慧化管理的内涵,包括数字化技术与景区管理的结合,以提升管理效率和游客体验;探讨景区智慧化管理的技术基础,如物联网、大数据分析、人工智能等的应用。通过案例分享,展示智慧化管理在景区的应用,并对景区智慧化管理面临的挑战和未来发展趋势进行了阐述。

 **学习目标**

知识目标

1. 了解智慧景区的概念、内涵和意义;
2. 了解智慧景区的建设步骤和关键要点;
3. 掌握智慧化管理对景区运营效率和游客体验的作用;
4. 掌握虚拟景区技术的基本原理和发展趋势。

能力目标

1. 能够辨别智慧景区的特征和要素;
2. 能够描述智慧景区的建设步骤和关键要点;
3. 能够评估智慧景区建设所需的技术基础和可行性;
4. 能够分析智慧化管理对景区运营效率和游客体验的影响;
5. 能够解释虚拟景区技术的基本原理和应用方法。

素养目标

1. 培养学生的创新意识和开放思维,以及对新兴科技的主动应用与推广的责任感;

2. 培养学生面对变革与挑战的勇气与决心,以及用创新思维解决智慧化管理中的问题的能力;
3. 培养学生尊重和推崇传统文化的价值观念和责任感。

 知识导图

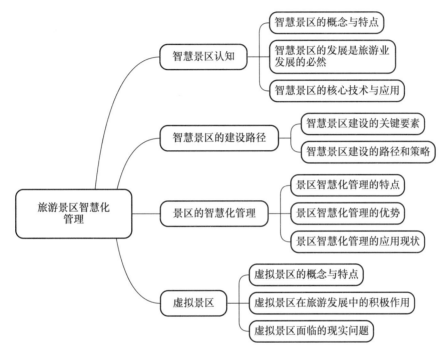

项目要点

智慧景区认知:智慧景区是指运用先进的信息和通信技术、物联网、大数据分析等技术手段,将传统景区与现代科技相结合,实现景区管理与服务的智能化、数字化和个性化的现代化旅游景区。

智慧景区的建设路径:智慧景区的建设路径大致可以分为规划、基础设施建设、数据采集与整合、信息共享与展示、智能化管理与运营、互动体验与创新、智慧营销与推广等七个步骤。

景区的智慧化管理:景区的智慧化管理指的是应用先进的信息技术、物联网、大数据分析等技术,对景区进行智能化和数字化的管理和运营。

虚拟景区:虚拟景区指的是利用虚拟现实(virtual reality,VR)技术、增强现实(augmented reality,AR)技术等数字化技术创建的虚拟环境,用于模拟真实的景点、旅游景区或遥远的地方。虚拟景区已经成为旅游业和文化领域的热门发展方向之一。

"慧游泰山"智慧文旅平台

泰山是首个世界文化与自然双遗产、首批国家级风景名胜区、世界地质公园、首批国家5A级旅游景区、首批全国文明风景旅游区。为贯彻落实《国家旅游局办公室关于印发"十三五"全国旅游信息化规划的通知》《泰安市人民政府关于大力推进旅游业又好又快发展的实施意见》等文件精神,建设面向游客的一部手机游泰安全域旅游服务平台。2019年3月,由市委、市政府统一部署启动"慧游泰山"智慧文旅平台建设。

"慧游泰山"智慧文旅平台具体包括以下内容。

(1) 智能导览:慧游泰山平台为游客提供智能导览功能,通过手机App或终端设备,游客可以获得精准的景点导览信息、历史文化介绍和导览路线规划等。这大大提升了游客的导览体验,使他们更方便地了解泰山的历史、文化和自然风光。

(2) 资讯推送:慧游泰山平台通过智能推荐算法,将景区的最新资讯、活动信息、优惠促销等推送给游客。游客可以第一时间获取相关信息,提前了解和计划行程,增加了游客的满意度和参与度。

(3) 实时预订:平台上提供了景区门票、交通、住宿等的实时预订服务。游客可以通过慧游泰山平台快速、便捷地进行预订,避免了排队等候和烦琐的预订流程,提高了游客的出行效率和便利性。

(4) 智能安全:慧游泰山平台配备了智能安全监控系统,通过摄像头和传感器等设备,对景区的安全状况进行实时监控。一旦发生安全问题,系统可以及时报警并提供紧急救援指导,保障游客的安全。

(5) 数据分析:慧游泰山平台收集和分析游客的行为数据和偏好,为景区管理者提供重要的数据支持。通过数据分析,可以了解游客的需求和行为习惯,为景区的管理决策和改进提供参考依据。

任务一 智慧景区认知

在信息技术和社会经济的快速发展下,旅游业得到了长足的发展。景区作为旅游业的核心组成部分,已经迅速发展成为人们休闲娱乐、文化传承、旅游观光等多功能的场所。而智慧景区的建设作为一种前沿的管理理念和技术手段,正在对传统景区进行颠覆和革新。

一、智慧景区的概念与特点

（一）智慧景区的概念

智慧景区是指应用信息技术手段，以提升景区管理效能和游客体验为核心目标，实现景区内部业务深度融合和数据共享的综合性管理模式。智慧景区通过引入物联网、大数据、云计算、人工智能等先进技术，实现景区资源的集中管理与调度，提供个性化的服务和定制化的体验，以提高景区管理效率、服务质量和游客满意度。

智慧景区的概念可以从以下几个方面进行理解。

1. 系统架构

智慧景区的建设包括硬件设施、软件系统和管理流程的协同配合。硬件设施包括传感器、摄像头、导览设备等，软件系统包括智能控制系统、数据分析平台等，而管理流程则是针对不同的业务情况进行优化和改进。

2. 数据共享与协同

智慧景区通过信息化手段实现各类业务系统和部门之间的信息共享与协同工作，避免信息孤岛和重复工作，提高工作效率与协作效能。

3. 个性化服务

智慧景区能够根据游客的个性化需求和偏好，提供定制化的服务和产品，包括游览线路、餐饮推荐、购物优惠等，提升游客满意度和忠诚度。

4. 智能决策与管理

智慧景区依靠持续采集、整理和分析景区内外的各类数据，从而实现对景区运营、管理和市场需求的深入理解和精准预测。通过智能决策系统，实现对各个业务环节的自动优化与调整。

（二）智慧景区的特点

1. 数据驱动

智慧景区依靠持续采集、整理和分析景区内外的各类数据，从而实现对景区运营、管理和市场需求的深入理解和精准预测。通过数据驱动，可以更好地了解景区的客流量、热门景点、游客的消费行为等重要信息。

2. 信息共享

智慧景区通过信息化手段实现各类业务系统和部门之间的信息共享与协同工作，避免信息孤岛和重复工作，提高工作效率与协作效能。例如，景区的门票系统、导览系统、客户服务系统等可以实现数据的共享和互通，为游客提供更加便捷、高效的服务。

3. 个性化服务

智慧景区能够根据游客的个性化需求和偏好，提供定制化的服务和产品。通过数据分析和人工智能技术,智慧景区可以对游客的兴趣爱好、游玩时间、预算等进行分析,从而为游客提供个性化的推荐和定制化的体验,增加游客的满意度和忠诚度。

4. 无缝体验

智慧景区通过应用移动支付、智能导览、虚拟现实等技术手段,打造无缝的游客体验。游客可以通过手机应用进行门票预订、导览和支付等操作,不需要排队购票、导览和结账,提供了更加便捷、高效的服务。

5. 可持续发展

智慧景区将可持续发展的理念贯穿于景区运营和管理的各个环节。通过优化资源利用、节能减排、环保管理等措施,实现景区的绿色可持续发展,保护自然环境和资源,提升景区的形象和吸引力。

（三）智慧景区的服务

随着互联网、物联网和大数据时代的来临,景区进入了智慧旅游新时代,需要不断完善各项信息化服务功能,以满足游客的个性化需求。从前端的网络购票、Wi-Fi覆盖、刷脸入园、线上身份验证、AR智慧导览/视频讲解、AR实景导航、VR虚拟体验/仿真互动等到后端的客流AI智能监控、景区无线广播建设、景区环境监测系统建设、智慧救援系统建设、旅游大数据建模、大数据智慧营销、智慧旅游服务平台等,都需要信息设施和软件系统的支持。所以景区的信息设施可以解释为在景区各类活动中帮助游客及其他人员进行信息交流与传递的媒介物体系。

景区的信息服务一般是由公共通信部门、信息服务部门、景区管理机构和私人企业间合作提供,主要包括信息传输网络、信息传输建筑物（或场地）及信息传输设备,还有现代大型景区竞相发展的"数字智慧景区"。

知识活页

云台山智慧景区建设助力旅游大发展

作为全国首批数字景区建设试点单位和全省首批五钻级智慧景区,云台山始终以游客需求为中心,基于十多年的数据积累和1.5亿元的智慧化建设投入,融合高德阿里30万+App位置服务的数据支撑,打造"全行程、管家式"智慧化系统,让广大游客畅游山水间享受智慧化建设带来的文明出游新体验。多年来,云台山充分利用智慧景区综合指挥系统,实时监控并快速实现有效分流游客、调度车辆,从容应对客流高峰;全网实名制预约、分时购票,游客直接刷身份证入园,方便快捷,提升了游览质量;应急无线广播系统、游客应急求助与救援系统,为游客文明出游、安全出行保驾护航;与高德联合打造

"云台山一键智慧游",食、住、行、游、购、娱全方位服务信息一览无余,一部手机玩转云台山,助力提升游览体验。

(资料来源:河南日报)

二、智慧景区的发展是旅游业发展的必然

分时段预约游览、流量监测监控、数字化体验产品等以5G、大数据、虚拟现实、物联网、人工智能等为代表的互联网科技,正成为推动智慧旅游高质量发展的重要驱动力。

(一)智慧景区发展的必然性

过去几十年,旅游业经历了快速发展和变革。随着全球经济的发展、人民生活水平的提高以及休闲旅游需求的增强,旅游业成为全球极其重要的经济支柱之一。但是,随着旅游业的规模不断扩大和竞争的加剧,也面临着许多新的挑战和机遇。

1. 旅游需求升级

随着人民生活水平的提高和休闲观念的转变,人们对旅游的需求也在不断升级。他们越来越注重旅游目的地的质量、服务和体验。传统的景点观光已经不能满足游客的期望,他们更希望获得个性化、定制化的旅游体验。

2. 技术创新与变革

信息技术的快速发展和普及,引发了旅游业的技术创新和变革。移动互联网、物联网、大数据分析等新技术的应用,使得旅游业可以更好地了解和满足游客的需求,提供更加个性化、便捷、高效的服务。

3. 旅游市场竞争加剧

随着旅游业的发展,各地区和景点之间的竞争也逐渐加剧。为了吸引更多游客和提高市场竞争力,景区管理者需要寻找新的发展模式和创新方法。智慧景区的建设与发展是旅游业发展的必然趋势。

(二)智慧景区建设的重要性

智慧旅游已进入精细化运营的新探索阶段,在落地过程中要走好每一步,选择合适的技术应用。更重要的是,智慧旅游要始终坚持"以人民为中心",不仅要方便管理者,更要方便游客。也就是说,智慧旅游落地最终是与人打交道。智慧景区是智慧旅游的重要体现,智慧景区建设的重要性主要有以下几点。

1. 提升旅游业竞争力

智慧景区通过引入先进的信息技术和智能化手段,提升了景区服务和管理的效率。通过数据分析和预测,智慧景区可以更好地了解游客需求、优化资源分配、提升服务质量,从而提升景区在旅游市场中的竞争力。

2. 推动地方经济发展

智慧景区的发展不仅仅是为了提升旅游业的竞争力,也是为了推动地方经济的发

展。智慧景区的建设和运营需要各种技术和服务的支持，这将带动相关产业的发展，促进就业机会的增加和经济的发展。

3. 提升游客体验

智慧景区通过个性化推荐、智能导览、移动支付等技术应用，为游客提供更便捷、高效、个性化的旅游体验。游客能够更方便地获取信息、规划行程、体验景区服务，提高了满意度和忠诚度。

4. 促进可持续发展

智慧景区通过数据的采集和分析，可以更好地监测和管理景区资源的利用情况，实现景区的绿色、可持续发展。智慧景区还可以提高能源利用效率、减少环境污染等，为保护环境和可持续发展作出贡献。

三、智慧景区的核心技术与应用

（一）信息技术应用

智慧景区的实现离不开各种先进的信息技术的应用，其中在智慧景区建设及运营中常用的核心技术有以下几种。

1. 物联网

物联网技术通过将传感器、设备和网络连接起来，实现了设备之间的数据交互和共享。在智慧景区中，物联网技术可以应用于景区设施设备的监测和管理，如智能照明系统、智能停车系统、智能环境监测等。通过物联网技术的应用，景区管理者可以实时监控设备运行状态，进行故障预警和远程控制，提高景区设施的运行效率和节能环保水平。

2. 大数据分析

智慧景区通过收集和分析大量的数据，了解游客行为和偏好，优化景区资源配置，提供个性化的推荐和服务。比如，通过对游客人流、行为轨迹等数据进行分析，景区可以提前预测拥堵情况，优化游览路线，提供智能导览功能。同时，通过挖掘游客的消费习惯和喜好，景区可以进行精准的推荐和营销，提升游客体验和满意度。

3. 云计算

云计算技术可以提供强大的计算和存储能力，为智慧景区的数据处理和应用提供支持。景区可以利用云计算平台存储和管理海量的数据，并通过云计算的弹性和可扩展性，实现数据的快速处理和分析。另外，云计算还可以支持景区的在线预订、移动支付等服务，提供便利性和灵活性。

（二）智慧景区的应用案例

智慧景区的核心技术已经得到了广泛的应用，我国已经有很多景区实现了智慧化。

1. 张家界国家森林公园

张家界国家森林公园在智慧景区建设中,应用了多种技术。

(1) 智能导览系统。

游客可以通过手机App或租借的导览设备获取详细的景点介绍、游玩路线和实时信息。导览系统还提供语音导览和AR虚拟导览功能,给游客更好的参观体验。

(2) 无人机技术。

张家界公园使用无人机进行空中巡视和摄影,获取高清晰度的景观图像。这些图像不仅能用于营销推广,还可以用来监测景区内的环境变化和游客流量。

(3) 大数据分析。

通过收集和分析游客行为数据,景区可以了解游客的偏好和需求,并根据数据进行个性化的推荐和服务。例如,景区可以根据游客的兴趣推荐最佳的游览线路,提供定制化的旅游体验。

2. 西湖风景名胜区

西湖是中国浙江省杭州市的一座著名风景名胜区,以其美丽的湖泊和周边的自然风光而闻名。在智慧景区的建设中,杭州西湖携手高德地图打造了"西湖一键智慧游"项目,该项目覆盖了景区全部近60平方千米区域,成为国内面积较大的"数字景区"之一。

西湖除了使用智能导览系统,还应用了其他的核心技术。

(1) 移动支付。

西湖景区推行了移动支付系统,游客可以通过扫码支付或手机NFC功能进行门票购买、餐饮消费等。这种便捷的支付方式加快了游客的流动速度,提升了景区的服务效率。

(2) 智能巡游车。

景区内部设置了智能导航系统和自动驾驶技术的巡游车,游客可以乘坐这些智能车辆进行游览。车辆配备了导航系统和多媒体信息展示屏,提供指引和解说服务,为游客提供更好的观光体验。

3. 千岛湖智慧旅游示范区

千岛湖是中国浙江省的一座大型人工湖泊,以其独特的千岛湖风光而著名。在智慧景区的建设中,千岛湖也应用了多种技术。

(1) 物联网技术。

千岛湖智慧旅游示范区在湖区内部部署了传感器网络,实时监测水质、温度、湖泊水位等数据。这些数据通过物联网技术传输到中心控制中心,景区管理者可以实时监控和管理湖区的环境变化。

(2) 大数据分析。

通过收集游客行为数据、景区资源利用情况等数据,景区进行大数据分析,优化资源配置和提供个性化服务。例如,根据游客的偏好和需求,有针对性地进行路线推荐、景点介绍和餐饮推荐。

（3）智慧停车系统。

千岛湖智慧旅游示范区应用了智慧停车系统。该系统利用物联网技术和传感器，实时监测停车位的使用情况，提供实时的停车位导引和信息查询。游客可以通过手机App获取停车位的实时信息，并进行预约和导航，解决了停车难题，提高了游客的停车便利性和满意度。

（4）智能灯光系统。

千岛湖智慧旅游示范区应用了智能灯光系统，通过物联网技术实现对路灯的远程控制和管理。该系统可以根据时间和天气等条件，自动调节灯光的亮度和颜色，创造出不同的景观效果。同时，系统还可以监测灯光的能耗和故障情况，实现节能和智能化的灯光管理。

这些案例展示了中国智慧景区的创新与发展，通过应用先进的技术，提供更丰富、便捷、智能化的服务，提升了游客的体验感和满意度。这些智慧景区的成功经验为其他景区的建设和发展提供了有益的借鉴和启示。

教学互动
Jiaoxue Hudong

智慧景区在提升游客体验方面有哪些优势？

任务二　智慧景区的建设路径

随着社会的发展和人们旅游需求的多样性，为了适应瞬息万变的市场变化、提升景区的管理效率和游客体验，智慧景区建设逐渐成为解决方案。智慧景区建设可以通过应用先进的信息技术，实现景区资源的优化配置、提供个性化服务、加强安全管理、提升游客体验等，为景区的可持续发展提供更好的支持。

一、智慧景区建设的关键要素

智慧景区在建设过程中，其关键技术非常重要，不仅要整合云计算、移动互联网、物联网、VR/AR等技术，以无处不在的服务模式，全面整合优势资源，将游客的需求和目标市场紧密结合，为景区、旅游目的地等提供智慧化服务与管理的解决方案。

（一）信息化基础设施

智慧景区建设需要有稳定、高速的宽带网络基础设施，以支持景区内各类设备和系统的互联互通。同时,云计算技术的引入可以提供强大的计算和存储能力,为景区的信息处理和管理提供支撑。

(二)感知技术和设备

感知技术是智慧景区建设的基础,包括无人机、智能摄像头、传感器等设备。这些设备可以对景区的环境、设施、游客数量等进行实时感知,并将数据反馈给景区管理系统,实现景区的全面监测和管理。

(三)数据分析与应用

智慧景区建设离不开大数据的收集、存储、分析和应用。通过运用数据挖掘、人工智能等技术,可以从海量数据中发现隐藏的规律和价值,为景区提供决策支持、精细化管理和个性化服务。

(四)移动互联和智能终端

移动互联技术的发展为智慧景区建设提供了更多的可能。通过智能手机、平板电脑等移动终端设备,游客可以随时随地获取景区的信息、导览、预订门票等服务,丰富游客的体验。

(五)安全与隐私保护

智慧景区建设中必须重视安全和隐私保护。保障景区数据的安全存储和传输,防止数据被恶意攻击和泄露。同时,要尊重游客的隐私权,确保个人信息的安全和合法使用。

(六)智能化管理系统

智慧景区建设需要建立智能化的管理系统,用于整合和监控景区各类系统、设备和数据。通过智能化管理系统,景区管理者可以实时了解景区运行情况,进行决策和调度,以提高景区管理效率和游客体验。

这些关键要素是智慧景区建设的基础,通过它们的有机组合和充分应用,可以实现景区的智能化和数字化转型,提升景区的管理水平和服务质量。

二、智慧景区建设的路径和策略

智慧景区建设不仅能满足游客的旅游需求,还能提升整个旅游景区乃至整个城市在游客心中的美好印象。

(一)规划与需求分析

进行景区智慧化建设的前期规划,明确建设目标、优先领域和发展方向。

对景区的现状进行全面的分析,包括游客需求、资源利用、环境保护等,确定智慧景区建设的关键需求和问题。

（二）建设基础设施

建设信息化基础设施，包括宽带网络、云计算平台、大数据存储和处理系统等，为后续的应用提供稳定和高效的技术支持。

（三）引入感知设备与技术

根据景区的特点和需求，选择适合的感知设备和技术，如无人机、智能摄像头、传感器等，用于实时感知景区内部和周边的信息。

（四）数据整合与分析

对感知设备获取到的数据进行整合和分析，运用大数据分析、人工智能等技术，提取有价值的信息。建立数据管理与分析平台，为景区管理者提供决策支持，如游客流量预测、资源调度、服务优化等。

（五）应用与体验优化

开发智慧景区相关的应用软件和系统，提供个性化的导览、讲解、预订、推荐等服务。同时结合移动互联技术，为游客提供便捷的游览体验，如电子导览、移动支付、虚拟现实等。

（六）安全保障与隐私保护

建立健全的安全保障机制，包括数据加密、网络防护、灾备恢复等，确保景区数据和信息的安全性。同时保护游客个人隐私，合法使用个人数据，遵守相关法律和规定。

（七）持续优化与创新

结合游客反馈和需求，对智慧景区进行持续的优化和创新。提升系统的智能化水平，推进更高层次的人工智能技术应用，如自动化导览、智能推荐等，提升景区管理的智能化水平。

（八）资金投入与政策支持

积极争取政府和其他相关机构的支持和资金投入，为景区智慧化建设提供必要的经济支持。遵循相关政策和标准，确保智慧景区建设与相关法规的要求相符。

智慧景区的建设应根据景区的特点、资源状况和需求来确定。在实际建设过程中，需要与景区管理者、技术专家和相关利益方合作，不断地优化和调整策略，实现智慧景区建设的目标和效果。

教学互动

收集和分析景区的相关数据（如游客流量、满意度调查等），可使用海鳗云平台并通过数据分析给出改进景区管理和提升游客体验的建议。

任务三　景区的智慧化管理

随着科技的不断发展和社会进步,景区管理也面临着新的挑战和机遇。传统的景区管理存在效率低下、资源浪费等问题,而智慧化管理作为一种新型的管理模式,已经在许多景区得到了成功应用。本任务将重点介绍景区的智慧化管理,探讨其特点、优势和应用。

一、景区智慧化管理的特点

(一)数据驱动

景区智慧化管理依靠大数据技术收集、分析和运用海量数据,通过对数据的深度挖掘和分析,为景区管理提供决策支持和优化方案。

(二)自动化和智能化

利用物联网、人工智能等技术,实现景区内各个环节的自动化和智能化,提高工作效率和管理水平。

(三)个性化服务

通过智能化系统对游客进行精准定位和识别,根据游客的需求和偏好,提供个性化的服务,提升游客满意度。

二、景区智慧化管理的优势

(一)提高管理效率

景区智慧化管理利用先进的技术手段,如物联网、大数据分析、人工智能等,实现信息的快速传递和处理。通过自动化和智能化系统,景区管理人员可以更高效地监控和管理景区的各项任务和活动。不仅可以节省时间和人力资源,还可以更准确地掌握各个环节的运行情况,及时处理问题。

(二)优化资源配置

智慧化管理系统可以对景区内的资源进行精准地分析和预测,了解资源利用的情况及游客的需求和偏好,并根据这些信息进行合理的资源配置。通过科学规划,景区可以更好地利用现有资源,避免资源浪费和过度开发,实现资源的最大化利用。

视频

景区智慧化管理的特点

（三）提升服务质量

景区智慧化管理系统可以对游客进行精准识别和定位，通过个性化的推荐和服务，满足游客的个性化需求。例如，根据游客的兴趣和偏好，系统可以向其推荐适合的景点、活动或餐饮场所，使游客获得更优质的服务和体验。通过提升服务质量，景区可以提高游客满意度，增强景区的竞争力。

（四）安全管理

景区智慧化管理系统可以实时监控景区内的安全状况，通过智能化的监控设备和传感器，及时发现并处理安全隐患。例如，可以通过视频监控系统对景区的各个区域进行实时监测，对异常情况进行预警和处理，这有助于保障游客的人身安全，提高景区的安全管理水平。

（五）优化营销推广

景区智慧化管理系统可以对游客进行数据分析，了解他们的偏好和消费行为，从而制定更有效的营销策略。通过个性化的推广活动和营销手段，提高景区的知名度和吸引力，吸引更多的游客前来观光和消费。

综上所述，景区智慧化管理的优势体现在提高管理效率、优化资源配置、提升服务质量、强化安全管理和优化营销推广等方面。这些优势将帮助景区提高竞争力，提升游客体验，实现可持续发展。

三、景区智慧化管理的应用现状

（一）景区安全管理

利用智能化监控系统和传感器设备，实时监控景区内的安全状况。通过视频监控、火灾报警、人员定位等技术手段，快速发现和处理安全隐患，提升景区的安全管理水平。

（二）景区导览服务

利用手机App、语音导览等方式，为游客提供导览服务。通过智能化系统，游客可以根据自己的兴趣和需求，获得个性化的导览信息，包括景点介绍、路线规划、历史文化解说等，提升游客的参观体验。泰山景区电子导览如图10-1所示。

他山之石

洪洞大槐树景区智慧旅游系统再升级

图10-1　泰山景区电子导览

（三）景区交通管理

利用智能化交通系统,对景区的交通流量进行实时监控和调度。通过智能交通信号灯、智能停车引导系统等技术手段,优化交通路线和资源配置,缩短交通拥堵和排队等待时间。

（四）景区营销推广

通过智能化营销系统,对游客的偏好和行为进行分析。根据游客的信息,制定个性化的营销策略,如优惠券推送、定制推荐等,提高景区的知名度和吸引力,增加游客访问量。

（五）游客服务与管理

通过智能化系统,对游客进行识别和管理。利用人脸识别、智能门票等技术,为游客入园、安检、票务等流程提供便利,提高游客服务和管理效率。同时,系统还可以根据游客的喜好和需求,提供个性化的服务和推荐,提升游客满意度。

（六）资源管理与保护

通过智慧化管理系统,对景区内的资源进行监测和管理。例如,利用传感器监测水质、空气质量等环境指标,及时发现异常情况并采取措施。通过大数据分析和预测,合理规划景区资源的利用和保护,实现资源的可持续发展。

（七）智慧化售卖与支付

通过智能化系统,实现景区内商品和服务的智能售卖和支付。例如,游客可以通过手机扫码购买门票、餐饮服务、纪念品等,实现无现金支付和个性化消费体验。

这些应用只是景区智慧化管理的一部分,随着技术的不断发展,将有更多的创新和应用出现,为景区管理与服务带来更多便利和提升。

教学互动
Jiaoxue Hudong

选择一家已经实施景区智慧化管理的景区作为案例,观看相关视频,分析其智慧化管理带来的效益和改变。

任务四　虚拟景区

随着虚拟现实(VR)和增强现实(AR)技术的快速发展,人们对于旅游和观光方式的需求也发生了变化。虚拟景区作为一种新型的旅游和观光方式,突破了时间、空间和物理限制,给人们带来了全新的体验。

一、虚拟景区的概念与特点

(一)虚拟景区的概念

虚拟景区是指通过使用虚拟现实、增强现实等技术,将真实的景区或者文化遗址数字化,并以虚拟的形式呈现给用户的一种旅游模式。它能够通过逼真的图像、声音和交互体验,让用户在足不出户的情况下,感受真实景区所带来的视觉、听觉和触觉上的愉悦。虚拟景区是一种结合了虚拟现实和增强现实技术的旅游模式,它为用户提供了便捷的旅游体验和丰富的文化交流机会。随着技术的发展和创新,虚拟景区将会在未来继续发挥重要的作用。

(二)虚拟景区的特点

1. 实现场所无限制

虚拟景区可以在任何地方建立,不受地理位置或空间限制。无论是在家中、办公室还是其他地方,都可以使用虚拟现实设备或手机应用程序进入虚拟景区,并享受真实景区的沉浸式体验。

2. 逼真的视听体验

虚拟景区通过高清晰度图像、3D模型和真实音效,带来身临其境的视听体验,人们可以观看逼真的风景、建筑物和景观,并通过立体声音效听到自然声音、人群喧嚣或景点导游的解说。

3. 交互与自由探索

虚拟景区允许游客进行交互和自由探索。游客可以使用手柄、控制器或手势识别设备在虚拟环境中移动、转头或触摸物体。游客可以自由选择游览的路线、停留时间以及参与的活动,获得更加个性化和自主的旅游体验。

4. 多样化的内容和体验

虚拟景区内容丰富,给游客提供多样体验。游客可以探索各种类型的景点,如自然景点、历史遗迹、博物馆、动物园等,还可以参加各种活动,如游泳、滑雪、攀岩等,满足不同的游览需求。

5. 教育和文化传承

虚拟景区有助于教育和文化传承。通过虚拟现实和增强现实技术,虚拟景区可以重现历史事件、展示艺术作品、体现传统文化,让游客更深入地了解文化遗产和人类历史知识。

6. 可持续发展和便捷性

虚拟景区与可持续发展理念相结合,减少对自然环境的影响。同时,虚拟社区实现了一种新颖、便捷的游览方式,无须花费大量时间和金钱,游客就可以体验各种景点和活动。

综上所述,虚拟景区具有实现场所无限制、逼真的视听体验、交互与自由探索、多样化的内容和体验、教育和文化传承、可持续发展和便捷性等特点,为游客带来了全新的旅游体验。

二、虚拟景区在旅游发展中的积极作用

(一)促进旅游营销和推广

虚拟景区通过逼真的图像、音效和交互体验,将景点呈现给游客,使他们对旅游目的地产生兴趣。旅游机构和目的地可以利用虚拟技术在网站、社交媒体、展会等渠道上展示各种景点和活动,提高知名度,吸引游客预订和到访。

(二)扩大目标市场和吸引游客

虚拟景区可以使游客突破地理和时间限制,在不离开家门的情况下体验到世界各地的旅游目的地。这使得那些无法承担旅游成本或没有时间旅游的人们也能够体验到旅游的乐趣,扩大了目标市场。

(三)提供旅游前体验和决策便利

虚拟景区为游客提供景区的预览和体验,使游客能够提前了解景点、设施和活动,有助于他们做出旅行计划和决策,这种便利性有助于提高游客满意度和旅行体验。

(四)保护和传承文化遗产

虚拟技术能够还原和保存景区中一些已经失去或难以亲临的文化遗产。通过将文物古迹、历史遗址等旅游资源数字化并以虚拟的形式呈现,使游客在虚拟景区的游览中了解和学习文化遗产,促进文化遗产的保护和传承。

（五）提供个性化和定制化旅游体验

虚拟景区的建设可以根据用户的兴趣、喜好和需求,提供个性化和定制化的旅游体验。帮助游客根据自己的意愿选择游览路线、参与各种活动等,享受满足个人需求的旅行。

（六）提高旅游业的可持续性

虚拟景区的游览可以减少实际旅行对环境的影响。旅游业作为资源密集型行业,虚拟旅游方式可以通过减少交通和能源消耗、降低碳排放和生态破坏,为旅游业的可持续发展作出贡献。

总体而言,虚拟技术在旅游发展中扮演着重要的角色。它通过促进营销和推广、扩大目标市场和吸引游客、提供旅游前体验和决策便利、保护和传承文化遗产、提供个性化和定制化旅游体验以及提高旅游业的可持续性等方面,给旅游业发展和提高游客体验带来了许多机会和益处。

三、虚拟景区面临的现实问题

虚拟景区的实现需要依赖先进的虚拟现实、增强现实等技术。然而,这些技术可能存在成本高昂、设备限制、维护和更新困难等问题。如果技术没有得到持续改进和升级,虚拟景区的体验质量和游客参与度可能受到限制。

尽管虚拟景区可以通过图像、音效和交互体验来实现沉浸感,但目前的技术仍然无法完全达到真实景点的体验质量和真实感。有时,虚拟景区可能会面临图像不清晰、交互性不足或音效不佳等问题,使游客无法获得真实旅游所带来的完整愉悦感受。

旅游往往是一种社交和人际互动的体验。然而,在虚拟景区中,会缺乏与其他游客和当地居民的真实互动。这种缺乏社交互动的体验可能会导致用户感到孤独或无聊,并影响其旅游体验的真实度和乐趣。

虚拟景区有助于文化遗产和自然环境的保护和传承,但如果不进行适当的管理和保护,虚拟景区也可能对文化和环境有负面影响。例如,过度营销和商业化可能导致景区失真和破坏,损害原始文化和自然的真实性和完整性。

虚拟景区主要通过视听体验来呈现,但它可能无法满足游客在旅游中的所有感官的真实需求。例如,无法感受到真实的气味、味道和触感等。此外,与真实旅行不同,虚拟景区可能难以激发用户的情感连接和体验,使游客无法真正融入目的地的氛围中。虚拟景区虽然能提供一定程度的体验和便利,但它并不能完全取代实际旅行的感受和互动。面对真实的风景、文化和人群,身临其境的互动和探索体验是无法被虚拟景点所复制的。

虚拟景区面临着技术限制和依赖、体验质量不足、缺乏社交互动、文化和环境侵害、缺乏感官体验和情感连接以及无法完全替代实际旅行等问题。尽管虚拟景区提供了新的旅游方式和体验,但这些风险需要被认识和解决,以提高虚拟旅游的质量和可持续发展。

教学互动

将同学们分成两组,进行虚拟景区的利弊辩论,辩题为"虚拟景区的利与弊"。

项目小结

智慧景区是旅游业发展的大势所趋,是将信息技术与旅游业相结合,提升景区管理水平和游客体验的重要手段。本项目通过对智慧景区基本理论的介绍,阐述了智慧景区建设的路径,通过物联网、大数据分析、云计算等技术的应用,为景区提供了更好的数据支持和决策依据,实现景区管理和服务的提升;同时对虚拟景区的概念、特点及优劣势进行了分析,虚拟景区利用虚拟现实和增强现实等技术手段,为游客提供全新的旅游体验。通过智慧景区的建设和智慧化的管理,可以提升景区的竞争力,推动旅游业的可持续发展,提高游客的满意度和忠诚度。

项目训练

一、知识训练

请扫描边栏二维码答题。

二、能力训练

项目实训:每个小组选择一个实际存在的景区智慧化案例,根据景区的实际情况和所学知识,对该案例进行详细分析和探讨。

扫码答题

参考文献

[1] 余正亮.智能停车场在智慧旅游的应用[J].建材与装饰,2018 (41),295-296.
[2] 温燕.旅游景区服务与管理[M].武汉：华中科技大学出版社,2017.
[3] 方小燕.景区服务与管理[M].北京：清华大学出版社,2015.
[4] 王瑜.旅游景区服务与管理[M].4版.大连：东北财经大学出版社,2018.
[5] 郎富平,陈蔚.景区服务与管理[M].北京：旅游教育出版社,2021.
[6] 邹统钎,吴丽云.景区服务与管理[M].南京：南京师范大学出版社,2013.
[7] 马勇,李玺.旅游景区管理[M].北京：中国旅游出版社,2005.
[8] 王绍喜.旅游景区服务与管理[M].北京：高等教育出版社,2005.
[9] 王昆欣.旅游景区服务与管理案例[M].北京：旅游教育出版社,2008.
[10] 郎富平,陈添珍,李俊.景区接待服务[M].北京：高等教育出版社,2020.
[11] 郎富平,顾雅青.旅游策划实务[M].2版.上海：华东师范大学出版社,2015.
[12] 杨劲祥.节事活动营销[M].重庆：重庆大学出版社,2015.
[13] 朱彩云,刘春霞.旅游景区服务与管理[M].北京：旅游教育出版社,2015.
[14] 宋玉蓉,孙璐.旅游景区开发与管理[M].北京：中国人民大学出版社,2012.

教学支持说明

为了改善教学效果,提高教材的使用效率,满足高校授课教师的教学需求,本套教材备有与纸质教材配套的教学课件和拓展资源(案例库、习题库等)。

为保证本教学课件及相关教学资料仅为教材使用者所得,我们将向使用本套教材的高校授课教师赠送教学课件或者相关教学资料,烦请授课教师通过加入旅游专家俱乐部QQ群或公众号等方式与我们联系,获取"电子资源申请表"文档并认真准确填写后发给我们,我们的联系方式如下:

地址:湖北省武汉市东湖新技术开发区华工科技园华工园六路

邮编:430223

旅游专家俱乐部QQ群号:758712998

旅游专家俱乐部QQ群二维码:

教学课件资源申请表

填表时间：_____年___月___日

1. 以下内容请教师按实际情况写，★为必填项。
2. 根据个人情况如实填写，相关内容可以酌情调整提交。

★姓名		★性别	□男 □女	出生年月		★职务	
						★职称	□教授 □副教授 □讲师 □助教

★学校		★院/系	
★教研室		★专业	
★办公电话		家庭电话		★移动电话	
★E-mail（请填写清晰）				★QQ号/微信号	
★联系地址				★邮编	

★现在主授课程情况	学生人数	教材所属出版社	教材满意度
课程一			□满意 □一般 □不满意
课程二			□满意 □一般 □不满意
课程三			□满意 □一般 □不满意
其 他			□满意 □一般 □不满意

教材出版信息					
方向一	□准备写	□写作中	□已成稿	□已出版待修订	□有讲义
方向二	□准备写	□写作中	□已成稿	□已出版待修订	□有讲义
方向三	□准备写	□写作中	□已成稿	□已出版待修订	□有讲义

请教师认真填写表格下列内容，提供索取课件配套教材的相关信息，我社根据每位教师填表信息的完整性、授课情况与索取课件的相关性，以及教材使用的情况赠送教材的配套课件及相关教学资源。

ISBN（书号）	书名	作者	索取课件简要说明	学生人数（如选作教材）
			□教学 □参考	
			□教学 □参考	

★您对与课件配套的纸质教材的意见和建议，希望提供哪些配套教学资源：